제2판

DEVELOPMENT ECONOMICS

경제발전론

김인철 저

박영사

제 2 판 머리말

PREFACE

본서는 1998년 5월 아시아 외환위기가 발생한 직후 출판되었다. 그 후 오타를 수정하고 내용의 일부를 보완하여 2001년 1월에 수정판을 내었다. 이후부터 세계경제가 큰 변화를 겪으면서 세계경제의 판도가 달라졌다. 무엇보다도 중국경제가 급성장하여 세계경제 제 2 위국이 되었으며 반면에 미국을 위시하여, 일본과 서유럽은 경제적으로 큰 어려움을 겪게 되었다. 2013년 2월 현재 일본경제와 서방경제가 글로벌 금융위기와 글로벌 불균형 문제로 아직도 수렁에서 헤어 나오지 못하고 있다.

2000년대에 들어서 미국의 부동산 버블의 붕괴는 선진국과 개도국 모두에게 엄청난 경제충격을 주었다. 미국의 주택시장이 2003년 붐을 이루면서 2006년까지 주택가격은 고공행진하였다. 이 기간 동안 주택가격 버블이 시장을 메웠으며 2006년부터 이 버블이 꺼지면서 미국의 금융시장이 얼어붙고 비우량 주택저당 대출은행들이 도산했으며 이것이 2008년 글로벌 금융위기로 이어졌다. 이것은 다시 글로벌 경기불황으로 이어졌다. 글로벌 경기불황은 남유럽 5개국의 경제를 강타함으로써 17개국 유로 존 전체의 경제시스템이 위기를 맞게 하였으며 세계경제 전체가 몸살을 앓게 만들었다.

이렇듯 2001년 이 책의 수정판이 나온 후 세계경제가 엄청난 변화를 겪었기 때문에 이러한 변화를 경제발전론의 틀 속에서 분석하고 그 내용을 후학도에게 소개하는 것은 매우 의미 있는 일이라 생각되어 이 책을 크게 수정하고 보완하기에 이르렀다. 우선 제 2 판에서는 미국발 금융위기의 글로벌 충격과 유로 존 재정위기를 제27장과 제28장으로 나누어 추가하였다. 제13장에는 인적자본에 이어 새롭게 출현한 사회적 자본의 개념을 추가하였다. 제22장에는 두뇌유출과 함께 공적원조를 추가하였다. 공적원조는 개도국에게는 매우 중요한 개발자금의 주요재원이 되기 때문에 공적원조에 관련된 여러 이슈를 소개하였다. 우리나라도 과거에 공적원조를 받는 나라였으나 지금은 공적원조를 제공하는 나라로 바뀌었기 때문에 공적원조의 내용을 이번 제 2 판에 추가하였다.

이번 제 2 판을 내면서 전체 내용을 처음부터 끝까지 현미경 같은 눈으로 검색하여 오류와 탈구를 찾아내어 수정하였으며 책의 전반적인 편집을 맡아 주신 김양형 편집위원께 감사드리며, 이번 제 2 판이 나오기까지 모든 과정을 챙기고 완성의 책임을 맡아 주신 김중용 기획부장께 크게 감사드린다.

2013년 2월
명륜동 연구실에서
저 자 씀

수정판 머리말

PREFACE

1997년 금융위기 이후 아시아 개도국들이 극심한 경제난을 겪으면서 성장과 발전에 대한 사람들의 관심이 매우 높아졌다. 일부 경제전문가들은 자본시장의 조기개방과 부적절한 환율정책이 외환위기를 초래하고 그것이 곧 금융위기로 이어진 것이라고 진단한 바 있다. 그러나 외환·금융위기를 가져오게 한 원인은 실물경제의 경쟁력 약화와 무역적자이다. 그런데 따지고 보면 투자효율 저하, 노동생산성 저하, 기술력 저하가 실물경제 약화의 주원인이다.

아시아 금융위기를 통하여 성장과 발전은 자본·노동·기술의 3大요소에 달려 있다는 사실을 우리는 또다시 확인할 수 있다. 그렇다면 자본·노동·기술의 세 가지 요소를 어떻게 확대하고 관리하는가가 관건인데 그것은 그 사회구성원의 경제마인드뿐 아니라 정치마인드에도 달려 있다. 개도국 경제가 선진국 경제로의 발전을 저해하는 가장 큰 장애요인은 관료부패, 정경유착, 대기업 총수의 선단식 경영, 노사갈등을 꼽을 수 있다.

초판에서도 지적된 바 있지만 저자는 이 책을 통해서 인적자본을 포함하는 포괄적 의미의 자본, 노동, 기술과 관련된 문제들을 정형화된 틀 속에서 다루고자 하였다. 이번 수정판에서는 성장이론에서의 일부 誤字를 수정함과 동시에 논의의 흐름에 있어 미진한 부분을 보완하였다. 제3장의 경제성장모형에서 최근에 다루어지고 있는 新성장이론 부분의 내용을 추가하여 기술진보의 내생화문제를 다루었으며 제6장에서는 성장의 무역패턴효과에 관한 실제사례를 추가하여 소개하였다. 또한 제23장에서는 불확실성하의 정책선택에서 정책의 한계효용이 체감하는 경우뿐만 아니라 한계효용이 체증하는 경우까지 분석하였다. 그리고 제24장에서는 개도국 자본시장개방과 외채관리와 관련된 현안문제들을 추가하고 최근 자료를 첨가하였다.

이번 수정판을 내면서 그 동안 이 책의 향상을 위해 좋은 지적을 해 주신 여러 선생님께 이 지면을 빌어 심심한 감사를 드리고자 한다. 아울러 이 책의 첫면부터 끝면까지 꼼꼼하게 훑어보고 교정을 도와준 박사과정에 있는 안경애 양에게 고마움을 표시한다.

2001년 1월
명륜동 연구실에서
저 자 씀

머 리 말

PREFACE

경제발전은 모든 나라가 추구하는 목표이다. 지속적 GNP 성장과 공정한 분배는 살기 좋은 사회를 구축하기 위한 선결조건이 된다. 그렇다면 무엇이 지속적 성장을 가능하게 하며 무엇이 공정한 분배를 가능하게 할까는 우리가 풀어야 할 매우 중요한 과제이다. 저자는 바로 이러한 지속적 성장과 공정한 분배문제를 염두에 두고 이 책을 집필하였다.

한국 경제는 제 1 차 5개년 계획이 시작된 1962년부터 본격적으로 성장해 왔으며 70년대, 80년대를 거쳐 90년대 초, 제 6 차 5개년 경제계획 기간까지 30여 년 동안 연평균 약 9%의 높은 실질성장을 기록해 왔으며 그 동안 지속적인 고용확대와 물가안정을 유지해 왔다. 이로써 한국은 국제사회에서 경제성장의 모범국가로 인정받기도 하였다. 그래서 지속적 성장과 공정한 분배는 한국의 경우 달성하기가 그렇게 어려운 과제가 아닌 줄 알았다.

그러나 80년대 末부터 한국 경제는 활력을 잃고 성장이 크게 둔화되었다. 그러다가 결국 김영삼 정권 말기에 정부가 경제개혁과 외채관리에 실패하여 한국은 IMF로부터 570억 달러 규모의 구제금융을 받게 되었다. IMF의 초고금리와 긴축금융으로 거품경제는 일시에 꺼져버리고 경제불황이 도래하여 수백만의 실업자가 발생하는 등 한국은 미증유의 경제불황을 맞게 되었다.

이런 시점에서 우리는 그간 우리나라 경제발전전략을 되짚어 볼 필요가 있다. 시장개방과 무한경쟁으로 특징지어지는 지금 시대에 한국 경제가 살아남기 위하여 우리의 성장 잠재력과 정책대응을 다시 점검할 필요가 있다. 그리고 급격히 변화하는 국내외 경제환경에 효과적이고 합리적으로 대처할 수 있는 정책전략도 새롭게 짜야 한다.

물론 이 책은 한국 경제발전론 책이 아니다. 그래서 한국 경제에만 관련된 경제발전이론을 다루지 않았다. 또 사실 한국 경제에만 제한적으로 적용되는 경제발전이론은 별 의미가 없다. 이 책은 선진국을 향하여 노력하는 국가들 모두에게 적용되는 발전이론과 성장모형을 다룬다. 그리고 저자는 경제발전론의 주류에 있는 전통적 발전이론을 가능한 많이 이 책에 포함시키고자 노력하였다.

이 책은 저자가 80년대 초 미국 시카고대학원을 졸업한 후 지난 15여 년간 국내외 대학에서 경제발전론을 가르치면서 축적한 강의자료를 기초로 한 것이다. 이 책은 경제발전에 관한 정통이론을 소개할 뿐 아니라 일본과 중국을 포함한 동아시아와 세계 각처 개도국이 당면하고 있는 다양한 경제성장 및 발전문제를 함께 수록하고 있다.

이 책은 모두 6편으로 구성되어 있다. 제 1 편은 경제성장이론편으로서 경제성장과 경제발전의 개념적 차이를 비롯하여 그 동안 발전되어 온 경제성장이론을 소개한다. 경제성장이론에 있어서도 인구변동의 경제적 의미를 집중적으로 논의한다.

제 2 편은 경제성장과 국제무역 편으로 경제성장과 국제무역의 상호관계를 분석하며 아울러 개도국 입장에서 본 관세의 경제적 효과를 논의한다. 특히 개도국의 일반적인 사실로서 밀수의 경제적 효과를 살펴본다.

제 3 편은 후진국개발이론 편으로 허쉬만의 불균형성장이론을 포함하여 토다로(Todaro)의 노동이주모형 등 개도국에서의 경제적 다중구조를 분석한다. 그리고 후진국경제개발에 있어 3大 장애요소인 외환 갭, 투자 갭, 흡수능력 갭을 소개한다. 여기서 흡수능력이란 자본을 효율적으로 투자화할 수 있는 국가적 능력을 가리킨다.

제 4 편은 개도국발전전략 편으로 자본과 기술의 중요성을 지적하고 그 중에서도 특히 인적자본의 중요성을 크게 부각시킨다. 그리고 구 사회주의체제의 경제개발계획을 소개하며 자본주의체제와의 비교를 시도한다. 이어 산업연관표의 구성을 설명하고 외환, 노동, 자본 등의 사회적 기회비용을 설명하는 데 적지 않은 지면을 할애한다.

제 5 편은 개도국의 미시경제적 당면과제로서 개도국에서 소득과 부의 분배 불균형을 논의하며 개도국의 두뇌유출문제와 국제시장에서 1차 상품의 가격불안정 문제를 다룬다.

끝으로 제 6 편은 개도국의 거시경제적 당면과제로서 개도국의 외채문제와 우리나라 외채부담과 상환문제를 다루는데 특히 우리나라가 IMF구제금융을 받은 것과 관련하여 우리 경제의 구조적 문제와 외채관리상의 심각한 문제를 해부하고 있다.

이 책을 출간하는 데는 많은 분들의 도움이 있었다. 박영사의 안종만 사장님의 너그러운 지원과 황인욱 국장님의 격려가 있었으며 이 책의 출간을 위해 우석진 과장님과 이선주 대리가 치밀한 기획을 담당하였는바, 이 모든 분들에게 심심한 감사의 뜻을 전한다. 끝으로 이 책을 내는데 편집과 교정에 많은 수고를 해 준 석사과정에 있는 정진하 군에게 감사를 보낸다.

1998년 5월
명륜동 연구실에서
저 자 씀

차 례

CONTENTS

PART 01 경제성장이론

PART 01 경제성장이론

CHAPTER 01

경제발전의 의미

제 1 절 | 경제발전의 개념

'경제발전'이란 말은 한마디로 정의하기 어렵다. 경제발전의 개념을 정의하기가 힘든 것은 경제발전이 경제에만 국한한 것이 아니라 경제 이외의 정치, 사회, 문화 등의 발전이 모두 경제발전의 범주에 들어가기 때문이다.

사람들이 경제발전이란 말을 사용할 때는 머리 속에 국가발전의 의미를 떠올린다. 여기서 국가발전이란 사회적 발전뿐만 아니라 정치적 발전이나 경제적 발전을 모두 포함시킨다.

이렇듯 경제발전은 사회발전 및 정치발전과 불가분의 관계가 있다. 그리고 사회발전과 정치발전은 공히 모두 경제발전에 적지 않은 영향을 끼친다. 그래서 경제발전을 연구하는 경우 사회발전과 정치발전에 관한 연구도 같이 따라주어야 한다.

경제발전이란 국가전반에 걸친 사회적 제도의 개선으로 정의될 수 있다. 예컨대 생산성 증대, 제도 및 국민자세의 개선, 정책조정기구 등이 경제발전의 조건이 된다.

경제발전이란 단순한 경제성장만을 가리키지 않는다. 그리고 단순히 공업화 과정에서 해석되어서도 곤란하다. 만일 공업화가 심각한 환경공해를 유발하거나 농업과 같은 중요한 다른 산업의 몰락을 전제로 한다면 공업화는 경제발전과 거리가 아주 멀다.

제 2 절 | 발전과 성장의 차이

비전문가에게는 경제발전과 경제성장이란 두 단어가 동의어로 간주되기 쉽다. 엄밀한 면에서 두 단어는 매우 다르다. 우선 경제성장이 경제의 양적 팽창을 가리킨다면 경제발전은 양적 팽창뿐 아니라 질적 개선도 같이 포함된다. 경제성장은 국가의 전체 생산능력을 가리키나 경제발전은 이에 더하여 국가를 구성하고 있는 개인의 소득증대와 삶의 질의 향상까지도 함께 가리킨다.

경제성장을 측정하는 기준으로서 국민총생산(GNP)개념이 사용된다. 이것은 국가전체의 총생산지표로서 국가별 경제성장을 비교하는 데 매우 유용하다. 그러나 개별 소득증대의 여부에 대해 구체적인 정보를 주지 않는다.

특정 시점에서 국별 경제성장을 비교할 때는 1인당 GNP개념이 자주 사용된다. 국가마다 총인구수가 다르기 때문에 이것을 고려하기 위해서이다. 그러나 이것은 단순한 평균개념으로서 GNP를 총인구수로 나누어 준 결과이다. 따라서 이것 가지고는 실제로 개인별 소득격차가 어느 정도 되는지를 아는 데 큰 도움이 안 된다.

한 나라의 경제발전이란 사회구성원이 골고루 잘사는 것을 의미하므로 소득불평등 수준이 낮아야 바람직하다. 최근에는 여러 국제기구가 국가별 Gini계수를 발표하고 있어서 각국의 소득불평등度를 서로 비교할 수 있다.

경제성장이 의미하는 바는 산출수준(예: 국민소득)의 증가만을 의미하지만 경제발전은 산출수준의 증가뿐 아니라 이러한 것을 생산하고 분배하는 사회의 기술적 · 구조적 변화를 포함하는 개념이다. 즉 경제성장이란 국민소득이나 소비수준 같은 양적 개념을 의미하는 반면, 경제발전이란 이러한 양적 측면과 함께 국내산업구조의 내용, 교육 · 의료 · 주택 등의 생활환경과 사회구조 · 사회제도의 발전 등 질적 측면까지 포괄하는 개념이다. 쉬운 예로 인간에 대해 말할 때 성장은 키나 몸무게의 변화를 의미하는 반면, 한 인간이 발전했다고 함은 그의 능력, 즉 신체적 · 지적 능력, 변화하는 환경에 대한 적응능력 등이 향상되었음을 뜻한다.

초기에 있어서 경제가 성장한다는 것은 발전한다는 것과 동일하게 여겨졌었다. 왜냐하면 인간이 경제생활을 시작하였을 때에는 양적인 변화는 질적 변화를 의미하는 바가 많았기 때문이다. 경제성장은 사회변화의 원천이 되었고 또 다른 한편에서는 이러한 사회변화의 결과 경제성장이 확장되기도 했다. 그러나 현실에 있어서는 이러한 양적 변화와 질적 변화가 서로 연관을 갖지 못하고 괴리되는 현상을 볼 수가 있는데, 이것을 발전 없는 성장(Growth without Development)과 성장 없는 발전(Development without Growth)으로 구분할 수 있다.

발전 없는 성장이란 소득이 높은 경제에 있어서 국내개발이 낙후된 경우를 가리키는데 産油國의 경우가 좋은 예가 된다. 이들 국가는 일차산품인 석유를 수출하여 고소득을 얻음에도 불구하고 국내투자가 적어 국내경제에 구조적 변화가 없으며 또 그러한 소득을 분배하는 제도적 변화가 없는 저개발 현상을 보인다. 그러나 성장 없는 발전이란 이와 반대되는 현상을 말하지만 발전 없는 성장보다는 좀 구체화시키기 어려운 면이 있다. 왜냐하면 발전이란 것은 대부분 그에 상응하는 경제성장이 어느 정도 있어야 가능하기 때문이다.

제 3 절 | 경제성장의 개념

한 나라의 경제규모와 성장과정을 파악하는 데 있어서 생산가능곡선의 개념이 매우 유용하다. 생산가능곡선은 경제사회에 주어진 선택가능한 재화-서비스 생산의 최대조합을 나타낸다. 즉 이 곡선상의 한 점은 현재의 기술수준과 현재의 부존자원을 완전 이용할 때 생산할 수 있는 모든 재화-서비스의 최대량의 하나의 조합이다. 〈그림 1-1〉의 생산가능곡선(Production Possibilities Curve:

그림 1-1 생산가능곡선

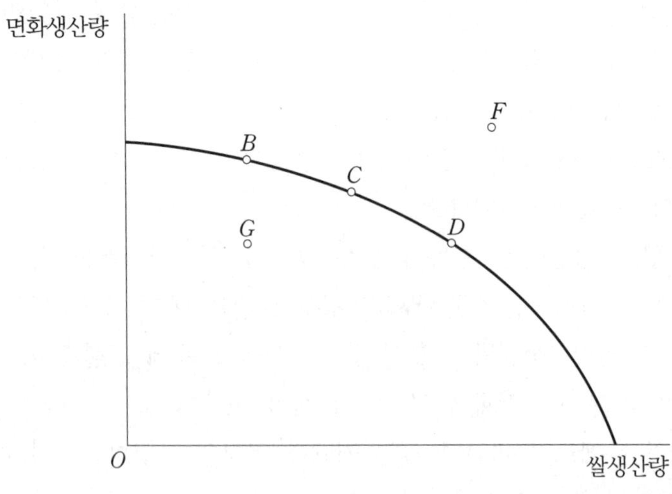

PPC)의 오른쪽 윗편에 위치한 점 F는 선택불가능한 점이며 점 B, C, D, G는 모두 선택가능한 점들이다. 생산가능곡선의 왼쪽 아래편에 위치한 점 G는 선택가능한 점이지만 생산가능곡선상에 있지 않다. 점 G는 점 B나 점 D보다 열등한데, 그 까닭은 점 G가 점 B나 점 D에 비해 면화나 쌀 중 한 가지 재화의 생산량은 적은 반면 나머지 한 가지 재화의 생산량은 동일하기 때문이다. 즉 점 G는 선택가능한 생산조합이지만 최대조합은 아닌 것이다.

점 G와 같이 최대생산에 미달되는 것은 다음의 두 가지 경우에서 일어난다. 첫째는 자본, 노동, 그리고 토지 등의 경제자원을 완전고용하지 못하였을 때, 즉 불황으로 실업이 발생하거나 자본설비가 완전가동되지 못할 때 그리고 유휴토지가 있을 때이다. 둘째는 현재의 기술수준을 제대로 이용하지 않았을 때, 예컨대 낙후된 경영기법이나 원만치 못한 노사관계로 인해 경영자원, 노동자원을 제대로 활용할 수 없을 경우이다.

최대생산조합에 미달한 점 G가 일어나지 않기 위해서는, 즉 점 G를 점 B, C, 혹은 D로 옮기기 위해서는 자원을 완전고용하고 생산효율을 올려야 한다.

이제 완전고용이나 생산효율의 증대를 통해 점 B에서 점 F로 이동했다고 하자. 그러면 현재의 생산가능곡선상에서는 최대생산이 일어나고 있으므로 현재의 기술수준과 자원으로는 더 이상의 생산을 개선하기는 불가능하다. 그러므로 점 F로 이동하기 위해서는 기술수준의 향상이나 자원의 증가가 있어야만 한다.

경제성장은 생산가능곡선이 우상향으로 이동하는 것을 말하며 이 경우 종전에 비해 쌀과 면화의 두 가지 재화생산의 동시증대가 가능해진다. 이러한 경제성장이 일어나는 경로는 ① 기술진보, 즉 생산방식의 효율화가 증대될 때 ② 기계, 설비, 로봇의 증대로 자본을 증가시킬 때 ③ 노동의 양을 늘리거나 교육 · 훈련으로 노동의 질을 높일 때 ④ 토지를 늘릴 때이다.

제 4 절 | 투자와 성장

소비재는 인간의 욕구를 직접 충족시켜 주는 재화이며 반면에 자본재는 직접 소비용이 아니라 다른 재화를 생산하는 데 사용되는 재화이다. 예컨대 t년에 소비재를 많이 생산할 경우 자본재에 동원될 수 있는 자원은 얼마되지 않으므로 자본재 생산이 적어진다. 〈그림 1-2〉의 생산가능곡선 PPC_t 위의 점 A가 이 경우인데 t+1년의 자본은 t년 초의 총자본스톡에 t년도에 생산된 신규 자본재 생산을 합한 것이며 t년의 자본재 생산이 적으므로 t+1년의 자

그림 1-2 생산가능곡선과 경제성장

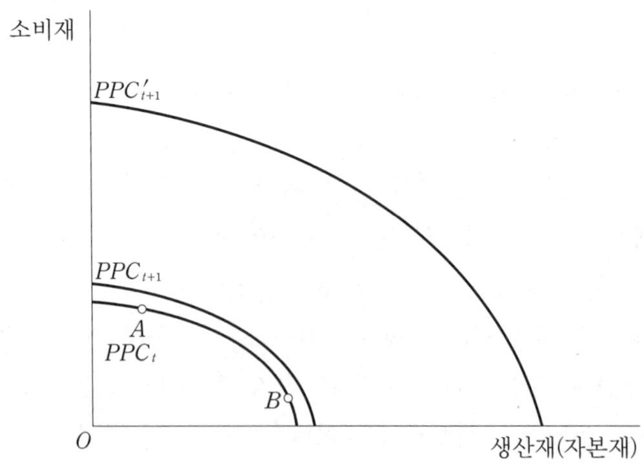

본량도 전년에 대비해서 별로 큰 증가를 하지 못하게 된다. 따라서 t+1년의 생산가능곡선 PPC_{t+1}은 t년에 비해 우상향으로 이동하기는 하나 그 폭이 적다. 즉 경제성장이 더디게 되는 것이다. 그런데 만일 t+1년도에는 점 B와 같이 소비재 생산이 적고 자본재 생산이 크다고 하자. 그러면 t+1년의 생산가능곡선은 PPC'_{t+1}으로 대폭 상향 이동하게 된다. 즉 급격한 경제성장이 일어나게 되는 것이다.

극히 빈곤한 나라의 경우 소비재 생산을 희생시키고 자본재 생산을 증대시킬 경우 기아현상이 대량적으로 발생하면서 점 A에서 생산이 일어나게 되어 자본재 생산은 미미하고 다음 해의 자본량의 확대가 일어나지 않아 경제성장이 이루어지지 않는다. 즉 가난하기 때문에 경제성장이 일어나지 않고 경제성장이 되지 않으니까 다음해의 자본재 생산량 역시 늘지 않는다. 이것이 빈곤의 악순환이다.

빈곤의 악순환을 끊기 위해서는 점 A에서 점 B로 갈 수 있어야 하는데 이것이 바로 경제도약이다. 경제도약이 일어나려면 외국자본의 도입도 한 가지 방법인데, 이 경우 경제성장이 잘 되고 수출로 외화를 충분히 벌어들여 외채의 원리금상환을 제대로 해내면 괜찮지만 그렇지 못할 경우 외채부담에 시달릴 수 있다.

제 5 절 | 경제발전의 정책적 의미

결국 개별 국민의 후생증대가 국가적 목표가 되므로 경제발전은 이를 달성하기 위한 수단으로 간주되어야 한다.

경제발전은 발전과정을 가리키며 시간의 경과가 필요하다. 특히 사회발전은 오랜 시간이 필요하므로 경제발전을 위해 사전에 치밀한 계획이 전제되어야 하며 정책수행과정에 있어서도 시행착오가 발생하면 이것을 신속하게 수정하고 올바른 방향으로 정책을 전환해 가야 한다.

경제발전과 경제개발은 다같이 영어로 'economic development'로 번역되나 우리 말로는 내용이 조금 다르다. 우선 발전은 문법적으로 자동사(自動詞)이나 개발은 타동사(他動詞)를 가리킨다. 그리고 경제발전이란 말은 후진국이나 선진국에 관계없이 일반적으로 적용이 되나 경제개발은 후진국에 적용된다. 경제개발이란 단어는 후진국의 경제발전을 위한 정책적 의미를 지니고 있다.

사회적 후생증대의 목적을 실현해 가는 과정에서 여러 가지 경제발전전략이 있을 수 있으며 이에 따라 다양한 정책이 입안될 수 있다. 그 나라의 정치적·사회적 환경여하에 따라 균형성장(balanced growth)이 적절할 수 있고 불균형성장(unbalanced growth)이 더 적절할 수 있다. 경제발전의 속도를 얼마나 잡을 것인가도 중요한 정책과제가 된다.

여기서 균형성장전략이란 농업, 공업, 서비스업 모두가 비슷하게 성장하는 것을 가리키며 불균형성장전략이란 일단 공업부문을 위주로 경제규모를 빠르게 확장시킨 후 농업 및 기타 부문을 천천히 성장시키는 것을 말한다.

그러나 중요한 것은 성장과 발전과정에서 소득의 불평등도가 너무나 심각하여 이것이 경제발전에 장애가 되는 것을 유의해야 한다. 어느 시점에서든지 절대빈곤층이 확산되지 않고 최소수준으로 유지시켜 나가는 것이 지속적 경제발전을 위한 매우 중요한 조건이 된다.

참고문헌

Chilcote, Ronald, *Theories of Development and Underdevelopment*, Westview Press, 1984.

Colower, R., *Growth Without Development*, Northwestern University Press, 1966.

Hirschman, Albert, *The Stratege of Economic Development*, Yale University Press, 1970.

Kay, Geoffrey, *Development and Underdevelopment*: A Marxist Analysis, st. Martin Press, 1975.

Myint, H., *Economic Theory and the Underdeveloped Countries*, Oxford University Press, 1966.

CHAPTER 02

경 / 제 / 발 / 전 / 론

성장이론의 진화

모든 이론의 생성은 대개 시대적 요구에 의해 이루어진다. 경제발전론도 예외가 아니다. 그 시대의 상황이 어떠했느냐에 따라 이론의 전개가 조금씩 달라진다. 지난 20세기 후반부터 지금까지 다양한 성장이론과 경제발전이론이 출현하였는데, 이 장에서는 지금까지의 성장 및 발전이론의 특징을 살펴보기로 한다.

제 1 절 | 고전학파들의 성장론

애덤 스미스(Adam Smith), 리카도(David Ricardo)와 같은 고전학파 경제학자들은 성장을 기존 경제학의 기본틀 내에서 다루었다. 이들은 성장을 시장확대 차원에서 분석하였다.

애덤 스미스는 경제번영을 생산특화와 무역의 확대 결과로 간주하였다. 그래서 그는 특화활동에 장애와 한계가 생기는 만큼 경제번영은 줄어든다고 믿었다. 그는 중상주의(重商主義)자들(mercantilists)을 공박하였다. 왜냐하면 무역흑자를 통한 금 축적을 지상목표로 하는 중상주의는 자유시장의 발전을 저해하고 노동의 분업을 약화시킨다고 그는 믿었기 때문이다.

한편 리카도는 무조건적인 농업보호를 반대하였다. 농업보호는 농업의 렌트를 올리고 이것은 다시 자본축적과 경제성장을 저해한다고 주장하였다.

밀(John Stuart Mill)은 경제번영을 위해 자유무역과 자유생산을 강조하였다. 특히 그는 소작농업은 농업의 생산성을 낮추고 따라서 농촌의 자본축적을 감소시킨다고 믿었다.

이 시대의 고전학파 경제학자들은 격리되고 분산된 여러 시장들이 통합되어야 경제가 빨리 발전된다고 생각하였다. 이처럼 이들은 시장확대가 자본축적과 경제성장의 지름길이 된다고 믿었다.

놀랍게도 시장예찬론자들 중에는 칼 마르크스(Karl Marx)와 로스토우(W.W. Rostow)도 들어 있다.

제 2 절 | 칼 마르크스 성장론

마르크스 역시 경제발전을 위해 시장확대가 매우 중요하다는 고전학파의 성장론에 동의하였다. 마르크스는 그 시대에 한창 진행되고 있는 시장확대가 자본주의의 발전을 위한 핵심이라고 인정하였다. 그러나 그것은 어디까지나 하나의 역사적 단계에 불과하다고 보았다. 마르크스는 역사, 과학, 자연이 서로 작용하는 과정에서 긴장이 유발되며 시간이 경과하면서 이러한 긴장은 더욱 고조된다고 하였다.

마르크스는 4단계의 역사 및 이념발전단계를 주장하였다. 그것들은 원시공산주의(primitive communism) → 봉건주의

(feudalism) → 자본주의 → 이상적 공산주의(ideal communism)인데 이미 3단계를 지났으며 이제 4단계를 맞이하고 있다고 하였다. 그러나 그의 주장 이후 100년의 세월이 흘렀으나 자본주의는 여전히 존재하고 또 긍정적으로 진화하고 있다.

마르크스는 역사란 진화하는 것으로 믿었다. 그래서 자본주의는 다만 역사적 진화과정에서 거쳐야 하는 필수단계로 이해하였다. 자본주의 시대에는 기존의 봉건주의가 몰락하고 새로운 생산과정이 생겨나며 이때에 자본가와 노동자간에 긴장과 충돌이 발생한다고 믿었다.

마르크스에 의하면 역사적 진화는 생산양식의 변화에 의해 진행된다고 하였다. 사람들의 사회적 · 정치적 · 문화적 · 영적 측면은 모두 사회에서의 생산방식여하에 따라 깊은 영향을 받는다고 그는 보았다.

생산에 영향을 주는 요소들로서 기후, 지형, 기술을 꼽았으며 이 중에서 특히 기술을 생산의 기본을 바꾸는 매우 중요한 요소로 간주하였다. 생산기술과 방식이 변화됨에 따라 새로운 사회계층이 생겨나는 것이며 이렇게 역사적으로 기존 계층과 새로운 계층간의 충돌은 끊임없이 일어난다고 하였다.

마르크스 이론을 추종하는 新마르크스론자(Neo-Marxist)들 중 바란(Paul Baran) 같은 이들은 마르크스와는 또 다른 발전론을 전개하였다. 그는 아프리카, 아시아, 남미 지역이 가난한 이유는 자본주의의 역기능의 결과 때문이라고 주장하였다.

유럽과 북미에서 효과를 본 자본주의제도가 이들 나라에 여과없이 그대로 적용되면서 원치않은 부작용이 생겨났다. 이들 나라에 자본주의와 봉건주의의 나쁜 점들만 작용함으로써 오히려 이들 나라의 성장 잠재력마저 철저하게 파괴시킨다고 그는 굳게 믿었다.

제 3 절 | 종교와 경제발전

막스 웨버(Max Weber)는 사회가 봉건제도에서 자본주의체제로 전환되는 과정에서 종교와 문화가 중요하다는 사실을 강조하였다. 특히 북유럽이 봉건체제에서 자본주의로 넘어가는 데 있어 신교가 중요한 역할을 하였다고 지적하였다.

로마의 구교를 비롯 다른 종교들은 물적인 富를 축적하는 것을 경원시하였기 때문에 활력적인 경제제도가 유지될 수 없었다. 그러나 신교는 부의 정당한 축적을 윤리의 기초로 간주하였다. 노동, 근검 절약을 통한 정당한 부의 축적은 신의 축복이며 오히려 구원의 줄에서 앞에 설 수 있음을 역설하였다. 이러한 웨버의 견해는 마르크스와 정반대였다. 마르크스와는 달리, 웨버는 윤리와 종교가 생산력과 생산방식을 바꾼다고 보았다.

웨버와 비슷한 견해를 가진 이는 토니(R.H. Tawney)였다. 종교가 개인의 경제활동에 어떤 영향을 주는가에 관심을 모았다. 그는 신교가 자본주의의 지속적인 확산과 시장확대에 매우 중요하다고 하였으며 지나친 상업행위를 저지하기 위해 고리대금업과 재산탐욕을 크게 비난하였다.

웨버와 토니의 이러한 주장은 그 후 많은 연구를 가져오게 하였다. 그들은 윤리와 문화에 관심을 집중시켰으며 경제발전과정에서 발생하는 종교적 갈등에도 관심을 기울였다. 그리고 사람들이 어떻게 변화된 환경에 적응하며 또 문화도 변화되는가를 분석하였다. 그리고 문화적 갈등이 오히려 기업가 정신을 함양시킨다는 사실을 주장하였다.

그러나 비평가들은 웨버와 토니가 경제발전 요인으로 사회환

경론적인 요인과 종교적 요인에 너무 치중하였다고 지적하였다. 특히 히긴스(Benjamin Higgins)가 그런 입장을 취했다. 그도 경제발전을 위해 기업가 정신의 중요성을 부정하지는 않았다. 그는 大약진(Big push)론을 주장하였다. 경제 전면에 걸친 대약진이 있어야 전통적 후진성이 해소될 수 있다고 하였다.

히긴스는 대약진은 새로운 시장을 개방하고 유용한 자원을 개발하면 생겨난다고 하였으며 유럽의 경제발전의 경우가 여기에 해당한다고 하였다. 개발 초기에 기업가 계층이 생겨나지 않을 때는 대약진이 필요하다고 그는 주장하였다. 그러나 역시 전통사회가 근대사회로 전환되는 데 있어 기업가 정신이 크게 필요한 것은 부인할 수 없다는 입장을 그는 취하였다.

제 4 절 | 단계적 성장론

앞에서 지적된 바와 같이 마르크스는 경제적 발전단계를 기준으로 시대를 구분하였다. 그는 역사는 단계적으로 변화한다는 이론을 펼쳤는데, 역사적 변화는 생산조건의 변화 때문에 생겨나는 것으로 믿었다.

마르크스와 같이 단계적 성장이론을 주장한 자들이 있었는데 피셔(Allan Fisher), 클라크(Colin Clark), 로스토우(W.W. Rostow) 등이 이에 속한다. 이들은 독일 역사학파(German Historical School)라고 불리는데 이들의 역사관은 한마디로 진화론이다. 이들은 경제제도가 원시적인 제도에서 선진 경제제도로 발전해 간다고 생각하였다.

사실 단계적 성장론자들은 경제성장 요인들은 결국 문화적 변화까지도 초래한다고 생각하였으며 이러한 사고는 바로 마르크스의 영향을 많이 받은 결과이었다. 단계적 성장론자들은 경제적 역사를 단계별로 분류하는 데 있어 다양한 방법을 썼다. 세 가지 대표적인 예를 들어보자. 첫 번째 분류방법은 산업을 기준으로 하였다. 리스트(Friedrich List)는 역사를 수렵, 목축업, 농업, 제조업-농업, 제조업-농업-상업의 5단계로 구분하였다.

두 번째 분류는 힐데브란트(Bruno Hildebrand)의 단계성장론인데 역사를 물물교환경제, 화폐경제, 신용경제의 3단계로 구분하였다.

세 번째 분류는 뷰케(Karl Bucher)의 분류인데 한 나라의 경제는 처음에 가정경제(household economy)로부터 시작하여, 마을경제(town economy)를 거쳐, 국가경제(national economy) 순으로 발전해 간다는 것이다.

물론 이런 분류법에는 문제가 없지 않다. 칼로 무 자르듯 시대를 기계적으로 나누고 시대별로 구분을 한다는 것은 절대로 쉽지 않다.

힐데브란트의 시대적 분류는 비교적 간단하면서도 설득력이 강하다. 물론교환경제에서 시작하여 화폐경제시대를 거쳐 신용경제로 간다는 것은 그 동안 선·후진국을 막론하고 경험을 통하여 널리 인정되어 온 사실이다. 여기서는 리스트와 뷰케 그리고 로스토우의 단계적 성장론을 서로 비교해 보기로 하자.

1. 리스트의 성장론

리스트가 그의 단계성장론에서 특히 관심을 보인 것은 농업단계에서 제조업-농업단계로 옮겨가기 위한 여러 조건들이었다.

첫째, 그는 온대지역(temperate zone)을 가진 나라만이 공업을 하기가 적합하다고 하였다. 그 이외 나라들은 농산물 생산에 주력하여 공업제품과 교환하는 것이 바람직하며 그러면 굉장히 빠른 성장을 이룩할 수 있다고 주장하였다. 그래서 관련국의 경제성장을 위해서는 농산물과 공산물간의 자유무역이 필수적으로 따라야 한다고 하였다. 그리고 온대지역을 가진 나라로서 아직 산업화 단계에 진입하지 못한 나라는 공업국과 자유무역을 실시하여야 산업화를 앞당길 수 있다고 믿었다. 그는 온대지역국이 공업을 도입해 오는 과정에 있어서 농업발전의 선결조건을 중시하였다. 농업의 수준이 어느 정도 넓어야지만 공업이 도입된 후 생산도 증가하고 동시에 사회제도와 문화도 같이 원만하게 변화하기 때문이었다.

이런 식으로 리스트는 그의 성장론에 동태적인 면을 주입시켰다. 즉 공업이 도입된 후 공업이 지속적으로 발전되기 위해서는 농업의 뒷받침이 있어야 한다는 것이다. 그래서 농업과 공업이 서로 대체하는 것이 아니라 서로 보안적이며 지속적 성장을 위해 농업과 공업이 같이 성장 · 발전되어야 한다는 주장을 폈다.

그의 주장에서도 한 가지 엿볼 수 있는 것은 공업이 농업보다 반드시 생산기능이 절대적으로 우위에 있다고 보지 않는다는 점이다. 그는 농업과 공업의 차이에 대해 특이한 견해를 피력하였다. 농업은 권력주의와 관계가 있는 반면에 공업은 창의 및 자유사상과 관계가 있다는 것이다. 농업에 종사하는 사람들은 전통지향적이고 과거지향적이지만 공업에 종사하는 사람들은 자유분방하며 창의적이며 미래지향적이라고 평가하였다. 그래서 만일 공업이 농업보다 우세하다고 한다면 그 사회의 구성원들이 전통과 자유사상 중 자유사상쪽으로 더 많이 기울어져 있음을 나타낸다고 그는 판단하였다.

2. 뷰케의 성장론

1800년 말 뷰케(Bucher)가 주장한 단계성장론은 매우 특이하다. 그는 성장단계로서 가정경제(household economy)로 시작하여 마을경제(town economy)를 거쳐 국가경제(national economy)로 전환되어 간다고 주장하였다. 여기서 가정경제란 물물교환은 없고, 가정이 소비하는 모든 것은 자체적으로 생산되는 경제이다. 마을경제는 교환경제이나 중간상인은 없으며 생산자와 소비자가 직접 교환하는 경제이다.

한편, 가정경제가 마을경제로 전환되는 것은 오직 가정경제체제가 없어지면서 가능해진다. 중세기 유럽의 여러 도시에 해당되지만 전쟁에 대비하기 위해 마을 사람들은 서로 뭉치고 협력해야 할 필요가 생겼으며 이렇게 하여 교환이 전제되는 마을경제가 자연스럽게 생겨났다.

끝으로 국가경제는 중간상인이 존재하는 경제이며 생산자는 최종 소비자와 함께 중간상인에 해당하는 도매상인과 직접 거래한다. 그리고 상품은 여러 생산단계를 거쳐 생산되며 경제체제는 다른 마을과도 교환이 이루어지는 등 전국거래권을 갖게 되는 국가경제체제로 발전해 간다.

리스트와 뷰케가 주장한 단계성장론은 같은 점도 있으나 다른 점도 있다. 리스트의 단계성장론에 의하면 한 단계가 일정 수준을 넘으면 다음 단계에 들어가기 전 문화, 정치, 사회의 제도가 같이 변한다고 하였다. 한편 뷰케는 정치제도의 갑작스런 변화가 경제에 주는 영향을 주시하였으며 유럽의 경우 농업생산 기초가 튼튼한 봉건제도가 유럽의 공업발전에 큰 기여를 한 것으로 믿었다. 뷰케는 또한 중세기 유럽에서의 기술발전이 경제발전을 위한 매우 중요한 촉매제가 된다고 하였다.

3. 로스토우의 성장론

로스토우(W.W. Rostow)의 성장단계설은 우리나라에 이미 많이 알려져 있다. 고등학교 경제상식수준에서도 다루어지고 있는 정도이다.

로스토우의 성장단계설은 뷰케보다 리스트의 성장단계설과 유사한 점이 많다. 그는 처음에는 경제적 변화가 천천히 일어나지만 결국 이것은 경제 및 정치제도에 엄청난 변화를 가져오게 한다고 하였다. 동서양을 막론하고 모든 사회는 5단계의 성장과정을 거치게 된다고 하였다. 전통적 사회에서 시작하여, 도약준비단계(preconditions to take off), 도약단계(take off), 성숙사회로의 진입단계(the drive to maturity)를 거쳐 고수준의 대중소비단계(high mass consumption)에 이르게 된다는 것이다.

1) 전통적 사회

로스토우가 말하는 전통적 사회란 뉴턴의 과학기술시대 이전 사회를 가리킨다. 그가 보는 사회란 완전하게 정태적 사회일 수 없다. 새로운 경작지를 만들어 농업생산이 증가하며 새로운 농작물 생산방법이 확산된다. 그러나 전통적 사회에서의 한 가지 특징은 1인당 가능생산량에는 상한선이 정해져 있다는 점이다. 이 상한선은 현대과학에 접근할 수 없다는 데서 비롯된다.

이 사회에서는 자연히 자원의 대부분이 농촌에 투입되며 사회적 신분의 수직적 이동가능성이 거의 없다. 이 시대의 사람들은 자신의 자손들은 과거 자신들의 조상이나 자신들보다 크게 다르지 않을 것으로 생각한다. 따라서 사회진보나 발전의 개념이 없다.

2) 도약준비단계

이 시기는 경제적 전환을 가능하게 하는 기초가 되어 있다. 현대과학문명이 공업과 농업의 생산성을 높여주기 시작한다. 이때는 사람들의 세계는 동태적으로 발전하는 것이며 경제적 진보도 가능하다고 생각한다.

새로운 기업가들이 출현하며 저축을 동원하여 위험성이 있어도 유망사업에 투자한다. 이리하여 투자활동과 상업활동이 크게 확대된다. 이때 국내 정치체제는 강력한 중앙정부의 지도를 받는다.

3) 도약단계

이때는 성장분위기가 온 사회에 팽배해 있다. 공업화는 빠른 속도로 진행되고 對GNP저축률도 5%에서 10% 수준으로 껑충 뛴다. 농업과 공업에서 파격적인 생산증대가 일어나 도시부문이 크게 확장되며 도시노동자 수도 크게 늘어난다. 10~20년 內에 경제의 기본구조가 변화되며 사회 및 정치구조도 크게 바뀌어진다. 이런 상태에서 지속적 성장이 유지된다.

4) 성숙단계

이 단계에서 對GNP저축률은 10~20% 수준이 되며 공업화가 빠르게 추진되는 과정에서 새로운 산업과 기술이 개발된다. 그래서 다양하고 새로운 선진기술이 각 산업에 도입되고 응용된다. 물론 도약단계에서도 공업기술이 발달되나 제한된 분야에서만 적용되었다. 그러나 성숙단계에서는 적극적인 기술개발과 도입이 종횡무진으로 이루어지며 그로 인한 산업생산성이 포괄적으로 향상된다.

5) 대중소비단계

고소득과 함께 사람들은 질 높은 삶을 영위하고자 한다. 다양한 소비재 상품이 생산되며 질 높은 서비스가 공급된다. 소비재 중에서도 내구재 상품이 선호된다. 신기술 개발과 경제성장이 더 이상 사회의 지상 목표가 되지 않는다. 정치적 조작과정을 통하여 사회복지와 경제안보(economic security)를 증대시키며 이를 위해 사회적 자원을 더욱 많이 투입한다.

로스토우는 경제발전 5단계 중에서 도약준비단계가 가장 중요하다고 강조한다. 이 단계에서는 투자증가율이 인구증가율을 능가한다. 이때 투자는 대부분 농업부문의 생산성을 높이는 데 사용된다. 그는 농업이 경제발전을 위해 3가지 중요한 역할을 담당한다고 하였다.

첫째, 사회전체적으로 증가한 인구를 그리고 공업부문에서 종사하는 사람들을 먹여 살리기 위해 식량증산이 있어야 한다.

둘째, 늘어난 소득은 결국 공업부문에서 생산된 상품들을 더 소비하게 된다. 따라서 현대적 산업부문이 더욱 확장되고 발전된다.

셋째, 농업부문에서의 저축은 현대적 농업부문을 확장시키는 데 사용된다.

非경제적인 측면에서의 도약준비단계에서는 새로운 엘리트계층이 생겨나며 이들은 또한 현대적 산업사회를 형성하는 데 필요한 권력을 얻게 된다. 과거 토지를 소유한 옛 엘리트들은 끝내 그들의 사회적 기반을 잃게 된다. 이때 현대적 의미의 국가설립이 이루어지며 국수주의가 잉태된다.

지금까지 여러 가지 성장단계를 살펴보았는데 이들은 각각 조금씩 다른 특징을 지니고 있다. 그러나 한 가지 공통적인 사실은 경제발전과정에서 非경제적 요인도 중요시하고 있다는 점이다. 리스트는 공업발전이 경제성장 및 경제발전의 첩경이 되는 것은 반드시 생산양식이 모두 경제적이기 때문이 아니고 공업발전이 문화적 및 사회적 환경과 깊은 관계가 있기 때문이라고 본다. 로스토우는 또한 새로운 엘리트층의 부상과 민족국가(nation state)의 설립이 매우 중요하다고 보았다.

제 5 절 | 제 3 세계론

1. 제3세계의 기원

제3세계(The Third World)란 말은 50년대 초에 프랑스의 인구학자인 쏘비(Alfred Sauvy)가 처음으로 사용하였다. 1952년 8월 그가 쓴 논문에서 1789년 프랑스 대혁명 이전 당시 프랑스 사회의 가난하고 권세 없으며 생의 한계에 다달은 계층을 지칭하는 것으로 사용되었다.[1] 그 후 이 말은 세계차원에서 한계에 다달은 국가를 지칭하는 보다 광의의 개념으로 확대되어 사용되었다.

냉전체제가 심화되던 1950년대 모든 나라는 자본주의체제와 공산주의체제 중 어느 하나를 택하거나 아니면 어느 체제에도 속하지 않고 중립적인 위치를 지키는 나라로 구분되었다.

이때 세계 貧국들은 미국과 소련의 초강대국의 원조와 간섭을 의식하고 이를 비켜가고자 이들은 정치적 중립을 선언하였으며 1960년대 초 이들은 비동맹그룹을 만들었다. 이리하여 1964년 77

1) Ted Lewellen, *Dependency & Development*, pp. 3~18, 1995.

개 중립국 그룹이 생겨나기도 하였다.

따라서 이들 국가들이 제3세계를 상징하게 되었는데 이들은 외견상으로는 양대 진영 어디에도 소속되지 않는다고 하면서도 실제로는 이들 대부분 국가들은 미국이나 소련 중 어느 한 나라와 끈끈한 유대관계를 유지하였다.

2. 제2세계의 붕괴

제3세계는 제1세계 및 제2세계와 구별된다. 제1세계는 선진 공업국으로서 자본주의 국가들을 가리키는데 미국, 캐나다, 西유럽국, 호주, 일본 등이 여기에 속한다. 이들은 모두 민주주의 국가들이다. 그런데 예외는 있다. 어떤 때는 제1세계에 속하기도 하고 또 어떤 때는 그러지 못한 나라들도 있는데 이스라엘과 남아프리카가 여기에 해당한다. 또 포루투갈은 지리적으로 西유럽에 속하는 제1세계에 해당하는 것으로 간주되지만 1인당 소득기준으로 보면 우리나라보다 작은 나라라는 사실은 특이할 만하다.

제2세계는 선진 공업국가이지만 사회주의 국가로서 냉전체제가 종식되기 이전에는 국제정치적으로 매우 큰 영향력을 행사하였다. 그러나 80년대 후반 소련이 붕괴됨으로써 제2세계의 개념은 불분명해졌다. 지금은 이들 대부분이 제1세계 또는 제3세계로 이미 전환되었거나 지금 전환되고 있는 실정이다.

이에 따라 제3세계의 개념도 희미해지고 그 범위도 불분명해졌다. 세계 국가 중 제3세계에 속하는 범위가 너무도 넓어졌다. 이런 경우 차라리 제1세계도 아니고 제2세계도 아닌 나머지 모든 나라를 제3세계로 취급하는 것이 오히려 쉽다.

이제 제3세계는 사회주의 국가와 자본주의 국가 모두 포함될 수 있다. 제3세계 그룹에는 이 지구상에서 가장 가난한 나라인 탄자니아와 아프가니스탄도 들어가지만 동시에 부자국인 아랍에미리트와 쿠웨이트도 들어간다. 그리고 지구에서 가장 인구가 많은 중국도 제3세계로 분류된다.

3. 제3세계의 특징

제3세계는 다양한 나라들로 구성되어 있다. 세계은행(1992)의 보고에 의하면 제3세계는 100여 개의 크고 작은 나라들로 되어 있다고 한다. 제3세계에 속하는 나라들의 공통점을 찾고 제3세계를 일반화하는 것은 쉬운 일이 아니다. 그러나 일반적으로 다음의 특징을 갖고 있다고 할 수 있다. 즉 빈곤, 非산업화, 식민지유산 및 종속관계, 과잉인구, 도시화, 독재 정치구조, 국가결속력 결여 등이다.

같은 제3세계에 속한다 하더라도 그 범위가 워낙 넓기 때문에 소득수준과 구매력 기준으로 이들 국가들을 구분하면 편리하다. 세계은행은 제3세계를 하위소득국가, 중하위소득국가, 중상위소득국가, 상위소득국가, 그리고 공산주의 국가로 구분한다.

여기서 하위소득국가에 속하는 제3세계는 1992년 현재 1인당 연간소득이 600달러 미만인 최빈국이다. 이들 국가의 공업은 전무하며 농업이 주소득원이 된다. 사하라 사막이남 아프리카국인 탄자니아, 자이레, 말리 등의 나라와 이외에 아프가니스탄, 방글라데시, 하이티 등이 여기에 속한다.

한편 중하위 소득국가는 1인당 연간소득이 600~2,400달러의 범위에 속하는 나라들이며, 중상위소득국가는 1인당 연간소득이 2,500~7,500달러의 범위에 들어가는 나라들이며, 상위소득국가는 1인당 연간소득이 7,500달러 이상 되는 나라들이다.

표 2-1 제 3 세계 국가들의 1인당 국민소득과 1인당 구매력

1인당 GNP				1인당 구매력			
하위소득국가							
탄자니아	110	배냉	360	자이레	220		
이디오피아	120	중국	370	탄자니아	410		
말라위	200	하이티	370	이디오피아	450		
방글라데시	210	케냐	370	브룬디	450		
브룬디	210	파키스탄	380	말라위	480		
자이레	220	가나	390	가나	480		
우간다	220	잠비아	420	시에라리온	480		
세에라리온	240	스리랑카	470	우간다	510		
말리	270	인도네시아	570	말리	540		
나이지리아	290	온두라스	590	르완다	570		
르완다	310	이집트	600				
인도	350						
중하위소득국가							
볼리바아	630	콜롬비아	1,260	나이지리아	670	이집트	1,360
짐바브웨이	640	터키	1,630	배냉	670	볼리비아	1,380
필리핀	730	파나마	1,830	잠비아	720	파키스탄	1,590
과테말라	900	코스타리카	1,900	하이티	780	인도네시아	1,660
에쿠아도르	980	보츠와나	2,040	케냐	790	엘살바도르	1,730
엘살바도르	1,110	알제리아	2,060	방글라데시	880	필리핀	1,880
파라과이	1,110	아르헨티나	2,370	인도	1,050	과테말라	1,960
페루	1,160			온두라스	1,120	스리랑카	2,050
요르단	1,240			짐바브웨이	1,180	중국	2,120
중상위소득국가							
멕시코	2,490			보츠와나	2,500	파나마	4,010
남아프리카	2,530			파라과이	2,580	베네수엘라	4,310
베네수엘라	2,560			알제리	2,630	브라질	4,310
우루과이	2,560			에콰도르	2,690	멕시코	4,620
브라질	2,680			페루	3,130	아르헨티나	4,650
한국	5,400			요르단	3,160	한국	4,830
				콜롬비아	3,520	칠레	4,860
				코스타리카	3,760	남아프리카	4,980
				터키	3,780	우루과이	5,060
				말레이시아	3,850		
상위소득국가							
이스라엘	10,920			이스라엘	9,180		
싱가포르	11,160			UAE	12,190		
UAE	19,860			싱가포르	12,790		

자료: World Bank, *World Development Report* 1992(Oxford University Press, 1992), pp. 218-19: Kidron, Michael, *The New State of the World Atlas*, 4th ed.(London: Simon and Schuster, 1991), pp. 110-117.

공산주의 국가로서 제3세계에 속하는 나라에 대해서는 좀더 부연 설명이 필요하다. 이들 나라에서는 자본주의 경제국에서 관찰되듯이 소득분배와 부의 분배간에 큰 차이가 없다. 마르크스 경제체제를 지니고 있는 이들 국가에서는 소득과 부가 자본주의 국가에 비하여 비교적 균등하게 배분되어 있다. 그러나 이들 나라에서도 당원이나 고급관료 및 엘리트들은 높은 교육수준을 영위하며 주택, 교육, 의료, 의복, 음식 등에 있어서 온갖 혜택을 누리기 때문에 실질적인 면에서 분배가 그 만큼 균등하지 못하다. 또 이들 중에서도 소득이 낮은 나라와 높은 나라간에 차이가 많이 나고 있다.

〈표 2-1〉은 제3세계를 구성하는 국가들을 1인당 국민소득과 1인당 구매력을 기준으로 분류한 것이다.

참고문헌

Amin, Samir, *Accumulation on a World Scale: A Critique of the Theory of Underdevelopment*, Monthly Review Press, 1974.

Baran, Paul, *The Political Economy of Growth*, Monthly Review Press, 1957.

Boeke, J. H., *Economics and Economic Policy of Dual Societies*, Institute of Pacific Relation, 1953.

Higgins, Benjamin, *Economic Development: Principles, Problems and Policies*, W. W. Noton, 1968.

Hoselitz, Bert, *Thories of Stagies of Economics Growth*, Free Press of Gregor, 1961.

Rostow, W. W., *Theories of Economic Growth from David Hume to the Next Century*, Oxford University Press, 1990.

Tawney, R.H., *Region and the Rise of Capitalism*, New American Library of World Literature, 1955.

Weber, Max, *The Protestant Ethics and The Sprit of Capitalism*, Allen and Unwin, 1983.

CHAPTER 03

경제성장모형

제 1 절 | 균형성장 접근

경제성장 문제를 다루는 데 있어 크게 균형성장이론 접근과 불균형성장이론 접근의 두 가지 방법이 있다.

균형성장이론 접근은 신고전학파의 경제적 시장균형체제와 그에 따른 몇 가지 가정을 전제로 한다. 이 체제의 생산은 모든 생산요소는 노동과 자본이 2大 생산요소로 분류되며 각 요소의 생산은 총생산에서 일정비율만큼 차지하는 것으로 나타난다. 균형성장이론은 각 생산요소가 GNP성장에 얼마나 기여하는가에 초점을 맞춘다. 그리고 총생산물 증가, 생산요소증가, 총생산성 증가의 세 가지 성장요소에 관심을 집중시킨다.

신고전학파의 시장균형이론에 속하는 성장이론에서는 총생산물 증가율과 총요소 증가율의 차이를 총생산성 증가율로 취급한다. 다시 말해서 균형성장이론 체제에서는 자본, 노동, 생산성이 GNP성장의 3大 요소로 꼽힌다.

한편 불균형성장이론은 고전학파의 이론체계로부터 크게 벗어난다. 요소시장과 생산물시장이 균형상태에 있지 않다고 전제하고 있다. 따라서 불균형성장이론은 최적 이론이라기보다는 차선이론 범주에 들어간다.

이런 체제 내에서는 자본과 노동간의 대체성과 생산물간의 대체성이 크게 떨어진다. 극단적인 예로 노동과 자본간의 대체성이 제로인 레온티예프 생산함수체제에서는 극심한 자본부족과 무한정한 노동잉여가 가능하다. 또한 공산품에 대한 소득탄력도가 1보다 크기 때문에 소득증가 후 공산품 수입이 총수출을 능가하는 경우가 많다. 그래서 만성적 국제수지 적자를 해결하기 위한 수입대체정책과 자본유입정책은 결국 잠재성장력을 크게 약화시키게 된다.

실제 후진국, 저개발국, 개발도상국 등에 해당되는 생산체계는 신고전학과 생산함수와 레온티예프 생산함수 사이에 존재할 것이다.

제 2 절 | 고전학파 성장이론

1. 고전학파인 리카도의 성장이론

새로운 이론을 개발하는 데 있어서 일련의 가정이 필요하다. 여기서 가정은 허구적 내용을 갖는 것은 아니다. 오히려 현실성이 있는 가정인 경우가 많다. 물론 현실성이 조금 부족해도 일단 새로운 이론을 개발할 때 필요한 가정을 설정한다.

그러나 고전학파의 성장이론은 가정에 다소 현실성이 부족하다 하겠으나 결국 시장확대가 경제발전에 기여한다는 결론을 유도해 내는 데 결정적인 역할을 한다. 리카도와 같은 고전학파 경

그림 3-1 고전학파의 노동공급곡선

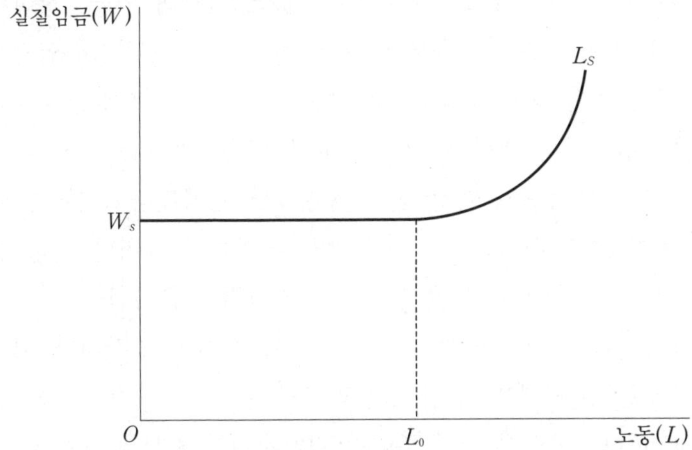

제학자는 비록 실제 생산요소는 많이 있으나 그 중에서 특히 노동을 대표요소로 간주하여 노동투입여하에 따라 생산이 달라진다는 분석을 많이 하였다.

리카도의 성장모형은 네 가지 가정을 전제로 한다.

첫째, 노동공급은 실질 시장임금과 최저 생계비에 의해 결정된다고 가정한다.

〈그림 3-1〉에서 L_s는 노동공급곡선이며 실질시장임금인 W가 최저 생계비인 W_s보다 아래이면 노동공급은 없음을 나타낸다. 그리고 실질임금이 최저생계비인 경우 OL_0만큼의 노동이 공급됨을 보여주고 그 이상의 노동이 공급되기 위해서는 실질임금이 최저생계비(W_s) 이상이 되어야 한다. 장기균형에 이르기 전에는 노동자가 받는 임금은 노동의 한계생산물보다 조금 적다고 가정한다.

둘째, 임금은 노동자에게 지급되나 이미 준비된 임금기금에서 사전에 지불한다고 가정한다. 농업의 경우 농민에게 지불되는 임금은 종자공급 및 장비대여와 같이 농산물 수확 이전에 지급된다. 농산물 수확 후 수익분을 현금화하여 다음 기간의 임금, 장비비용 등을 위해 새로운 기금을 준비해 둔다. 그리고 수확 후 임금을 올리면 다음 기간 동안 노동공급이 증가하는 것으로 간주한다.

셋째, 경작지는 지형과 위치에 따라 비옥도가 다르다고 가정한다. 그래서 비옥도가 가장 높은 농지부터 경작된다고 본다. 일단 경작지가 결정되면 거기에 노동력을 투입하며 그러나 일정 한계에 다다르면 다음으로 비옥도가 높은 경작지로 옮아간다.

넷째, 생산요소는 노동, 자본, 그리고 N개의 경작지가 되어 총생산요소는 N+2개가 되며 자본과 노동은 일정 비율로 사용된다고 가정한다. 이렇게 되면 주어진 경작지에서 자본과 노동이 가변요소가 되는데, 이 두 요소는 일정 비율로 사용된다고 가정하고 있으므로 노동투입량이 결정되는 과정을 알게 되면 자본투입량은

그림 3-2 고전학파의 임금기금과 성장과정

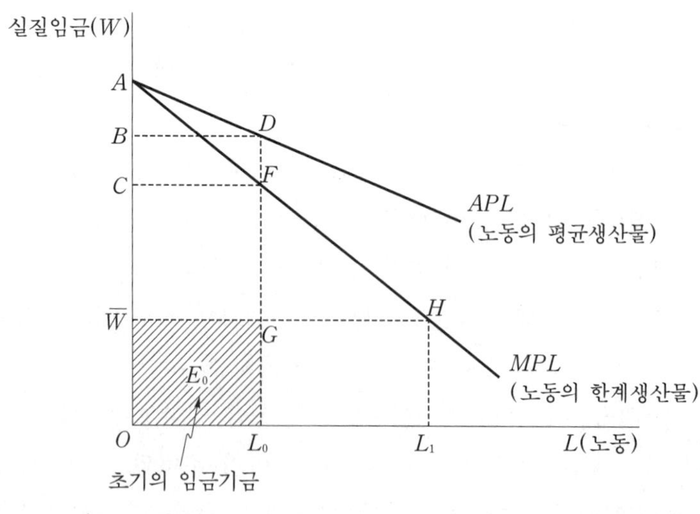

저절로 알게 된다.

이런 상황에서 고전학파 성장이론의 내용을 구체적으로 살펴보자. 〈그림 3-2〉의 APL과 MPL은 노동의 평균생산물곡선과 한계생산물곡선을 가리킨다. 평균값이 하락하면 한계값은 더욱 빠르게 하락하며 평균값이 상승하면 한계값은 더욱 빠르게 상승한다는 수학적 관계를 근거로 하여 MPL곡선은 APL곡선 아래에 위치해 있다.

일반적으로 자본가는 일정한 자본을 가지고 사업을 시작하는 것처럼 여기서도 자본가는 농촌 노동자를 고용하고, 종자와 농기구를 대여해 주는 등 생산비용을 충당하기 위하여 일정 자금이 필요하다.

그러나 이 모형에서 자본가는 토지사용료(임대료), 종자구입비 등의 생산요소 비용은 농산물을 수확한 후 지불하지만 농촌 노동자에게 지불하는 임금은 최저생계비수준으로 수확 이전에 미리 지불한다고 가정하고 있다. 따라서 애초 자본가가 가진 임금기금은 E_0이며 그 규모는 〈그림 3-2〉에서 $\overline{W}OL_0G$영역에 해당한다. 초기 노동투입량은 초기 임금기금의 규모에 의해 결정되므로 원점 O에서 떨어진 거리를 나타내는 L_0이 된다.

L_0의 노동량이 투입되면 총수확량, 즉 총생산물은 한계생산물곡선 아래 영역인 AOL_0F가 되며 동시에 직각사각형 BOL_0D가 되기도 한다. 기하학적으로 삼각형 ACF는 직사각형 $BCFD$와 같다.

이제 앞에서 전제로 한 가정으로 돌아가 보자. 자본투입량은 노동투입량에 의해 자동적으로 결정된다고 하였다. 그러면 〈그림 3-2〉에서 MPL과 APL은 노동의 한계생산물과 평균생산물을 나타낸다고 하지만 자본이 함께 쓰여졌다고 보아야 한다. 총생산물이 각 요소에 분배될 때 이 같은 사실이 감안되어야 한다.

총생산물이 수확되었을 때 만일 토지소유주에게 돌아갈 부분이 ACF 또는 $BCFD$가 된다고 한다면 자본가에게 돌아갈 몫은 COL_0F가 된다. 그러나 이 중에서 적어도 $\overline{W}OL_0G$는 차기 임금기금으로 사용된다. 이때 자본가의 이윤을 줄이고 임금기금을 늘리면 고용이 늘어나게 된다.

이렇게 하여 노동이 L_0에서 증가하여 L_1에 이르게 되면 차기의 총 임금기금은 $\overline{W}OL_1H$가 되며 토지주인의 몫은 $A\overline{W}H$가 되면서 자본가의 이윤은 제로가 된다. 따라서 노동의 증가 및 성장은 멈추게 된다.

이 모형에서 실질임금이 노동시장에서 경쟁적으로 정해지는 모습은 없으며 다만 최저생계비수준과 자본가의 최초 임금기금에 의하여 고용이 결정되고 성장이 진행된다. 노동시장이 신축적으로 작용하고 임금이 시장경쟁에 의하여 결정되는 경우에는 고전학파의 성장모형은 설자리를 잃게 된다.

제 3 절 | 해로드-도마르 성장론

해로드-도마르 성장모형은 균형성장모형이며 몇 가지 가정을 전제로 한다. 첫째, 저축은 소득에 비례한다. 따라서 저축방정식은 [3-1]식과 같다.

$$S = s \cdot Y_p = \Delta K_T \qquad \cdots\cdots \text{[3-1]}$$

여기서 S는 국민 총저축을 가리키며 s는 저축률, 또는 평균저축성향, Y_p는 잠재총생산이며 ΔK_T는 총자본의 증가분을 가리킨다. 추후에 설명될 것이지만 이것이 모두 투자될 수도 있고 안

그림 3-3 해로드-도마르의 생산함수

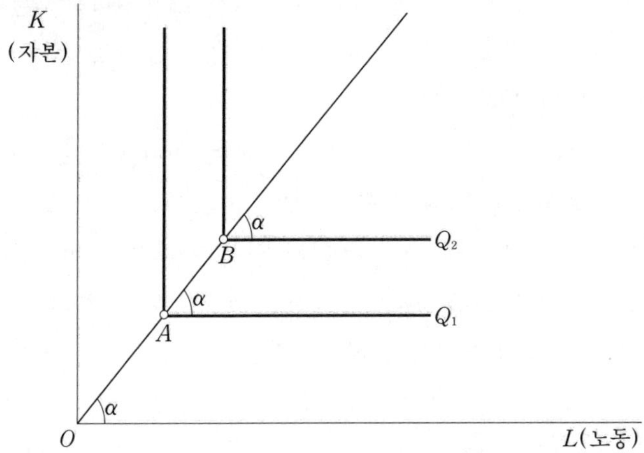

될 수도 있다.

둘째, 노동은 외생적으로 주어지며 일정 증가율로 증가한다. 따라서 [3-2]식과 같다.

$$\hat{L} = n \qquad \cdots\cdots \text{[3-2]}$$

여기서 "^"는 변수의 증가율을 가리키며 n은 노동증가율을 가리킨다.

셋째, 분석편의상 기술혁신은 없다고 보며 자본도 마손되지 않는다고 가정한다. 그리고 생산함수의 특성으로 노동/자본 투입비율이 고정되어 있음을 나타낸다. 노동산출비율과 자본산출비율은 각각 일정수준에 고정되어 있다고 한다.

〈그림 3-3〉은 이러한 생산함수의 특성을 잘 나타낸다. Q_1Q_2는 등량곡선을 나타내며 노동과 자본의 상대가격이 변동해도 노동과 자본의 투입비율은 α로서 변동하지 않는다. 따라서 가장 바람

직한 자본과 노동의 투입량은 목표생산량이 Q_1인 경우 A점에서 결정되며 목표생산량이 Q_2인 경우 B점에서 결정된다. 자본과 노동의 조합점이 생산량 수준에 따라 다르지만 두 요소의 투입비율은 α로써 변동이 없다.

넷째, 자본에는 두 가지 종류의 자본이 있다. 하나는 실제로 사용되거나 목표성장을 위해 꼭 필요한 양의 자본이며, 또 하나는 실제 사용된 자본뿐 아니라 사용되지 않는 자본을 합한 총자본이다. 잠재 총생산은 모든 자본을 사용하는 경우 가능하다. 따라서 잠재 총생산은 [3-3]식으로 표현될 수 있다.

$$Y_p = K_T \cdot \frac{1}{v} \qquad \cdots\cdots \text{[3-3]}$$

여기서 Y_p는 잠재 총생산량이며, K_T는 총자본, 그리고 v는 생산물 대 자본비율을 나타낸다. 단 v는 고정된 것으로 간주하며, 평균비율 값과 한계비율 값이 서로 같다고 전제한다.

그러면 [3-4]식이 가능하다.

$$v = \frac{K}{Y} = \frac{\Delta K}{\Delta Y} \qquad \cdots\cdots \text{[3-4]}$$

여기서 Y는 실제 생산량이며 K는 실제 자본투입량이다.

다섯째, 투자액은 총국민소득의 일정 비율에 해당하는데 이 모형에서는 감가상각이 없으므로 다음 [3-5]식이 성립한다.

$$r = \frac{I}{Y} = \frac{\Delta K}{Y} \qquad \cdots\cdots \text{[3-5]}$$

여기서 r은 총생산 대 투자비율이며 I는 투자액이다.

[3-4]식과 [3-5]식을 이용하면 총생산을 증가율로 표시할 수 있는데 다음 [3-6]식이 GNP성장률로 해석될 수 있다.

$$\frac{\Delta Y}{Y} = \frac{\Delta K \cdot \frac{1}{v}}{\Delta K \cdot \frac{1}{r}} = \frac{r}{v} \quad \left(\begin{array}{l} v = \frac{\Delta K}{\Delta Y} \\ r = \frac{\Delta K}{Y} \end{array} \right) \qquad \cdots\cdots [3\text{-}6]$$

[3-6]식에 의하면 한 나라의 GNP성장률은 투자비율과 산출물과 자본비율에 달려 있다.

앞서 잠재 총생산은 실제 사용된 자본과 사용되지 않은 자본이 모두 투입되었을 때 가능한 총생산의 합이라고 하였다. 이제 이에 대해 좀더 자세하게 따져볼 필요가 있다. 이것은 바로 투자와 저축의 일치여부와 관계가 있다. 만일 저축된 것이 모두 투자로 연결될 때는 미사용 자본이 없는 경우이며 따라서 그때의 총생산은 잠재 총생산이 된다. 그러나 저축 중에서 일부가 투자로 연결되지 않고 그대로 남아 있으면 그만큼 미사용 자본이 있게 됨을 의미한다.

[3-1]식과 [3-3]식을 이용하면 [3-7]식이 유도된다.

$$\frac{\Delta Y_p}{Y_p} = \frac{\Delta K_T \cdot \frac{1}{v}}{\Delta K_T \cdot \frac{1}{s}} = \frac{s}{v} \qquad \left(s = \frac{S}{Y_p} \right) \qquad \cdots\cdots [3\text{-}7]$$

이때 잠재성장률을 논할 때 기준시점에서 $Y = Y_p$가 성립한다고 전제하면 [3-8]식이 성립한다.

$$\frac{\Delta Y}{Y} = \frac{\Delta Y_p}{Y_p} = \frac{s}{v} = \frac{r}{v} \qquad \cdots\cdots [3\text{-}8]$$

[3-6]식의 $\frac{r}{v}$은 실제 성장률이며 [3-7]식의 $\frac{s}{v}$는 보증성장률(잠재성장률)이라고 한다. 이때에 만일 저축률과 투자율이 동일하면 실제 GNP는 잠재 GNP를 100% 반영한다는 의미를 갖는다.

만일 투자율이 저축률에 못 미치면 실제성장률이 보증성장률보다 낮게 된다. 따라서 성장은 불균형성장이 된다. 이때 시장금리기능이 도입되면 다시 경제는 균형상태로 돌아갈 수 있다. 투자율이 저축률에 못 미치면 잉여저축이 생긴다는 사실을 뜻하며 이것은 금리하락을 초래한다. 금리가 하락하면 투자비용이 감소하여 투자증가를 촉진하므로 투자와 저축이 다시 일치하게 된다. 금리가 하락하여 투자가 증가하는 동안 경제가 성장한다.

지금까지 고용이나 실업에 대해서는 아무런 언급이 없었으나 이제는 인구증가가 성장과정에서 어떻게 접목되는가에 대해서 생각해 보자. 만일 GNP증가율이 인구, 더욱 구체적으로 노동증가율에 못 미치면 실업문제가 발생한다. 그래서 실제 성장률과 보증성장률, 그리고 인구증가율이 모두 일치할 때 완전고용상태를 유지하는 균형성장상태가 유지된다.

이제 실제 성장률과 보증성장률이 노동증가율에 못 미치다고 가정하자. 그러면 실업문제가 발생한다. 이때는 저축과 투자를 함께 늘릴 수 있으면 실업문제가 해소된다. 이때 저축증가를 위해 금리상승을 유도하면 저축은 좀더 동원될지 몰라도 금리상승은 투자를 위축시킨다. 그러므로 이런 상황에서는 금리조정책은 실업해소정책이 못된다. 이때는 외국으로부터의 원조나 외국인 투자, 해외차입 등을 통해 투자를 증대시키는 방법이 효과적이다.

케인지언 이론인 해로드-도마르 성장모형에서 만일 투자가 저축에 못 미치면 잉여자본이 발생하여 경제는 보증성장을 실현할 수 없다. 이경우 정부의 금리인하정책이 요구된다. 그래서 금리가 하락하면 투자는 늘고 저축은 줄어 성장과 함께 경제는 균형을 회복할 수 있다.

다시 말해서 이 모형에 노동증가율을 구체적으로 도입할 경우 만일 경제성장률이 노동증가율보다 작으면 실업이 발생하는데, 이때는 저축과 투자를 모두 증가시켜야 하기 때문에 금리인하정책만 가지고는 실업문제를 해결할 수 없다. 왜냐하면 금리인하는 투자촉진을 가져오지만 저축감소를 가져오기 때문이다.

어쨌든 해로드-도마르 모형의 정책적 시사점은 투자증가가 결국 경제성장에 이르게 하는데, 만일 저축과 투자가 일치하지 않는 경우 저축과 투자를 함께 증대시키는 정부정책이 필요하다는 사실이다.

제4절 | 신고전학파 성장론

케인지언 이론인 해로드-도마르 성장이론에서는 노동과 자본간의 기술적 대체성은 없었다. 즉 노동과 자본의 투입비율은 고정되어 있었다. 사실 이것만으로도 노동의 未사용, 즉 실업이 가능하였다.

이제 신고전학파에서는 고전학파의 기본정신을 살려 시장의 자율적 기능을 전제로 한다. 따라서 자본과 노동간의 대체는 무한하다고 본다. 이렇게 되면 노동시장의 자동조정기능에 의해 실업문제는 원천적으로 없다고 보아야 한다. 그리고 투자와 저축은 금리 및 기타 관련가격의 자율조정에 의해 항상 일치한다고 본다.

따라서 신고전학파 학자들은 공급 측면에 초점을 맞춘다. 이들 역시 고성장은 높은 저축을 통하여 이루어진다고 믿는다. 물론 수확체감의 법칙에 의해 성장은 무한정 계속될 수 없다고 전제한다.

해로드-도마르 모형과는 달리 여기서는 가격조정기구에 의해 저축과 투자는 항상 일치한다고 전제하므로 다음 [3-9]식이 성립한다.

$$I = \Delta K = S = sY \qquad \cdots\cdots [3\text{-}9]$$

$$\left(\frac{\Delta L}{L}\right) = n \qquad \cdots\cdots [3\text{-}10]$$

여기서 K와 L은 자본과 노동의 증가분을 가리키는데 시간적 연속성이 전제되어 있음을 함축한다. I는 투자, S는 저축, s는 저축률, n은 노동증가율을 가리킨다.

생산함수는 규모의 불변을 작용하며 [3-11]식과 같이 노동과 자본의 함수가 된다.

$$Y = F(K,\ L) \qquad (K,\ L<0) \qquad \cdots\cdots [3\text{-}11]$$

이제 모든 것을 1인당 저축, 소비 등으로 표시하기 위하여 생산함수는 [3-12]식으로 표현한다. 단, 여기서 F는 CRS생산함수이다(규모에 대한 보수불변).

그림 3-4 신고전학파의 생산곡선

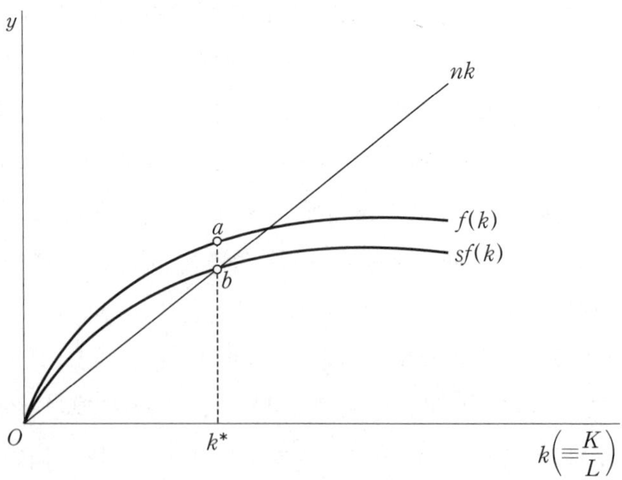

$$y=\frac{Y}{L}=F\left(\frac{K}{L},\ 1\right)=F\left(\frac{K}{L}\right)=f(k) \qquad \cdots\cdots \text{[3-12]}$$

여기서 Y는 총생산량, L은 노동인구규모, K는 자본, y는 1인당 생산량, k는 1인당 자본량을 나타낸다.

신고전학파들은 그들의 생산곡선이 〈그림 3-4〉에서처럼 보이게 하기 위해서는 다음의 네 가지 수학적 조건을 부여하고 있다.

$$f'(k)>0 \qquad \cdots\cdots \text{[3-13]}$$

$$f''(k)<0 \qquad \cdots\cdots \text{[3-14]}$$

$$\lim_{k\to\infty} f'(k)=0 \qquad \cdots\cdots \text{[3-15]}$$

$$\lim_{k\to 0} f''(k)=\infty \qquad \cdots\cdots \text{[3-16]}$$

[3-13]식은 단순히 k값, 즉 1인당 자본이 증가함에 따라 1인당 생산량이 증가한다는 사실을 나타내며 [3-14]식은 생산량이 증가하더라도 증가속도는 점점 줄어든다는 사실을 나타낸다. [3-15]식에 의하면 k값이 점점 늘어나서, 무한대까지 늘어나더라도 생산곡선의 기울기 값이 결국 제로에 가까워지면 생산곡선의 기울기는 무한대 값으로 커지게 된다는 사실이 [3-16]식에 함축되어 있다.

이제 경제성장을 의미하는 자본증가율을 좀더 구체적으로 살펴보자. 1인당 자본의 증가율이 플러스 값을 가지면 성장을 의미하며 그것이 제로가 되면 성장은 멈추며 그대신 같은 자본수준을 유지한다는 사실을 의미한다.

일단 생산된 것은 소비와 투자로 소진된다고 하면, 그리고 투자와 저축은 항상 일치한다고 하면 아래와 같이 [3-17]식과 [3-17]′식이 성립한다.

$$F(K)=Y=C+I=C+S \qquad \cdots\cdots \text{[3-17]}$$

$$f(k) = \frac{Y}{L} = \frac{C}{L} + \frac{S}{L} = \frac{C}{L} + sf(k) \quad \cdots\cdots [3\text{-}17]'$$

여기서 [3-17]′식은 1인당 생산을 1인당 소비와 1인당 저축으로 구분하여 표현한 것이다. 〈그림 3-4〉에서 수직값 ak^*는 1인당 생산, bk^*는 1인당 저축, ab는 1인당 소비를 각각 나타낸다.

이제 1인당 자본증가분을 구체적으로 유도해 보자.

$$\hat{k} = \frac{\dot{k}}{k} = \left(\frac{\hat{K}}{L}\right) = \hat{K} - \hat{L} \quad \cdots\cdots [3\text{-}18]$$

여기서 "^"는 증가율 또는 변동률을 나타내며 [3-9], [3-10], [3-18]식을 이용하면 [3-19]식이 유도된다.

$$\dot{k} = k(\hat{K} - \hat{L}) = \frac{\dot{K}}{L} - nk = sf(k) - nk \quad \cdots\cdots [3\text{-}19]$$

[3-19]식에 의하면 $sf(k) > nk$이면 $\dot{k} > 0$이 되어 1인당 자본은 증가한다. 그러나 $sf(k) < nk$이면 $\dot{k} < 0$이 되어 1인당 자본은 감소한다. 이것이 주는 경제학적 의미는 이러하다. 매기마다 노동이 n 속도만큼 증가하니까 새로 투입되는 노동자가 기존 노동자와 똑같은 양의 자본을 유지하려면 자본은 nk만큼 증가해야 한다. 그러므로 매기의 저축, 즉 자본증가분인 $sf(k)$가 nk보다 커야 결국 전체 노동자의 1인당 자본량이 커지게 된다.

〈그림 3-4〉에서 $sf(k)$곡선이 nk선보다 위에 있는 경우 자본축적이 일어나므로 k가 상승한다. 이런 과정은 반복하여 1인당 자본량이 k^* 수준에 닿을 때까지 진행된다. 반대로 $sf(k)$곡선이 nk선보다 아래에 있는 경우에는 k는 감소하여 결국 k^* 수준으로 내려온다.

이때 k^*를 定常狀態(steady state)의 자본량이라 부른다. 여기서 정상상태란 일반적으로 1년 이상 기간 후의 시장균형이 아니라 언제든지 일단 실현되면 더 이상 움직임이 없는 균형상태를 가리킨다.

1인당 자본량인 k가 k^* 수준에 있는 경우 정상상태가 되는데 이때 1인당 소비가 최대 수준인지 아닌지 확실하지 않다. 이왕이면 정상상태의 1인당 소비가 최대가 되는 것이 바람직할 것이므로 이에 대해 좀더 자세히 알아보자.

정상상태에서 1인당 소비를 최대화하는 조건을 유도해 내기 위하여 [3-20]식을 이용해 본다.

$$\text{Max } C = f(k) - sf(k) = f(k) - nk \qquad \cdots\cdots \text{ [3-20]}$$

[3-20]식을 가지고 k에 대해 1차 미분하여 그 결과를 제로에 맞추면 1인당 소비를 최대화하는 필요조건이 유도된다.

$$\frac{\partial C}{\partial k} = f'(k) - n = 0 \qquad \cdots\cdots \text{ [3-21]}$$

[3-21]식에 의하면 $f'(k)$값이 노동증가율 n과 같을 때 1인당 소비가 최대화된다. 이것은 〈그림 3-4〉의 a점에서 $f(k)$의 기울기인 $f'(k)$가 n과 동일할 때 가능해진다. 만일 동일하지 않을 때는 정책적으로 저축률 s나 노동증가율 n, 또는 생산기술 등을 변동시켜 최대소비를 유도해 낼 수 있다.

지금까지는 분석의 간단성을 위해 자본의 감가상각을 고려하지 않았으나 사실은 감가상각의 효과는 간단하게 추가적으로 분석될 수 있다. 자본의 증가분이 노동증가분뿐 아니라 자본의 감가상각분까지 포함시키도록 하면 된다. 따라서 n대신 $(n+\delta)$로 대체하면 된다. 여기서 δ는 자본의 감가상각분에 해당한다.

정상상태는 앞에서 지적한 대로 1인당 자본축적 과정이 중지

될 때 실현된다. 이때는 1인당 자본 스톡이 더 이상 늘어나지 않고 계속 일정 수준에 유지되고 있는데, 그것이 가능하기 위해서는 감가상각분과 노동증가분만큼은 저축과 투자가 뒷받침해 주어야 한다.

이때 GNP성장은 어떻게 될 것인가? 정상상태에서 분명한 것은 노동은 계속 n율만큼 증가하며 총자본 스톡도 n율만큼 증가한다. 그러기 때문에 1인당 자본 스톡은 증가하지 않고 일정 수준에 머물러 있을 수 있다. 즉 1인당 GNP성장률은 제로가 된다. 그러나 국가전체의 GNP는 1인당 GNP와는 달리 n증가율로 성장한다.

이제 저축률을 정책적으로 증대시켜 보면 어떤 효과를 가져오는지 분석해 보자. 저축률이 증가하면 새로운 정상상태가 도래하며, 그때의 1인당 자본수준은 이전보다 높다. 그래서 저축률 상승 직후 자본의 공급인 $sf(k)$와 자본의 수요인 $(n+\delta)k$가 일치할 때까지 1인당 자본 스톡은 순증가를 경험하게 된다. 그러나 경제가 새로운 정상상태에 이르게 되면 신규투자는 $(n+\delta)$만큼 계속되고 그래서 총자본 스톡은 n율만큼 증가하지만 더 이상 1인당 자본 스톡의 순증은 없게 된다. 따라서 1인당 GNP성장률도 제로가 된다. 이때 국가전체 GNP는 노동이나 총자본 스톡처럼 똑같이 n율만큼 성장한다. 따라서 정상상태의 GNP성장률은 저축률과 아무 상관이 없는 것처럼 나타난다.

이렇듯 신고전학파의 성장이론은 여러 가지 모형의 우수성에도 불구하고 현실과 다소 부합되지 않는 면이 있었다. 성장에 있어 저축률의 중요성은 크게 축소되고 오히려 인구증가율이 지나치게 강조된다는 사실이 신고전학파 성장모형의 결정적인 약점이다.

성장모형을 구축하는 데 있어 저축률과 인구증가율이 반드시 외생적으로 주어지거나 정책변수로 취급될 필요는 없다. 저축률은 같은 경제체제 內에서 노동자와 자본가간 또는 저소득자와 고소득자간에 다를 수 있다. 그리고 성장단계에 따라 다를 수 있는 것이다. 인구도 경제상황과 개인의 소득여하에 따라 증가율이 달라질 수 있다. 이처럼 저축률과 노동증가율 등이 모형 內에서 내생적으로 취급될 수 있는바, 이에 대한 논의는 다음 장에서 하기로 한다.

제 5 절 | 성장률의 수렴화

신고전학파 성장이론, 특히 Solow 성장이론이 정책적으로 시사하는 바가 많다. 그러나 현실적으로 받아들이기 어려운 면도 있다. 예컨대 Solow가 전제로 한 생산함수는 한계생산성체감의 법칙이 작용하는 것이며 1인당 생산 $f(k)$는 총생산, 즉 GNP를 총인구로 나누어 준 것이었다. 그의 모형에서 노동은 계속 n율로 증가하되 1인당 자본량은 더 이상 증가하지 않는 상태를, 정상상태로 보았다. 그러므로 정상상태에서 1인당 GNP는 증가하지 않으나 전체 GNP는 여전히 인구증가율만큼 매년 증가한다. 이런 사실은 Harrod · Domar 모형과 매우 다른 면을 보여준다. Harrod · Domar 성장모형에서 GNP증가율은 저축률과 한계자본계수에 달려 있다. 그러나 Solow 성장모형에서는 장기균형인 정상상태에서 GNP는 오로지 노동증가율만큼 증가하고 저축률과는 아무 상관이 없다.

Solow 성장모형의 결론부분을 좀더 자세히 뜯어보면 우리는 중요한 정책적 시사점을 발견할 수 있다. Solow 성장모형의 정상상태에서는 노동증가율이 같은 나라는 1인당 자본량이 모두 동일하고 따라서 GNP성장률이 모두 동일하게 되는데 이런 현상을 성

그림 3-5 성장률과 수렴화

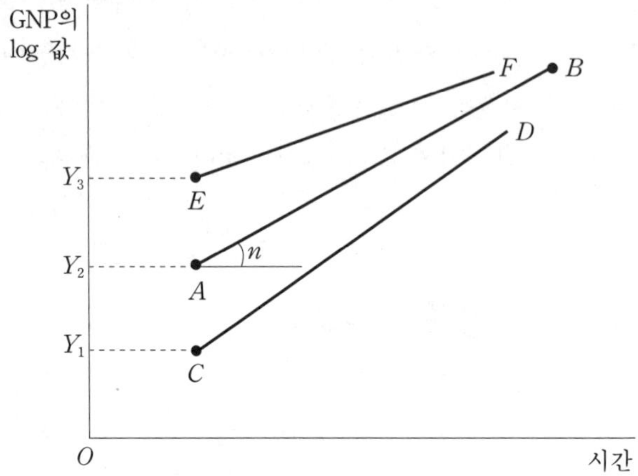

장률의 수렴화라고 한다. 성장률의 수렴화는 〈그림 3-5〉에서 좀 더 자세하게 설명될 수 있다.

선분 AB는 경제가 정상상태에 이른 후 GNP가 인구증가율인 n율 속도로 증가하고 있음을 보여준다. 선분 AB는 GNP의 log값이므로 이 선분의 기울기는 n값으로 표시된다.

A점에서 GNP 수준은 Y_2이다. 정상상태에서는 Y_2는 n율만큼 증가한다.

이것은 어디까지나 이론적인 결론이다. 실제상황은 조금 다를 수 있다. 선분 CD의 경우와 같이 만일 GNP가 Y_1수준에 있으면 GNP는 n율보다 빠른 속도로 증가하여 결국 n증가율로 수렴한다. 만일 선분 EF에서와 같이 초기 GNP가 Y_3인 경우 GNP는 n증가율보다 완만한 속도로 증가하고 결국에 가선 n증가율로 수렴한다. 이렇게 하여 어떤 나라든 결국 GNP는 n율만큼 증가한다는 것인데 이런 현상을 성장률 수렴화 현상이라 한다.

그렇다면 실제 상황은 어떠한가? 기술수준과 인구증가율이 같은 나라가 과연 동일한 GNP성장률을 갖는지 여부를 알아볼 필요가 있다. 이에 관한 과거 연구에 의하면 서방 선진국을 포함하여 개도국까지 함께 관찰해 본 결과 수렴화 현상을 발견할 수 있는 경우도 있고 없는 경우도 있었다. 따라서 이에 대한 연구는 앞으로도 계속 이루어져야 할 것이다. 그러나 앞서 지적한 바와 같이 실제에 있어 국가마다 기술수준이 다르고 노동증가율이 다르기 때문에 각 국가의 GNP증가율이 정상상태에서 모두 같아진다는 결론에 지나친 무게를 실을 필요는 없다. 기술에 있어서도 각 나라마다 기술이 외생적으로 주어지는 것이 아니라 어떻게 투자하고 개발하느냐에 따라 각 국가의 기술수준은 달라진다.

이에 관한 자세한 논의는 다음과 같다. 그 동안 외생적으로 취급하였던 노동증가, 기술진보, 저축률 등을 내생적으로 취급함으로써 기존 성장모형의 약점을 보완하고자 새로운 성장이론들이 나오게 된 것이다.

이제 기술진보의 내생화 문제를 다루어 보기로 하자. 그러나 내생화 문제에 들어가기 앞서 논의의 편의를 위해 우선 외생적 기술진보의 영향을 신고전학파의 성장모형을 통하여 알아보자.

기술진보의 내용은 여러 가지로 해석될 수 있다. 기술진보는 결국 생산성 향상을 가져오므로 한 가지 해석은 기술진보가 노동의 유효규모를 증대시킨다고 보는 것이다. 그래서 자연 인구증가율이 그대로 노동증가율이 될 수밖에 없다.

신고전학파의 노동 방정식은 다음 [3-22]식과 같이 개조될 수 있다.

$$L(t) = N(t) \cdot e^{\lambda t} \qquad \cdots\cdots [3\text{-}22]$$

[3-22]식에서 $L(t)$는 일정 시점에서의 유효노동량을 가리키며 $N(t)$는 일정 시점에서의 노동자를 가리킨다. 따라서 유효노동량의 증가율은 [3-23]식으로 표현된다.

$$\widehat{L(t)} = \frac{dL}{Ldt} = n + \lambda \qquad \cdots\cdots \text{[3-23]}$$

[3-23]식에 의하면 유효노동량의 증가율은 노동자증가율과 기술진보율의 합이 되는데 λ속도로 발전하는 기술진보율이 유효노동에 영향을 준다.

잠시 신고전학파-성장모형으로 다시 돌아가서 정상상태에서 1인당 자본 순증이 멈추게 되는 조건은 [3-24]식으로 표현된다.

$$sf(k) = (\lambda + n + \delta)k \qquad \cdots\cdots \text{[3-24]}$$

이렇게 하여 여전히 외생적이긴 하지만 기술진보가 유효노동량을 증가시킨다는 사실에 착안하여 기술진보를 경제성장모형에 도입할 수 있다. 그러면 국가전체의 GNP성장률은 단순한 노동자증가율에 일치하지 않고 노동자증가율과 기술진보율의 합과 일치하므로 정상상태에서 각국의 GNP성장률이 단순히 노동자수 증가율에 수렴한다고 주장할 필요가 없는 것이다. 이렇게 되면 각국의 다양한 GNP성장률은 그 나라의 다양한 기술진보율로도 설명될 수 있다.

제 6 절 | 기술진보의 내생화

앞에서 외생적 기술진보는 거의 기계적으로 신고전학파 성장모형에 도입이 되었다. 그러나 이제는 기술진보를 가능케 하는 요인이 무엇인지 알아보자.

지금까지 생산함수는 노동과 자본의 함수이며 규모에 대한 수확불변(constant returns to scale)을 전제하였다. 그러나 실제로는 규모에 대한 수확체증도 가능하다. 이런 경우 그것은 마치 기술진보의 결과로 간주될 수 있다.

기술진보를 가능케 하는 요인으로서 첫째, 투자규모 둘째, 인적자본 스톡을 들 수 있다. 먼저 기술진보가 투자규모 여하에 의해 결정되는 경우를 살펴보자.

$$\lambda = a + b\left(\frac{\dot{K}}{Y}\right) \qquad \cdots\cdots \text{[3-25]}$$

[3-25]식에서 $\dot{K}$는 자본 스톡의 순증을 의미하며 따라서 $\frac{\dot{K}}{Y}$은 對GNP투자비율을 나타낸다. a는 기술진보의 외생적 요인이다. 따라서 [3-25]식에 의하면 기술진보는 외생적 요인과 투자비율의 합에 비례하여 진행된다고 보는 것이다. 이렇게 되면 투자비율은 다시 저축률 s로 대체되어 [3-26]식과 같이 기술진보율은 저축률에 비례한다고 볼 수 있다.

$$\lambda = a + bs \qquad \cdots\cdots \text{[3-26]}$$

이것을 신고전학파의 성장모형에 다시 접목시키면 정상상태의 결과는 [3-27]식에 함축되어 있다.

$$sf(k) = (a + bs + n + \delta)k \qquad \cdots\cdots \text{[3-27]}$$

이렇게 되면 1인당 자본순증식은 멈추게 되나 1인당 GNP는 $(a + bs)$ 속도로 성장한다. 그리고 국가전체 GNP는 $(a + bs + n)$

속도로 성장한다. 따라서 1인당 GNP와 총 GNP는 정상상태에서도 저축률의 영향을 받는 것으로 주장될 수 있다.

이러한 접근에서는 비록 저축률은 외생적으로 취급되었으나 기술진보는 내생화되었으며 GNP성장률이 저축률에 의해 직접적으로 영향을 받는다는 사실을 보여준다.

투자가 기술진보의 원인을 제공하는 이유는 다음과 같다.

투자 중에는 과거부터 전통적으로 있어 온 일반 투자가 있지만 그외에도 특별한 목적을 띤 투자가 있다. 기업가는 당면한 제반 문제를 해결하기 위한 수단을 개발하는 데 적지 않은 투자를 한다. 기술혁신을 계속 개발하기 위해서도 투자를 한다.

사실 자본축적을 위한 투자증가가 모두 민간저축으로 충당되지 않는 경우가 있다. 정부의 정책에 의해 새로운 투자가 모두 충당될 수도 있는 것이다. 이런 경우 기술진보는 민간저축에 관계없이 투자증가에 의해 결정되는 것이다. 따라서 성장모형이 내생화된다.

두 번째, 기술진보는 인적자본 스톡의 증가에 의해 실현된다고 본다. 인적자본의 축적은 새로운 생산기술이 사람 몸에 체화됨으로써 가능해지며 인적자본에의 투자여하에 따라 기술진보가 달라진다고 본다. 이에 대해서 추후 좀더 자세하게 다루기로 한다.

끝으로 저축률이 내생화되는 경우를 생각해 보자. 사실 저축률이 그냥 외생적으로 결정된다고 가정한 것은 단순한 발상의 소치이다. 개인이나 국가는 미래를 생각하고 경제적 자원을 현재와 미래에 적절히 배분하고자 하는 동기를 가진다. 미래 소비를 더욱 중요시하면 저축률은 높아진다. 이런 사실을 감안하면 더욱 정교한 성장모형을 구축할 수 있다.

참고문헌

Arrow, Kennth, *The Economic Implications of Learning by Doing,* Review of Economic Studies, 1962.

Barros, A. R., Some Implications of New Growth Theory for Economic Development, *Journal of International Developoment*, 1993.

Domar, Ivsey, "Capital Expansion, Rate of Growth and Employment," *Econometrica*, 1946. 4.

Grabowski, Raul Shields, M. "Lewis and Ricardo: A Reinterpretation," World Development, 1980. 2.

Harrod, R., "An essay in Dynamic Theory," *The Economic Jounal*, 1939. 3.

Helpman, E., "Endogenous Macroeconomic Growth Theory," *European Economic Review*, 1992.

Lucas, R. E., "On the mechanics of Economic Development," *Journal of Monetary Economis*, 1988.

Ricarde, David, *The Principles of Political Economy and Taxation*, Aldine Press, 1965, 초판은 1821.

Romer, Paul, "Increasing Returns and Long-Run Growth," *Journal of Political Economy*, 1986.

Uzawa, Hirofumi, "Technical Change and the Aggregate Model of Economic Growth," *International Economic Review*, 1965.

CHAPTER 04

경 / 제 / 발 / 전 / 론

인구변동론

기술의 내생화에 이어 여기서 노동의 내생화에 대하여 논의해 보자. 경제성장모형에서 노동이 내생화되어야 하는 데는 다음과 같은 뚜렷한 이유가 있다.

기존의 성장모형에서는 노동은 거의 외생적으로 취급되었으며 일정 속도로 계속 증가한다고 보았다. 만일 세계인구가 지금 속도로 계속 증가한다면, 즉 연간 1.7퍼센트 증가율로 증가하면 세계인구는 서기 2100년에 300억 명이 넘게 되며, 서기 2200년에는 1,500억 명을 넘게 된다.

이런 인구 추계는 분명 현실적이지 못하다. 인구변동은 크게는 환경오염, 전쟁, 질병 등에 의하여 영향을 받으며 개인적으로는 소득, 교육, 직업 등에 의하여 영향을 받는다.

사람들이 인구폭발과 그에 따른 지구종말의 우려를 갖는다는 것은 사회전체가 항상 비합리적으로 움직인다는 사실을 전제로 한다. 그러나 사실은 그렇지 않다. 사회전체가 비합리적이라는 가정을 가지고 합리적인 성장모형을 기대할 수 없다. 인구변동의 내생화를 논하기 앞서 인구증가의 경제적 및 사회적 요인을 일찍이 지적한 맬더스의 인구론을 고찰할 필요가 있다. 이런 이유들로 인하여 인구변동의 내생화가 큰 의미를 갖게 되는 것이다.

제 1 절 | 맬더스의 인구론

맬더스(T.R. Malthus)의 「인구론」은 비교적 사회에 널리 알려져 있다. 그의 인구론은 "식량은 산술급수적으로 비례하여 증가하나, 인구는 기하급수적으로 불어난다"는 주장으로 함축되어 있다고 볼 수 있다. 그러나 실제로 그의 인구론은 그렇게 비관적으로 끝나지 않았다. 그는 그의 저서에서 인간 스스로의 부단한 노력에 의해 인구폭발은 예방될 수 있다고 진단하였다.

맬더스의 인구론을 해석함에 있어서 후세학자들간에 다소 이

그림 4-1 맬더스의 인구변동모형

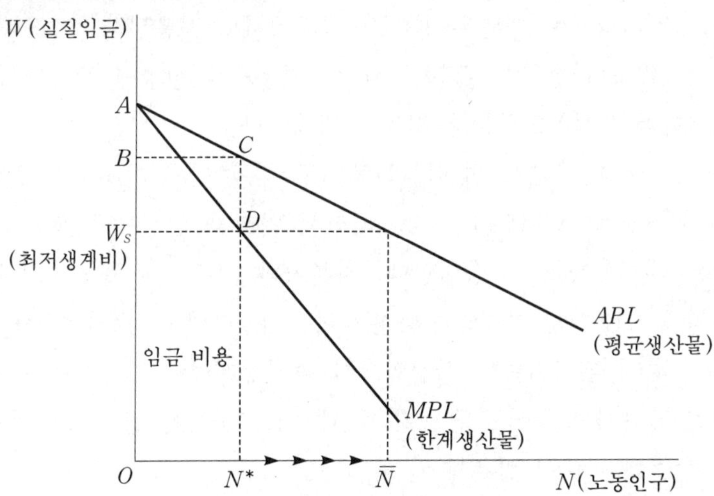

견이 있는 것도 사실이나, 분명한 것은 그의 인구론은 비교적 정교하여 논리정연하다. 그리고 무엇보다 고전학파 학자들이 인구변동을 외생적으로 취급한 데 반하여 맬더스는 인구변동을 내생화하여 보다 더 장기적인 관점에서 성장과정에서의 근본적인 빈곤문제를 분석하고자 하였다.

맬더스의 인구론은 〈그림 4-1〉을 통하여 좀더 상세하게 그리고 경제학적으로 설명될 수 있다.

앞서 고전학파 리카도의 성장이론에서는 임금기금과 최저생계비가 설정되었으며 처음부터 잉여노동자의 존재를 전제로 하였다. 그래서 실질임금이 최저생계비를 초과하면서 고용이 늘어나고 경제가 성장한다고 보았다. 그리고 실질임금의 상승은 자본가측이 이윤감소를 감내하였기 때문에 가능하다고 하였다.

그러나 맬더스의 성장이론에서는 상황이 매우 다르다. 우선 임금기금이란 개념은 없다. 그리고 잉여노동자의 개념도 없다. 처음부터 노동자는 모두 고용되어 있는 것으로 간주하고 있다. 그 대신 최저생계비 개념은 맬더스 이론에서도 사용된다. 그러나 최저생계비도 어떤 경우에 변동될 수 있는가를 설명해 주기 때문에 고전학파의 성장모형보다 훨씬 동태적이다.

〈그림 4-1〉에서 원래의 노동인구는 N^*이며 이때 한계생산물은 최저생계비인 W_s와 같다. 따라서 자본가 입장에서 총임금 비용은 W_sON^*D로 나타내진다. 자본가와 지주에게 돌아가는 몫은 삼각형 AW_sD, 따라서 자본가이윤과 지대의 크기는 사각형 BW_sDC가 된다. 만일 실질임금이 최저생계비보다 높으면 출산율이 올라가서 노동인구가 증가하는데 이런 과정은 결국 노동인구가 $\overline{N}$ 수준에 이르면 멈추게 된다.

맬더스 모형에서는 인구가 경제적 요인에 의해 증가하더라도 결국 한계에 부딪치며 그때는 최저생계비가 평균생산물과 같아진다. 이 경우에 자본가와 지주의 수익은 하나도 없다. 그는 이 모형을 통해서 사회 구성원 모두가 빈곤상태에 이를 수 있음을 지적하였다. 그는 그의 모형에서 노동자의 수는 계속 늘어나는 반면에 자본가와 지주의 수는 늘어나지 않는다고 하였다. 자본가와 지주의 자녀들 역시 대부분 노동자로 전락하며, 결국 모든 사람이 빈곤상태에 이른다는 것이다.

그는 또한 자선행위에 대해서도 독특한 견해를 가지고 있었다. 자선행위가 국가적 차원이든 개인적 차원이든 일시적으로는 극빈자를 도와줄 수 있으나, 장기적으로는 인구증가를 유발하여 결국 사회전체의 빈곤을 초래할 수 있다고 하였다.

맬더스는 그의 이론에서 사회적 포부(social aspirations)의 개념을 강조하였다. 사회적 포부는 교육을 통하여 증대될 수 있으며 사회적 포부가 상승하면 여러 가지 사회적 변혁이 가능해진다. 첫째, 최저생계비 수준이 상승할 것이다. 그리고 사회적 포부가 커지면 평균 결혼연령이 늦어지며 그로 인하여 자녀수 감소, 1인당 교육수준 및 생산성 향상, 생활수준 상승 등이 기대된다.

따라서 그는 가난한 자를 위한 자선행위보다는 이들에게 교육의 기회를 더 많이 제공하는 것이 올바른 사회정책이라고 주장하였다.

맬더스는 인구폭발의 가능성을 사전에 제어하는 두 가지 범주에 속하는 요소들을 지적하였다. 하나는 직접예방에 속하는 요소로서 영양실조, 전쟁, 기근, 유아 사망 등이며, 또하나는 간접예방으로서 경제적 이유로 인한 만혼(晩婚), 독신생활 등이다. 유럽이 간접예방의 좋은 예가 되는데 도제제도에 의하여 오랜 기간에 걸쳐 기능인이 배출되었으며 고용인이 주인집에서 독신으로 머물면서 노동서비스를 제공한 것이 오늘날 상대적으로 중국과 같은 아시아보다는 부유한 유럽을 만들었다고 하였다.

또한 그의 독특한 견해로서 맬더스는 공업화가 노동자빈곤을 촉진한다고 하였다. 공업화는 기계가 인간의 노동을 대신하는 동안에 자유시간이 많아진 인간은 그만큼 자녀를 더 많이 가지게 된다고 하였다. 그러나 인간은 미래에 닥칠 재앙을 예견하고 그에 대한 대비를 하기 때문에 실제로 인구증가는 기하급수적으로 늘어날 것이라는 견해에 대해 다소 회의적이었다.

제 2 절 | 인구변동의 내생화 모형

앞절에서 우리는 인구증가 또는 노동의 공급은 여러 요인에 의하여 내생적으로 결정될 수 있음을 살펴보았다. 여기서는 구체적으로 노동공급이 어떻게 달라질 수 있으며 또 그것은 어떤 효과를 가져오는지 살펴보기로 한다. 이 모형에서 추가적으로 도출되는 결론은 인구변동이 저축과 투자를 결정지을 수 있다는 사실이다.

그 동안 인구변동과 소득변동간의 관계에 대해 연구가 더러 있었다. 연구결과는 플러스 관계의 경우도 있고 마이너스 관계의 경우도 있었다. 또 인과관계도 인구가 소득을 변동시키는 것과 소득이 인구를 변동시키는 것을 함께 보여주었다. 인구와 소득이 마이너스 관계에 있다는 사실은 간단하게 이해될 수 있다. 인구가 늘면 당장 1인당 소득이 줄어들게 된다. 또한 역으로 소득이 늘면 시간에 대한 기회비용이 높아 출산율이 낮아져 장기적으로는 인구증가율이 감소한다는 논리도 성립한다. 그러므로 장단기 구분을 해야 하지만, 인과관계는 쌍방간으로 성립한다고 볼 수 있다.

그림 4-2 신고전학파 성장모형에서의 노동의 내생적 변동

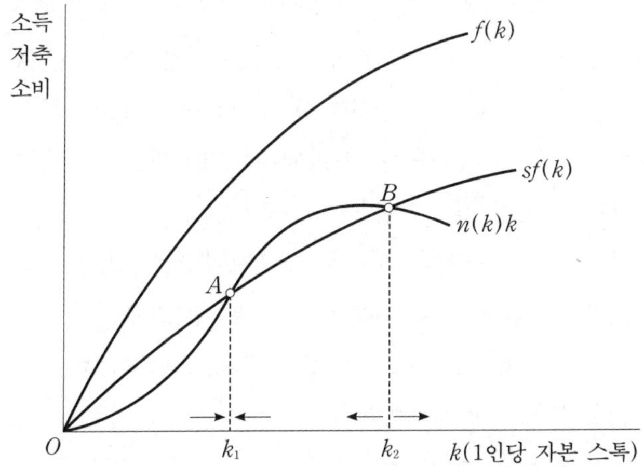

때로는 인구가 늘면 생산성이 빠르게 상승하면서 1인당 소득도 증대되기도 한다. 또 역으로 1인당 소득이 늘어나면 의학기술이 발달하면서 건강증진과 수명연장으로 노동인구가 증가한다. 따라서 이러한 경험적 사실을 감안하여 성장모형에서 노동의 내생화를 시도해 보자.

〈그림 4-2〉에서 노동은 증가하되 소득구간 및 자본구간에 따라 다른 비율로 증가하고 있음을 알 수 있다. 신고전학파의 성장모형에서는 노동증가율은 n으로 고정되어 있으며, 외생적으로 주어졌다. 그래서 정상상태를 유지하기 위해 필요한 자본량을 나타내는 nk는 원점에서 직선으로 그려졌다. 그러나 여기서는 노동증가율이 자본 스톡의 수준에 따라 변동하고 있다.

구체적으로 만일 자본 스톡이 원점과 k_1 사이$(0<k<k_1)$에 있는 경우에는 노동은 빠른 속도로 증가한다. 그러나 자본 스톡이 k_1과 $k_2(k_1<k<k_2)$에 있는 경우 노동공급은 증가하되 점점 낮은 속도로

증가한다. 그러나 자본 스톡이 k_2 수준을 초과하면 노동공급은 감소한다.

이런 상황을 다르게 설명한다면 그것은 처음 소득수준이 낮을 때에는 노동이 빠른 속도로 증가하지만, 소득이 자본축적과 함께 늘어나면서 노동의 증가속도는 둔화되며, 마지막 고소득단계에서는 노동공급이 오히려 감소한다는 내용이다.

〈그림 4-2〉에서 자본의 새로운 공급원이 되는 저축, 즉 $sf(k)$와 1인당 자본 스톡을 일정 수준에 유지해 주기 위한 자본소요량 $n(k)k$가 서로 만나는 점은 A점과 B점이다. 자본이 k_1보다 적은 구간에는 자본소요량이 저축에 못미친다. 따라서 자본 스톡의 순증효과가 있으며 k_1 수준에 이르기까지는 자본의 축적과정이 계속된다. 그러나 자본이 k_1 수준을 초과하여 k_2 수준에 이르기까지는 자본소요량이 자본공급보다 크기 때문에 1인당 자본 스톡은 감소하게 된다. 따라서 k_1은 균형자본 수준인 것으로 나타난다.

그러나 자본이 k_2 수준을 벗어나면 다시 자본소요량이 충분히 적기 때문에 자본 스톡의 순증가가 계속되며 소득과 소비의 증가는 아무런 장애를 받지 않는다. 자본 스톡이 원점에서 k_1을 지나 k_2에 이르는 동안 이 경제는 저소득 인구 함정에 빠질 수가 있다. 즉, 이것은 자본이 너무 적기 때문에 경제성장이 한계에 부딪치게 된다는 것인데, 〈그림 4-2〉에서 자본이 원점과 k_2 사이에 있는 경우에 해당한다. 자본 스톡이 k_2를 넘지 못하고 다시 k_1으로 되돌아 간다. 자본 스톡이 원점에서 k_2로 증가하는 과정에서 $n(k)k$ 곡선을 보면 노동이 처음에는 빠른 속도로 그리고 후에는 느린 속도지만 계속 증가하며 이 때문에 1인당 자본 스톡이 결국 적게 된다. 이런 상황을 넬슨(Richard Nelson)은 "저소득 인구 함정(A low income demographic trap)"이라 불렀다.[1)]

따라서 후진국이 지속적으로 성장하여 선진국대열에 합류하기 위해서는 우선 이러한 인구함정에 빠지지 말아야 하며, 이미 빠진 경우에는 여기서 벗어나가야 한다. 그러기 위해 집중적인 저축증진, 자본축적, 인구억제정책 등을 동시에 추진할 필요가 있다.

1) Richard Nelson, "A Theory of the Low-level Equilibrium Trap in Underdeveloped Countries," *American Economic Review*(December 1956), pp. 894-902.

참고문헌

Becker, Gary, "An Economic Analysis of fertility," in Demographic and Economic Chang in Developed Countries, Princeton University Press, 1960.

Caldwell, J. C., *Theory of Fertility Decline*, New York Academic Press, 1982.

Easterlin, R. A, and Pollak, R. A. and Wachter, M. L., "Toward A More General Economic of Fertility Determination: Endogenous Preferences and Natural Fertility," in Population and Economic Change in Developing Countries, University of Chicago Press, 1980.

Everseley, D. E., *Social Theories of Fertility and the Malthusian Debate*, Oxford Clarendon Press, 1959.

Grossman, M., "On the Concept of Health Capital and the Demand for Health," *Journal of Political Economy*, 1972. 3, 4.

Hammer, Jeffrey, "Children and Savings in Less Developed Countries," *Journal of Development Economics*, 1986. 10.

Malthus, T., *Principles of Political Economy, in Works and Correspondences by David Ricardo*, Cambridge Press, 1955.

Nelson, Richard, "A Theoty of the Low-Level Equilibrium Trap in Underdeveloped Countries," *American Economic Review*, 1956. 12.

Simon, Julian, *The Economics of Population Growth*, Princeton University Press, 1977.

Winegarden, C. R., and Wheeler, Mark, "The Role of Economic Growth in the Fertility Transition in Westerm Europe: Econometric Evidence," *Economica*, 1992.

CHAPTER 05

성장의 구성요소

성장을 이해하려고 한다면 먼저 성장을 가능하게 하는 구성요소를 이해해야만 한다. 문제는 산출증가의 문제인데 산출이 증가되기 위해서는 투입소요량의 증가와 또 이러한 투입요소를 전보다 더 효율적으로 사용될 것이 요구된다. 따라서 투입요소의 양적 팽창과 효율성 증대는 경제성장의 중요한 관건이다.

제 1 절 | 토지와 천연자원

전통적으로 경제학에서는 토지는 다른 물적 자산이나 노동과는 다르게 분류한다. 이는 토지나 다른 천연자원은 일반적으로 재생산이 불가능하게 여겨져 재생산이 가능한 건물이나 기계와는 다르게 분류되기 때문이다.

토지나 천연자원이 풍부하다는 것은 그만큼 성장에 있어 유리한 조건을 갖고 있다는 말과 동일하다. 토지는 농업과의 관계 속에서 고려되는 것이 보통이다. 토지는 1차적으로 농업의 생산력에 영향을 미치고 또 2차적으로 이러한 농업의 발전은 한 나라의 경제구조에서의 초기적 중요성으로 인해 산업화로의 구조적 확립에 중요한 역할을 한다. 선진국에 있어서는 그 국가가 가진 자원을 변경시키거나 대체할 수 있는 풍부한 자본을 갖고 있어 토지의 중요성은 상대적으로 미약하지만 저개발국에 있어서는 자본과 혁신이 부족하여 토지는 상당히 중요한 역할을 담당한다.

이러한 토지의 역할이 농업의 발전을 통해 경제발전으로 이어지려면 우선 농업부문이 생존요구량을 초과하는 잉여를 발생시켜서 기타 부문에 노동력을 공급하고 저축과 식량을 제공하여 공산품시장에 기여하여야 하는데, 그러기 위해서는 일반적으로 토지의 공급은 고정되어 있기 때문에 이것은 농업생산력의 증가가 일어나야 가능하게 된다.

후진국에 있어 이러한 농업부문이 어떻게 발전으로 이어지는가는 후에 농업부문과 공업부문의 관계에서 살펴보기로 하자.

제2절 | 인 구

맬더스(Malthus)에 의하면 식량(소득)은 산술급수적으로 증가하는 데 반해 인구는 기하급수적으로 증가하므로 결국 경제는 장기적으로 생존 임금수준에서 머물게 된다고 한다. 실제로 저개발국에 있어서의 인구는 매우 빠른 속도로 증가하고 있다. 그렇다면 이러한 인구증가는 발전에 있어서 악영향만을 끼치는 것일까?

여기에 관해서는 학자들간의 많은 논란이 있지만 대체로 부정적으로 보는 경향이 많다. 그럼에도 불구하고 인구성장이 성장과 발전에 자극제로도 작용한다는 주장도 만만치 않다.

우선 인구성장비관론에 의하면 저개발국에서 빠른 인구성장은 자본축적과 생활수준 향상에 장애요인으로 작용한다는 것이다. 이들은 첫째로, 기술혁신율이 인구성장률보다 빠르게 개선되지 않는다면 1인당 소득을 감소시킨다는 것이고 둘째로, 실증적으로 인구성장과 자본축적은 서로 부(−)의 관계에 있으며 셋째로, 저축과의 관계에 있어서 인구성장은 소비는 하지만 생산하지 못하는 어린이들의 비율이 높기 때문에 사회의 저축률이 감소한다고 주장한다.

그러나 인구성장낙관론자들에 따르면 빠른 인구성장은 생산동기나 작업의욕을 통해 산출과 생산성에 유리하게 작용한다고 주장한다. 이들은 1인당 소득에 대한 인구증가의 초기효과는 부(−)일 수 있으나 장기적으로는 기술진보와 生産性을 향상시켜 결국은 正(+)의 효과가 負(−)의 효과보다 크게 된다고 지적하였다. 즉, 개도국에서 인구압력은 사회하부구조, 운송설비, 통신설비 등에 작용하여 규모의 경제를 제공함으로써 경제에 정(+)의 효과를 낼 수 있는 것이다. 또한 이와 함께 발전에 대한 주요 장애요인의 하나가 저축부족이 아니라 투자의욕의 결핍이라 한다면 결국 인구성장에 따른 시장확대는 투자동기를 유발시킨다는 것이다.

따라서 개발도상국에서 인구성장과 노동력공급이 발전에 심각한 장애라는 시각은 모두에게 동일하게 적용되는 것이 아니라고 할 수 있다. 한편 인구성장은 실제로 1인당 저축과 자본에 부(−)의 효과를 주어 생활수준을 감소시키지만 다른 한편으로는 학습, 전문화, 더 넓은 시장, 규모의 경제를 통해 생활수준을 높일 수 있는 것이다.

제 3 절 | 실물자본

경제발전에 있어서 자본의 역할이 매우 중요하다는 것은 누구나 인정하는 사실이다. 그러나 자본은 어떻게 정의되는가에 따라서 또 그것이 기술진보를 포함하는가에 따라 자본축적이 발전과정에 있어서 그 중요도가 조금씩 달라진다.

일반적으로 자본이란 전통적 정의의 자본재보다는 더 넓은 개념이다. 자본이란 직접적인 효용을 발생시키지는 못하나 효용을 발생시키는 재화를 생산하는 재화로 정의된다. 따라서 만약 자본이 사회에 측정가능한 미래의 소득을 발생시키는 자산으로 정의된다면 소비재로 간주되는 많은 재화와 서비스도 국가자본 스톡의 일부로 포함될 수 있을 것이다. 예를 들어 교육에의 투자는 부분적으로는 투자지출로 간주된다. 이와 비슷하게 어떤 유의 소비재(의복, 내구적 소비재)가 농부의 생산성을 높이면 그것도 자본 스톡으로 간주될 수 있다. 이것은 자본을 단순한 실물자본만 포함할 뿐 아니라 인적자본에의 투자를 위한 설비의 확장 등도 포함한다는 뜻인데, 이러한 투자는 모두 노동생산과 생활수준 향상에 기여할 것이다. 이 밖에 사회간접자본이라고 불리는 자본도 있는데, 그것 또한 직접적으로 다른 재화를 생산하는 것이 아니라 생산적 활동을 촉진함으로써 생산가능성을 확장시키는 역할을 한다. 주택과 항만, 도로 등의 수송설비확장은 명백한 예가 된다. 따라서 가능한 한 좀더 넓은 의미로 투자와 자본 스톡을 정의하는 것은 중요한 일이 된다.

그러나 인적자본에 대한 언급은 다음으로 미루고 여기서는 기계, 공장 등 일반적으로 사용하는 실물자본에 관해 생각해 보자.

이러한 실물자본은 소비재나 다른 자본재를 생산하는 자본으로 정의되는 것이 보통인데, 이 자본의 형성은 현재의 소비재의 희생으로 얻어질 수 있다. 부유한 나라든 가난한 나라든 실물자본이 희소하기는 마찬가지이다. 그러나 일반적으로 가난한 나라는 실물자본이 적은 나라로 취급된다. 따라서 가난을 극복하기 위해서는 높은 수준의 자본형성을 이루어야 한다고 주장하는 것이다.

부유한 나라와 비교해 볼 때 가난한 나라의 1인당 자본량이 매우 적은 것은 사실이다. 그래서 경제가 발전하기 위해서는 자본축적의 중요성을 매우 강조하고 생산과 관련된 투자수준을 높여야 한다는 사실을 강조한다. 각국의 발전계획을 살펴보면 이것을 쉽게 알 수 있다.

한 국가의 자본 스톡은 순투자(저축)에 의해 증가한다. 순투자란 회계연도의 순국민소득(총소득－감가상각)에서 그 기간 동안의 소비를 차감한 것으로 정의된다. 이러한 자본축적은 국가의 상품생산능력을 증가시키게 된다. 따라서 발전이란 공업화와 함께 자본축적과 연관되어 있는 것이다.

일반적으로 선진국에서보다 후진국에서의 자본의 역할이 상대적으로 더 중요한 것으로 인식되고 있다. 이는 노동의 분업화와 전문화가 높은 국가일수록 한계생산물곡선이 상향이동하여 자본의 생산성은 증가되며 노동이 풍부하여 자본-노동비율이 낮은 후진국의 경우 자본의 증가는 선진국의 경우보다 GNP에 더 큰 영향을 준다.

제 4 절 | 노동력과 인적자본

앞서 저개발국은 자본-노동비율이 낮은 나라, 다시 말하면 자본은 적고 노동은 풍부한 나라로 분류될 수 있음을 언급하였다. 그러나 노동 또한 생산요소로 간주되어 발전과정에서 중요한 역할을 하게 되는데 노동은 생산에 두 가지 요소로 기여한다. 첫째로는 일반적으로 생각되는 순수한 노동(raw labor)으로서 누구나 가지고 있는 미숙련 육체노동이며, 둘째로는 인적자본으로서 실물자본처럼 투자에 의해 형성되는 노동이다.

노동은 동질적으로 보기도 하지만 개인간 인적자본의 차이에 의해 노동력은 이질적으로 볼 수 있으며 생산에 기여하는 정도도 틀리게 되므로 인적자본은 앞서 언급한 실물자본과 함께 광의의 자본개념으로 경제발전에 중요한 영향을 미치게 된다. 즉, 실물자본의 축적과 인적자본의 축적, 기술의 축적은 산출량과 소득을 증대시키며 이는 다시 실물자본, 인적자본 및 기술축적을 가능하게 하여 이러한 누적적인 축적현상으로 경제발전에 크게 기여하는 것이다.

따라서 노동생산의 질을 향상시키기 위한 인적자본에의 투자는 특히 가난한 나라에서 중요하게 된다. 이러한 인적자본의 형성을 위한 투자는 매우 여러 가지 형태로 이루어지는데 건강기구에의 지출, 제도적 훈련과 재훈련 등을 포함한다. 노동자의 나쁜 건강상태, 문맹, 신지식을 받아들이지 못하는 무능력, 변화에 대한 두려움이나 거부반응, 유인의 부족과 정체성 등은 생산성에 커다란 장애요소로 작용하지만 이러한 것들은 인적자본에의 투자로 극복될 수 있다. 건강, 교육, 노동기술의 개선은 노동의 생산성과 소득을 상당히 증가시키고 생산에 사용되는 더욱 정교하고 새로운 기술을 받아들이는 데 있어 필수조건이 된다. 특히 실물자본을 흡수할 수 있는 능력은 인적자본에 의해 제한되어 있으므로 그만큼 인적자본에 대한 투자의 중요성은 커지게 된다.

보통 인적자본 형성은 다음과 같은 몇 가지 투자형태에 의해 이루어진다.

첫째로, 누구나 인식하듯이 전형적인 학교교육에 의해 이루어진다. 미국 시카고大의 Schults 교수는 전통적인 투입요소, 즉 자본과 노동에 의해 설명되지 않는 미국의 성장은 교육을 통해 노동의 질이 빠르게 증가했기 때문이라고 주장하였다. 특히 그는 교육투자에 대한 수익률을 측정하는 데 있어 어려움이 있지만 교육투자의 수익은 비인적자본에 대한 보수보다는 크지 않지만 적어도 그만큼은 된다고 주장한다. 대부분의 선진국은 성장과정에 대한 분석에서 인적자본에 대한 투자는 실물자본 투자만큼 중요하다는 결론을 내린다. 하지만 선진국의 경험을 갖고 개도국에 그대로 적용하는 것이 옳지 않을 수도 있다.

학교교육은 초등학교에서 대학교에 이르기까지 광범위하게 열거될 수 있는데, 이러한 교육에 대한 투자수익률을 보면 다른 실물자본과 비슷한 현상을 발견하게 된다. 우선 세계은행(World Bank)의 조사와 같이 아프리카와 같은 저개발국에서의 투자수익률이 선진국보다 훨씬 높은데, 이는 교육받은 자의 수가 저개발국에서 매우 적어 그 한계수익률이 높기 때문으로 보이며, 또 다른 현상은 자본의 한계생산성 체감의 법칙이 말해 주듯이 고등학교 교육의 수익률이 대학교 교육의 수익률보다 높다는 것이다. 그리고 선진국의 경우는 이미 오랜 기간에 걸쳐 교육투자가 있어 왔으므로 교육투자의 수익률이 다른 금융자산의 수익률과 비슷한 수준에 있다고 한다.

둘째로, OJT(on-the-job training)로 불리는 직장 내 훈련이다. 이는 직장에서 근무하는 동안에 기술을 습득하는 것인데, 가장 기본적인 형태로는 정규훈련프로그램에 있다. 그러나 실제로 기술은 이러한 정규프로그램보다는 직업에 종사하는 시간의 길이에 많이 연관되어 있으며 또한 얼마나 연속적으로 그러한 일에 종사하는가에 기술의 질이 달려 있다.

셋째로, 취업시장(job market)에서의 정보제공도 노동력을 더욱 효율적으로 사용할 수 있게 해 준다. 개인은 모든 정보에 대해 알 수도 없고 또 그것을 아는 데는 너무나 많은 비용과 시간이 들게 되므로 개인이 이를 알려고 하는 것은 효율적이지 못하다. 그래서 모든 나라에서는 취업기관이 있어 이러한 일을 대신하고 있는 것이다.

마지막으로, 노동자의 건강과 영양상태이다. 앞서 투자는 미래의 소비(혹은 효용)를 위해 현재 소비를 줄이는 것이라 하였다. 그런데 여기서의 건강이나 영양보충은 현재의 소비를 늘리는 것이므로 얼핏 자본형성과는 모순이 되는 듯싶다. 그러나 건강한 노동자의 생산성이 더 높고 또 임금수준이 더 올라간다고 보면 비록 현재의 소비는 늘어나지만 미래의 생산능력을 증가시키는 소비는 자본형성을 위한 투자로 간주될수 있는 것이다.

제 5 절 | 기술진보

슘페터(Schumpeter)에 의하면 발전을 구성하는 것은 그 국가가 가지고 있는 자원의 증감과는 상관없이 그러한 자원을 좀더 효율적으로 사용하고 또 그것으로 새로운 것을 만드는 것이라 한다. 이것은 바로 발명과 개혁에 의해 일어나는데, 그가 말하는 발전의 핵심이란 앞서 말한 자본축적이나 노동력의 성장이 아니라 기존에 존재하는 균형상태를 바꾸고 재배치하는 창조적 파괴과정이라는 것이다.

자본축적이 느린 국가에 있어서는 기술진보 혹은 혁신은 경제성장을 촉진시키는 주요소가 된다. 그러면 이 기술진보라는 것은 무엇인가. 기술진보 혹은 개선이라는 말은 다양한 의미로 사용되는데, 일반적으로 '동일한 투입으로 더 많은 생산을 하는 것', 혹은 '동일한 생산량을 더 적은 투입량으로 생산이 가능하게 하는' 일종의 기술효율의 증진이라고 불린다. 생산함수에 있어 노동과 자본 외에 기술을 생산요소로 추가하는 경우가 많은데 이것은 기술진보의 중요성을 말해 주는 것이다.

일반적으로 기술진보는 노동과 자본의 사용을 줄이게 되는데, 이러한 기술진보의 해로드(Harrod)와 힉스(Hicks) 교수에 의하면 노동절약적 기술진보, 자본절약적 기술진보, 그리고 중립적 기술진보로 구분하기도 한다.

참고문헌

Bardhan, Pranab, *Land, Labor, and Rural Poverty: Essays in Development Economics*, Oxford University Press, 1984.

Becker, Gary, *Human Capital, National Bureau of Economic Research*, 1975.

Hayami, Yujiru and Kikuchi, Masao, *Asian Village Economy on the Cross Roads: An Economic Approach to Institu-tional Change*, Johns Hopkins University Press, 1982.

Hayami, Yujiru and Ruttan, Vernon, *Agricultural Develop-ment: An International Perspective*, Johns Hopkins University Press, 1985.

King, Mervyn and Robson, Mark, "Investment and Technical Progress," *Oxford Review of Economic Policy*, 1992. 겨울.

Lucas, R. E., "Why Doesn't Capital Flow from Rich to Poor Countries?" *American Economic Review*, 1990. 5.

Malthus, T., *Principles of Political Economy*, Cambridge University Press, 1955.

Schumpeter, Joseph, *The Theory of Economic Development*, Oxford University Press, 1961.

Sen, Amartya, *Employment, Technology, and Development*, Oxford Clarendon Press, 1975.

Shultz, T. W., "On Investing in Specialized Human Capital to Attain Increasing Returns," in The State of Development Economics, Oxford Basil Blackwell, 1988.

PART

02 경제성장과 국제무역

경 / 제 / 발 / 전 / 론

CHAPTER 06

성장의 무역 패턴 효과

앞에서 생산가능곡선의 확장으로 경제성장이 일어나는 과정을 간단히 다루었다. 그러나 이 장에서는 생산가능곡선을 확장하되 노동 및 자본 등의 부존자원 중 어떤 생산요소가 증가하느냐에 따라 생산가능곡선이 다르게 확장될 수 있음을 다룬다. 그래서 그것이 그 나라의 무역패턴에 어떤 영향을 미치며 또 국민후생에도 어떤 영향을 미치는가를 보고자 한다. 이를 위해 무역이론의 일부를 인용할 것이며 특히 성장의 무역패턴 효과를 보기 위해서는 립친스키(Rybczynski) 이론을 먼저 살펴보기로 한다.

그리고 부존자원의 증가로 표면상 경제성장이 보장될 수 있겠으나 때로는 자국 상품의 공급과잉으로 가격이 하락하여 국민후생이 오히려 감소할 수 있는 궁핍화 성장의 경우가 있음을 소개한다.

또한 석유가격의 폭등으로 실질소득이 석유수입국에서 석유수출국으로 이전하는 경우, 또는 전쟁에서 패배한 국가가 전쟁배상금을 승전국으로 보내는 경우 이로 인한 경제적 손실을 어떻게 회복할 수 있는가를 '트란스퍼 문제' 라는 분석의 틀을 빌어 논의하기로 한다.

제 1 절 | 립친스키 정리

두 생산요소 중 한 생산요소가 증가할 때 이것이 생산가능곡선에 미치는 효과를 제일 먼저 분석한 이는 립친스키였다. 그는 여전히 헥셔-올린의 틀 속에서 생산요소의 증대효과를 분석하여 다음과 같은 결론을 도출하였다. 즉 그는 노동과 자본 중에서 만일 노동은 그대로 있고 자본만이 증대한다고 하면 자본집약적 재화의 생산은 증가하되 노동집약적 재화의 생산은 오히려 감소한다는 이론적 결론을 얻었는데, 이를 '립친스키 定理'라고 부른다.

립친스키 정리의 경제학적 근거는 다음과 같다. 립친스키 정리가 성립하기 위해서는 우선 재화의 시장가격이 일단 고정되어 있다는 가정이 필요하다. 그런데 자국경제의 규모가 충분히 작으며, 국내시장이 완전히 개방되어 있어서 자국시장에서의 수요·공급 사정이 재화의 국제시장가격을 변동시키지 못한다고 한다면 同 가정은 정당화될 수 없다.

이제 X재는 Y재에 비해 노동집약적이라는 전제하에 노동의 부존이 증가한다고 하자. 재화가격은 고정되어 있으므로 X와 Y의 상대가격은 불변이다. 그런데 갑자기 노동인구가 증가하면 X산업과 Y산업에서 노동가격이 하락할 조짐이 발생할 것이다. 이때 노동을 집약적으로 사용하는 X산업은 노동을 더 많이 사용하고자 할 것이며, 따라서 X재화의 생산은 증가하게 된다. X재의 생산은 적은 비율이지만 자본도 함께 필요하므로 이것은 Y산업에서 빠져나와야 한다. 그래서 단기에 있어서, 즉 노동인구가 증가한 직후에는 노동가격은 하락하고 자본가격은 증가한다.

그러나 자본이 Y산업에서 X산업으로 이동하면서 X산업에서

그림 6-1 노동증가 후 새로운 균형의 결정

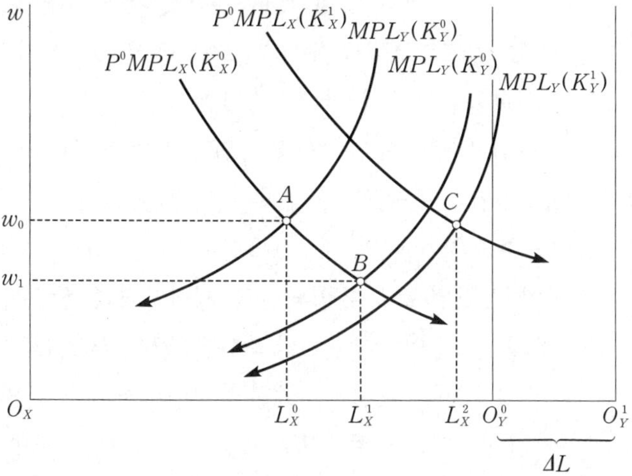

의 노동의 한계생산성은 급등한다. 한편 Y산업에서는 자본의 유출로 노동의 한계생산성은 하락한다. 그러나 X산업에서 필요한 자본량은 상대적으로 적기 때문에 유출되는 자본의 규모도 작아서 노동의 한계생산성은 그만큼 적게 하락한다. 그리하여 결국 두 산업에서의 임금은 노동이 증가하기 이전의 수준으로 환원되어 새로운 균형이 이루어진다. 이 과정에서는 X재화는 증가하고 Y재화는 감소하게 될 것이다. 이상의 조정과정을 〈그림 6-1〉을 통해서 확인할 수 있다.

〈그림 6-1〉을 살펴보면 노동이 증가하기 전에는 자본량이 일정한 수준에 주어진 상태에서 X산업의 노동의 한계수입곡선 $P^0MPL_X(K_X^0)$와 Y산업의 노동의 한계수입곡선 $MPL_Y(K_Y^0)$가 만나는 A점에서 균형이 이루어지고 있으며, 그때의 노동임금은 w_0 수준에 있다. 여기서 P는 X재화의 가격을 Y재화로 환산하여 나

타낸 것이다. 달리 말하면 P는 X재 가격인 P_X를 Y재 가격인 P_Y로 나누어 준 것이며 X재의 상대가격이 된다. 분석 편의상 P_Y를 1로 잡으면 P^0MPL_X는 X산업에서의 노동의 한계수입이 되며, MPL_Y는 Y산업에서의 노동의 한계수입이 된다.

이제 노동이 ΔL만큼 증가하게 된다면 Y산업의 원점은 O_Y^0점에서 O_Y^1점으로 옮겨가며 이때 잠정적 균형은 B점에서 이루어진다. 그래서 임금수준은 w_0에서 w_1으로 떨어진다. 그러나 Y산업으로부터의 자본이 X산업으로 유입되면서 재화가격의 상승이 없어도 X산업에서의 노동의 한계수입곡선은 $P^0MPL_X(K_X^0)$에서 $P^0MPL_X(K_X^1)$으로 상향이동된다. 한편 Y산업에서는 자본의 유출 때문에 노동의 한계수입곡선은 $MPL_Y(K_Y^0)$에서 $MPL_Y(K_Y^1)$로 하향이동한다. 그래서 결국 C점에서 새로운 균형이 이루어지면 임금은 원래의 수준으로 환원된다.

부존자원의 변동이 생산구조에 끼치는 영향을 분명하게 확인하기 위해 〈그림 6-2〉 (a)를 살펴보자. 우선 임금과 자본수익률의 비율인 $\omega=w/r$가 ω_0 수준에 고정되어 있을 때 두 산업의 균형은 A점과 B점에서 각각 이루어지며, X재 생산은 X_0 수준이고 Y재 생산은 Y_0 수준이 된다. 어디까지나 요소가격이 변동하지 않는다면 Y재의 증산은 〈그림 6-2〉 (a)에서처럼 각 산업의 확장선상에 놓이게 된다. 이때 Y산업에서 사용되는 노동과 자본은 L_Y^0와 K_Y^0이며, X산업에서 사용되는 노동과 자본은 L_X^0와 K_X^0이다. 이때 총자본량과 총노동량을 보여주는 부존점을 찾아보자. A점에서부터 X재 확장선에 평행하게 직선을, 그리고 B점에서부터 Y재 확장선에 평행하게 직선을 그은 후, 이 두 직선이 만나는 점이 바로 부존점이 된다. 즉 〈그림 6-2〉 (a)에서 기하학적으로 $L_X^0+L_Y^0=\bar{L}$가 성립하고, $K_X^0+K_Y^0=\bar{K}$가 성립한다.

그림 6-2 노동량 증가의 생산효과

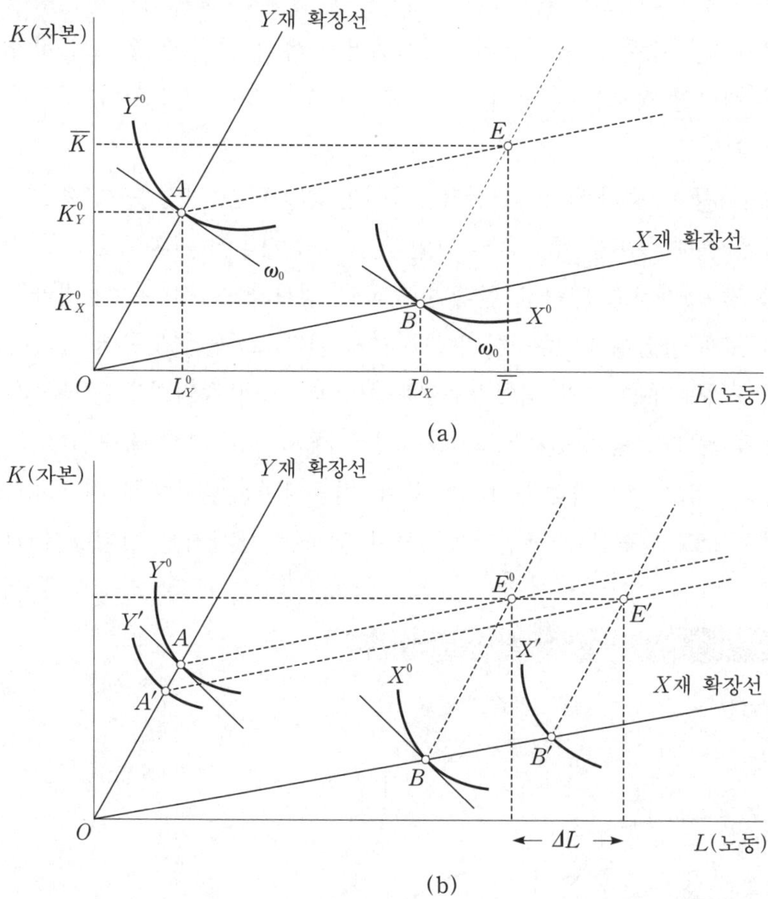

이제 부존요소 중 노동이 증가한 후 X와 Y의 생산이 어떻게 달라지는지는 〈그림 6-2〉 (b)를 통해서 쉽게 알아볼 수 있다. 원래의 부존점은 E^0점이었으나 노동이 증가함에 따라서 새로운 부존점은 E'가 된다. E'점에서부터 X재 확장선과 Y재 확장선에 평행하게 두 직선을 그으면 X재 생산점은 B점에서 B'점으로 옮겨가고 Y재 생산은 A점에서 A'점으로 옮겨간다. 따라서 X재 생산은 X^0에서 X' 수준으로 확대되는 반면에 Y재 생산은 Y^0 수준에서 Y' 수준으로 축소된다. 이로써 노동이 증가한 후 노동집약적 재화인 X재는 증산되고 자본집약적인 Y재는 감산된다는 정리가 확인된다.

노동이 증가한 후 생산가능곡선이 변동되는 과정은 〈그림 6-3〉을 통해 살펴볼 수 있다. 만일 처음부터 자국이 자본보다 노동을 더 많이 가지고 있다고 한다면 자국의 생산가능곡선은 노동집약적인 X재 산업에 더 유리하게 그려지게 된다. 그래서 노동이 증가하면 Y재보다 X재의 최대가능생산점이 더 크게 증가하므로 생산가능곡선은 〈그림 6-3〉에서와 같이 T_0T_0에서 T_1T_1으로 확장된다.

그리고 재화가격과 요소가격에 변동이 없는 경우를 전제하고 있으므로 가격선과 생산가능곡선이 접하는 생산점은 A점에서 B

그림 6-3 노동의 증가와 생산가능곡선의 확대

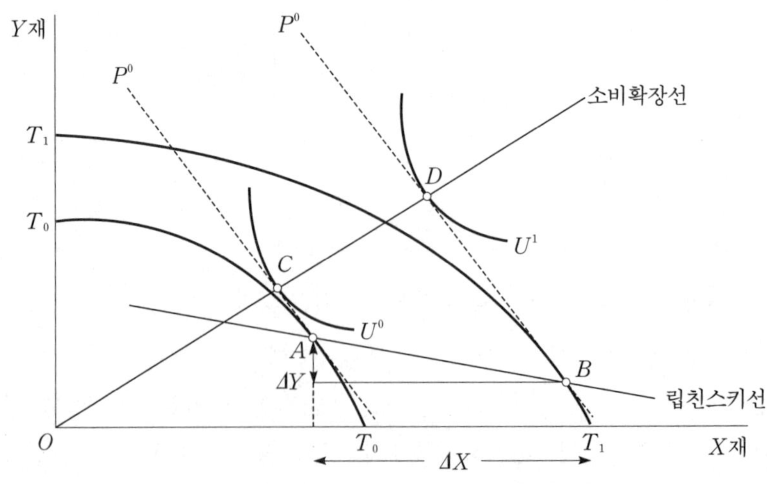

점으로 이동된다. 이로써 X재 생산은 ΔX만큼 증가하는 반면에 Y재 생산은 ΔY만큼 감소된다. 노동이 증가하기 이전에는 소비점이 C점이었으며, 후생은 U^0 수준에 있었다. 그러나 노동증가 후 소비점은 D점으로 이동되고, 후생은 U^1 수준으로 향상한다.

제 2 절 | 궁핍화 성장(immiserizing growth)

앞에서는 생산요소가 증가할 때 재화의 가격에 아무런 변동이 없다는 사실을 전제로 하고, 증가되는 요소를 집약적으로 사용하는 재화의 생산은 증가하되 다른 재화의 생산은 감소한다는 사실을 규명하였으며, 결과적으로 자국의 후생수준이 향상되는 경우를 보여주었다.

그런데 사실은 자국의 경제규모가 충분히 크다는 이유 때문에 가격구조도 달라질 수 있다. 생산요소의 변동 이후 가격의 변동을 허용하는 경우 자국의 수출상품이 너무 많이 생산되어 국제시장에 나옴에 따라 그 가격이 크게 하락하는 경우가 발생할 수 있다. 그로 인해 자국의 후생수준이 오히려 감소될 수도 있는데 이런 경우를 궁핍화 성장이라 부른다.

〈그림 6-4〉에서 X산업에서 집약적으로 사용하는 노동이 증가하였을 때 생산가능곡선은 T_0T_0에서 T_1T_1으로 확대된다. 그림을 통해서 자국경제는 처음부터 자본보다 노동을 상대적으로 더 많이 소유하고 있음을 우리는 알 수 있다. 처음 X재의 상대가격이 국제시장에서 P^0 수준에 주어져 있을 때 생산은 Q^0점에서, 소비는 C^0점에서 이루어지며, X재가 수출되고 Y재가 수입된다. 그런데 노동이 증가하여 X재의 생산이 충분히 증가함으로써 국제시장에

그림 6-4 궁핍화 성장

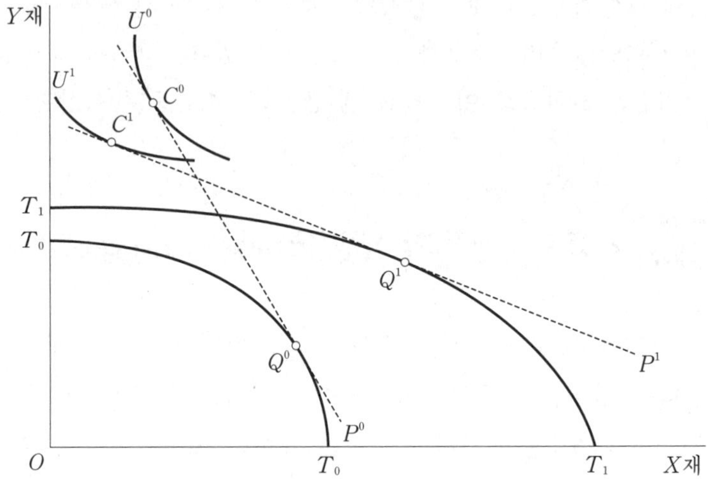

서 X재의 상대가격이 P^0에서 P^1 수준으로 하락하는 경우 생산은 Q^1에서, 소비는 C^1에서 각각 이루어진다. 그러나 수출재의 국제가격이 하락함으로써 자국의 후생은 U^0 수준에서 U^1 수준으로 오히려 낮아지게 된다. 물론 모든 경우 생산요소의 증가 후 수출재와 수입재의 상대가격구조, 즉 교역조건이 반드시 나빠지는 것은 아니다. 다만 일정한 조건이 충족되면 생산요소의 증가로 인한 경제성장에도 불구하고 후생수준이 낮아지는 경우를 고려해 본 것이며, 이런 경우를 궁핍화 성장이라고 부르는 것이다.

제 3 절 | '트란스퍼' 논쟁

실제에 있어서 한 나라의 실질소득이 다른 나라로 이동하는 경우가 많다. 외국원조, 다국적기업에 의한 이윤송금, 외국인 노동자에 의한 근로소득의 송금, 그리고 전쟁을 수행한 후 패전국이 승전국에게 전쟁배상비를 지불하는 것 등이 이러한 범주에 속한다. 그리고 좀더 범주를 확대시키면 국제원유가격이 폭등하면 실질소득이 원유수입국에서 원유수출국으로 이전되는 경우도 이에 해당한다. 실제로 1, 2차 세계석유파동이 발생한 후 원유를 수입하는 개도국이 외채급증과 함께 많은 경제적 어려움을 겪었다.

이제 실질소득의 국경간 이동이 교역조건에 어떤 영향을 미치는가 살펴보자. 우선 실질소득의 국가간 이동에 있어서 두 나라의 생산에는 어떤 변동이 없다고 가정한다. 다만 실질구매력이 A국에서 B국으로 옮겨갈 때 X재와 Y재의 상대가격이 어떻게 변동하는가에 초점을 맞추기로 한다. A국은 X재가 수입재이고, B국은 Y재가 수입재라고 가정한다. 그리고 Y재에 대한 X재의 상대가격, 즉 P_X/P_Y를 P로 표시하기로 한다. 그래서 실질소득이 이동한 후 P가 오르면 A국의 교역조건은 악화된다.

이제 A국의 소득의 일부가 B국으로 가면 그만큼 A국의 후생은 감소한다. 그런데 다행이 A국의 수입재인 X재의 상대가격 P가 하락하면 그만큼 후생이 덜 감소하게 된다. 실질소득이 이동된 후 P가 움직이는 방향은 A국과 B국의 총수요에 달려 있다. A국의 한계수입성향은 m_x이고, B국의 한계수입성향은 m_y^*라고 하자. T만큼의 실질소득이 A국에서 B국으로 옮겨가면 X재에 대한 A국의 수요감소는 m_xT이다. 한편 X재에 대한 B국의 수요증가는 $(1-m_y^*)T$가 된다. 그러므로 B국의 수요증가분이 A국의 수요감소분보다 크게 되는 한 세계시장에서의 X재의 상대가격은 상승할 것이다. 즉 $1-m_y^*>m_x$式이 성립하면 P값은 상승하며, $m_x+m_y^*>1$式이 성립하면 P값은 하락한다. 그러니까 두 나라의 한계수입성향의 합이 1보다 커야 실질소득을 제공하는 국가의 교역조건이 개선되며 그만큼 후생수준도 높아진다.

실질소득의 이동과 관련하여 '트란스퍼' 논쟁이 유명하다. 제 1 차 세계대전 후 독일이 연합국에 전쟁배상비를 지불하면 독일의 경제가 어떻게 될 것인가에 대해 국제경제학자간에 의견이 분분하였다. 일부 학자들은 독일의 한계수입성향과 여타국의 한계수입성향의 합이 1보다 크지 않아서 교역조건이 더욱 나빠질 것이라 우려하였다.

특히 영국의 케인즈(J. Keynes)는 독일이 전쟁배상비를 조달하기 위해서는 독일의 무역수지가 개선되어야 하며, 그러기 위해서는 수입가격은 오르고 수출가격은 내려야 하기 때문에 교역조건은 독일에게 불리하게 전개될 것이라고 주장하였다.

이에 대해 올린(Bertil Ohlin)은 교역조건이 불리하게 변동되지 않더라도 전쟁배상비 지불 후 독일의 실질소득감소와 승전국의 실질소득증가가 곧 독일의 무역수지를 개선시킬 수 있으리라고 하였다.

어쨌든 이와 같은 논쟁은 양측의 생산조건은 그대로 두고 실질소득의 이동으로 인한 수요구조의 변동이 교역조건에 영향을 준다는 사실에 초점을 두었다. 그러나 완전한 분석을 위해서는 생산의 반응도 함께 고려하여야 한다.

A국은 Y재만 생산하고 B국은 X재만 생산한다고 가정하자. 이제 A국은 생산된 Y재의 일부를 B국에게 전쟁배상비조로 지불한다고 하고, B국은 A국으로부터 Y재를 받아 국내에서 X재를 더 생산하는 데 사용한다고 하자. 이렇게 되면 세계시장에서 Y재의 총공급은 그 전보다 줄어들고 X재의 총공급은 늘어나게 된다. 따라서 이 경우에는 A국의 수입재인 X재의 상대가격이 하락함으로써 교역조건은 전쟁배상비를 지불하는 나라를 위해 유리하게 변

동된다.

다음은 전쟁배상비가 패전국에서 승전국으로 이동될 때 패전국에서는 소비와 생산이 비례적으로 감소하고 승전국에서는 소비와 생산이 비례적으로 증가되는 경우를 분석해 보자. 〈그림 6-5〉 (a)

그림 6-5 전쟁배상비 지불과 생산가능곡선

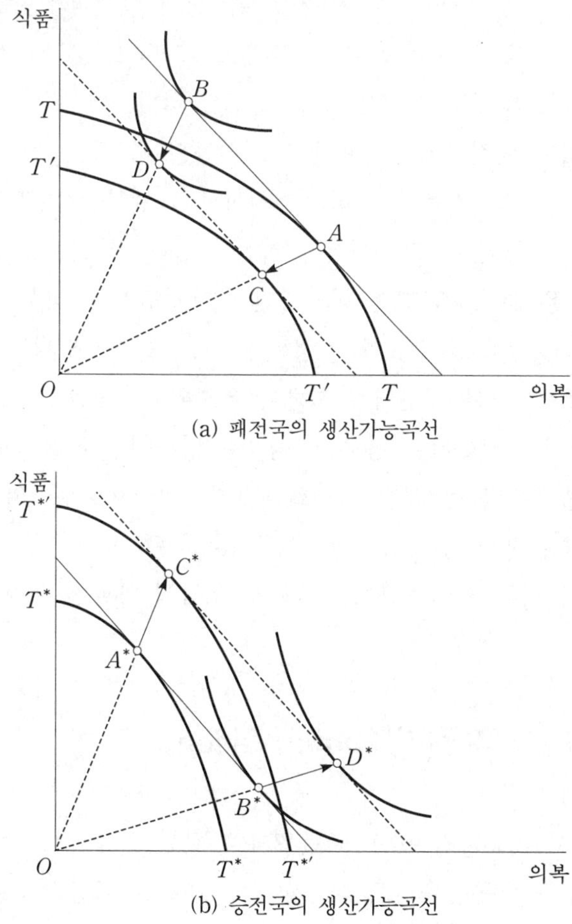

에서 패전국의 생산가능곡선은 전쟁배상비를 지불하면서 TT에서 $T'T'$로 축소된다. 그리고 소비점은 B점에서 D점으로, 생산점은 A점에서 C점으로 옮겨간다. 이때 식품이 패전국의 수입재가 된다.

한편 승전국은 실질소득이 증가하면서 생산가능곡선은 〈그림 6-5〉 (b)의 T^*T^*에서 $T^{*\prime}T^{*\prime}$로 확대되며, 생산점은 A^*에서 C^*로 소비점은 B^*에서 D^*로 옮겨진다. 여기서 한 가지 지적되어야 할 중요한 조건 중의 하나는 처음 패전국과 승전국의 무역수지는 균형을 이루고 있다는 점이다. 그래서 〈그림 6-5〉 (a)의 선분 AB와 〈그림 6-5〉 (b)의 선분 A^*B^*는 동일하다.

실질소득이 패전국에서 승전국으로 이동된 후 패전국의 무역삼각형은 C와 D 두 점을 포함하며, 승전국의 무역삼각형은 C^*와 D^* 두 점을 포함한다. 그림에서는 직접 나타나 있지는 않으나 두 나라의 새로운 무역삼각형을 비교하면 세계시장에서 식품은 초과공급이며, 의복은 초과수요가 발생하게 됨을 알 수 있다. 따라서 패전국의 교역조건이 개선되는 결론이 유도된다. 패전국이 승전국에 전쟁배상비를 지불하는 경우, 지불하는 방법여하에 따라서도 결과가 달라질 수 있다. 패전국의 화폐발행, 외국으로부터의 차관, 채권발행, 영토매각, 금수송, 외국인투자유치 등 여러 가지 방법이 있으며, 이에 따른 교역조건 변동효과도 조금씩 다르게 된다.

제 4 절 | 화 란 병(Dutch Disease)

1973~74년 그리고 1979~80년 2차에 걸친 석유가격의 폭등은 세계경제에 큰 주름살을 내었다. 엄청난 규모의 실질소득이 석유수입국에서 석유수출국으로 이동하였기 때문에 석유수입에 의존하

던 공업국가들은 큰 시련을 겪어야 했다. 개도국 외채문제도 이것과 깊은 관계가 있다.

한편 석유가격의 폭등으로 횡재를 한 석유수출국가는 국제금융시장에서 오일달러를 이용하여 많은 돈을 벌어들인 반면, 국가경제발전을 위해 여러 가지 건설사업을 전개하였다.

그런데 같은 석유수출국이라 하더라도 아주 최근에 해저유전이나 지하유전을 발견하여 경제적 번영을 누리는 나라들도 있다. 그러나 이들 나라 중 화란은 에너지자원의 급속한 개발 때문에 오히려 경제가 병이 들게 되었는데, 이를 화란병이라 부른다. 북해유전(North Sea oil deposits)을 개발한 노르웨이와 영국도 이와 같은 범주에 속한다고 할 수 있는데, 석유호황 때문에 경제가 망쳐지는 논리는 다음과 같다.

기존의 산업이 전통적 수출산업과 비교역재산업으로 구분되던 중 에너지산업이 새로운 수출산업으로 급속히 신장될 때 다른 수

그림 6-6 임금의 급상승과 전통적 수출산업의 위축

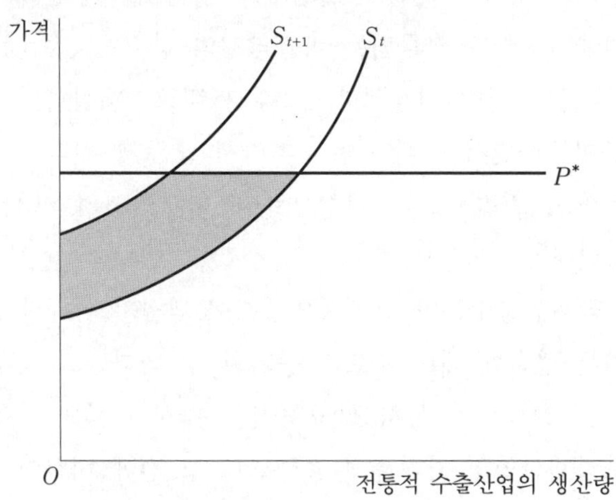

출산업보다 국제시장에서 빠르게 오른 수출가격 덕분에 이 산업에 종사하는 노동자의 임금도 급격히 상승한다. 그런데 같은 국가 내에서는 생산성이 낮은 산업이라도 노동임금은 같아지는 경향이 있으므로 여타 수출산업의 이윤은 급격히 감소되면서 결과적으로 나라 전체의 경제를 냉각시키고 경기침체를 가져올 수 있는데, 이런 현상을 화란병이라 부른다.

이 현상은 〈그림 6-6〉을 통해서 우리는 쉽게 알 수 있다. 석유자원의 급속한 개발로 에너지산업이 새로운 수출산업으로 부상하면서 이 산업에 종사하는 노동자의 임금이 급격히 상승하고 이것은 곧 여타 수출산업의 임금을 인상시키는 결과를 초래한다. 따라서 전통적 수출산업의 생산비가 S_t에서 S_{t+1}로 상향이동하면서 산업활동이 급감하고 산업이윤은 검은 부분 영역만큼 줄어든다.

새로운 수출산업의 급격한 팽창으로 전 노동시장에서 임금체계가 상향조정되는 경우 〈그림 6-7〉에서와 같이 공급곡선이 S_N에서 S_N^1 수준으로 상향이동한다. 수출산업의 경우 자국경제의 규모가 작아서 국제시장에 나가는 수출품의 가격은 일정수준에 정해져 있지만 국내에서 생산 · 교환되는 비교역재의 상대가격은 시장에서의 수요와 공급에 의해 결정된다. 그래서 비교역재산업의 생산비곡선이 상향이동하면서 국내가격도 따라서 오르게 된다. 결국 균형점은 A점에서 B점으로 옮겨감으로써 비교역재의 생산수준도 그만큼 감소한다.

그런데 국내임금수준이 전반적으로 향상되었기 때문에 교역재든 비교역재든 상품에 대한 수요가 증가할 수 있다. 그 경우 수요곡선은 D_N에서 D_N^1로 이동하고 균형점은 다시 C점으로 옮긴다. 그래서 비교역재산업의 가격은 상승하므로 그 전에 비하여 비교역재의 생산과 고용이 늘었는지 줄었는지가 확실하지 않고, 다만 수

그림 6-7 임금상승과 비교역재산업

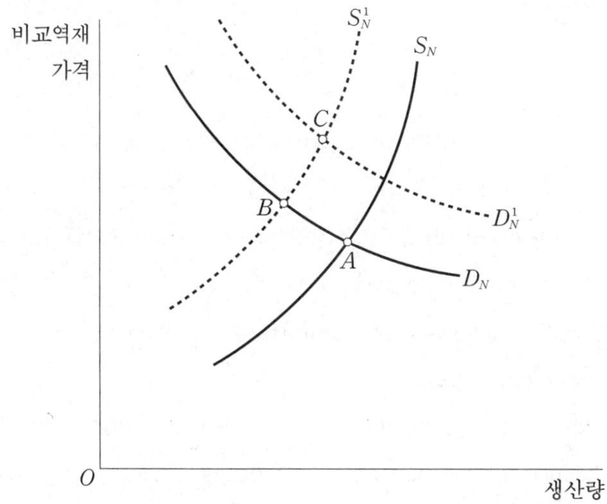

요와 공급곡선 위치와 임금수준의 증대효과에 달려 있다고 할 수 있다.

여기서 우리가 지적할 수 있는 사실은 화란병을 앓기 위해서는 꼭 새로운 산업의 등장이 에너지산업에 국한될 필요가 없다는 것이다. 예컨대 1990~91년 우리나라의 건설산업에서와 같이 주택 200만 호 건설붐에 관련하여 국내임금수준이 급격히 높아짐으로써 경제 전체가 활력을 잃고 국제경쟁력이 약화되었는데, 이것도 한국판 화란병이라 할 수 있다.

참고문헌

Bhagwati, Jagdish, "Immiserizing Growth: A Geometrical Note," Review of Economic Studies, June 1958. Reprinted in AEA, Reading in International Economics, eds. Richard Caves and Harry G. Johnson, Homewood, Ⅲ.: Richard D. Irwin, Inc., 1968.

_________, "Optimal Policies and Immizerizing Growth," *American Economic Review*, December 1696.

Corden, W.M. and Peter Neary, "Booming Sector and De-Industrialization in a Small Open Economy," *Economic Journal*, December 1982.

Findlay, R. and H. Grubert, "Factor Intensities, Technological Progress, and International Trade," Oxford Economic Papers, February 1959. Reprinted in International Trade, ed. Jagdish Bhagwati, Baltimore: Penguin Books, Inc., 1969.

Kindleberger, Charles, *Foreign Trade and the National Economy*, especially Chap. Ⅺ, New Haven: Yale Uni-versity Press, 1962.

Mundell, Robert, "International Trade and Factor Mobility," *American Economic Riview*, June 1957.

Rybczynski, T.M., "Factor Endowments and Relative Commodity Prices," *Economica*, November 1955.

Samuelson, Paul A., "The Transfer Problem and Transfer Costs: The Terms of Trade When Impediments and Absent," *Economic Journal*, June 1952.

CHAPTER 07

관세정책

일반적으로 자유무역이 보호무역보다 자국민의 후생수준을 높여준다는 것이 이론적 결론이다. 그럼에도 불구하고 실제로는 선진국이든 후진국이든 관세를 비롯한 보호무역이 성행하고 있다. 본장에서는 관세 및 비관세정책이 경제구조와 국민후생에 미치는 영향을 분석하며, 이 같은 보호무역정책의 정치경제학적인 면도 아울러 분석하고자 한다.

제 1 절 | 관세의 경제적 효과

우선 분석을 쉽게 하기 위해 부분균형모형의 틀 속에서 관세가 1개 산업에 미치는 효과를 살펴본 후 일반균형모형으로 옮겨가서 관세가 2개 산업을 이루는 자국경제의 구조에 주는 영향을 점검하기로 한다. 자국경제는 세계시장에서 규모가 작기 때문에 세계시장에서 형성된 가격에 영향은 주지 못하고 주어진 국제가격에 얼마든지 수입할 수 있는 것으로 가정한다. 그래서 〈그림 7-1〉의

그림 **7-1** 소규모 경제하의 관세효과

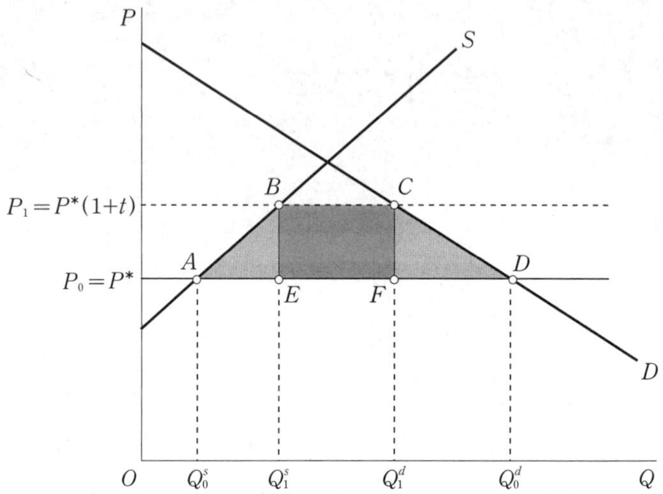

P^*가 관세부과 전 재화의 국제가격을 의미한다면 관세를 t비율만큼 부과시킨 후 통용되는 국내가격은 $P^*(1+t)$가 된다.

관세부과 전 자유무역에 의한 수입량은 $(Q_0^d-Q_0^s)$가 되는데, 관세부과 후 국내가격이 P_0에서 $P_1=P^*(1+t)$ 수준으로 상승하면 생산점은 공급곡선인 S곡선상의 A점에서 B점으로 옮겨가고 소비점은 수요곡선인 D곡선상의 D점에서 C점으로 각각 옮겨감으로써 수입량은 $(Q_1^d-Q_1^s)$ 수준으로 감소하게 된다. 이때 정부가 수거하는 관세수입은 (수입량×관세율) 공식에 의해 〈그림 7-1〉의 사각형 $BCFE$로 나타낼 수 있다.

관세를 부과하면 국내가격이 오르게 되어 국내생산자는 이득을 보는데, 반대로 국내소비자는 손해를 보게 된다. 실제로는 생산자의 정치적 힘이 소비자보다 크기 때문에 소비자의 후생을 감수하더라도 국내생산자를 위해 관세를 통한 보호정책이 채택되는 경우가 많다. 이에 관해서는 뒷절에서 보다 상세하게 다루기로 한다.

생산자잉여와 소비자잉여의 개념을 각각 사용하면 관세정책이 사회전체적으로 보았을 때 경제효율성을 저하시킨다는 사실을 증명할 수 있다. 생산자잉여란 총판매수입에서 총비용을 차감한 것이며, 소비자잉여는 총효용을 나타내는 수요곡선 아래의 면적에서 총구입비용을 차감한 것을 대신할 수 있다. 그래서 국내가격이 상승하면 생산자잉여는 P_0ABP_1면적만큼 증가하나, 소비자잉여는 P_0DCBP_1면적만큼 감소한다. 정부가 수거한 관세수입이 그대로 국민에게 환원된다면 결과적으로 자국경제는 삼각형 ABE와 삼각형 CDF를 합한 만큼 효율성 감소를 경험하게 된다.

이제는 자국경제의 규모가 충분히 커서 관세부과가 국제시장 가격에 영향을 주는 경우를 살펴보자. 자국이 수입하게 되는 것은 국내수요가 국내공급을 초과하는 경우이므로 국제시장에서 적용되

그림 7-2 대규모 경제와 관세효과

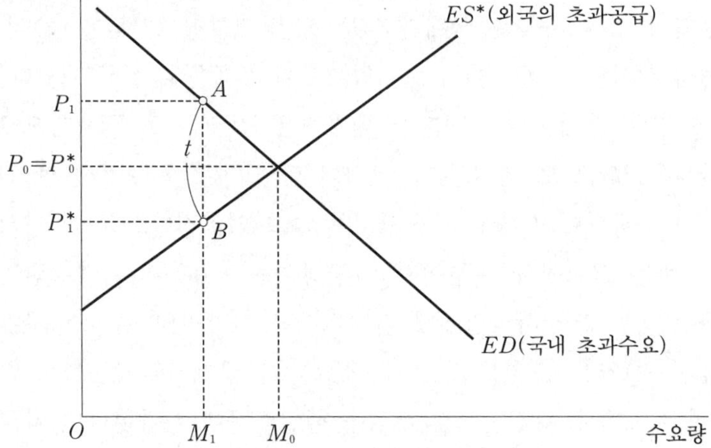

는 자국의 수입수요는 바로 자국의 초과수요와 일치한다. 마찬가지로 외국의 수출은 외국의 초과공급과 일치한다.

〈그림 7-2〉에서 자국이 관세를 부과하기 전 자국의 수입량은 OM_0가 되며, 균형가격은 P_0^*가 된다. 그런데 자국의 정부가 외국에서부터 들여오는 수입에 대해 관세를 부과하면 국내가격의 상승으로 자국민의 소비가 감소하고, 수입량은 OM_1 수준으로 감소한다. 그리고 그만큼 국제시장에서의 공급량은 많아지게 됨으로써 국제시장가격이 하락하게 된다는 논리가 성립한다. 이때 국내가격은 국내 초과수요곡선상에 위치하고, 국제가격은 외국의 초과공급곡선상에 위치하는데 국내가격과 국제가격의 변동크기는 두 곡선상의 모양과 위치, 즉 탄력성 여하와 관세율의 크기에 달려 있다. 국제시장에서 수입가격이 하락한다는 것은 그만큼 자국에게 유리한 효과를 주기 때문에 관세의 진정한 효율성효과를 측정하기 위해서는 수입가격의 하락효과도 포함시켜야 한다. 이에 관해서는 뒤에서 보다 상세하게 다루기로 한다.

이제는 2개 산업의 틀 속에서 관세의 효과를 분석해 보자. 자유무역의 경우 자국은 국제가격 P^*를 당면하여 〈그림 7-3〉의 A점에서 생산하고, C점에서 소비함으로써 X재를 수입하고 있다.

그러나 관세를 부과하면 국내가격은 $P^*(1+t)$로 상승함으로써 생산점은 B점으로 옮겨간다. 그런데 만일 정부가 수거해 간 관세수입이 자국민에게 영원히 돌아오지 않고 없어진다고 하면 자국민의 소비는 B점에서 이루어지고 후생수준은 U^N이 된다. 반면에 관세수입이 결국 자국민에게 환원된다면 자국민의 실질소득은 그만큼 증가한다. 그러므로 국내실질소득을 국제가격기준으로 환산한 뒤 X재화로 측정한 관세수입을 실질소득에 추가한다면 자국민은 여전히 높아진 국내가격에 당면하나 소비점은 D점에서 이루어

그림 7-3 2개 산업과 관세효과

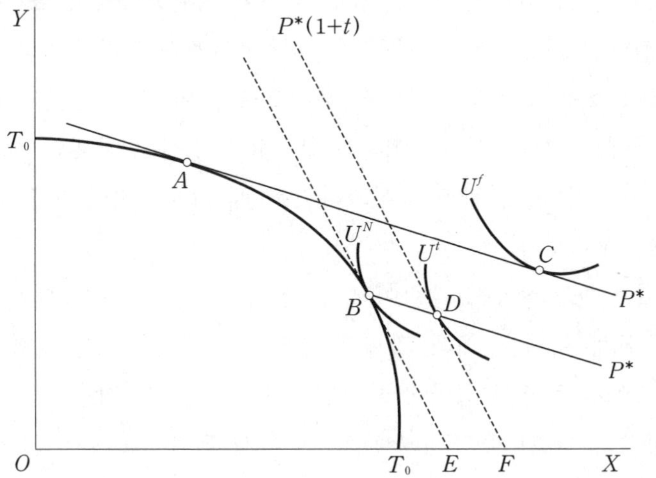

지고 후생수준은 U^t가 된다. 〈그림 7-3〉의 선분 EF가 바로 관세 수입의 크기를 나타낸다.

만일 앞에서 지적된 바와 같이 자국의 경제규모가 큰 경우에는 국내가격이 조금 덜 상승하되 수입재의 국제시장가격이 하락한다면 생산점은 B점보다 조금 위에 위치하고, 따라서 자국의 실질 소득수준을 나타내는 BP^*선분은 조금 완만하게 상향이동됨으로써 자국의 후생수준이 향상될 수 있음을 짐작할 수 있다.

제 2 절 | 관세의 요소가격효과

사무엘슨과 스톨퍼는 헥셔-올린이 일찍이 국제무역의 개시가 요소가격의 변동에 영향을 준다는 논리적 주장을 관세의 경제적 효과를 분석하는 과정에서 보다 분명하게 드러내었다. 이들은 수입관세의 부과는 그 나라에 상대적으로 희소한 생산요소의 상대가격을 상승시킨다고 하였는데, 이것을 스톨퍼-사무엘슨 정리라 한다.[1)]

생산요소인 노동과 자본은 국제적으로는 이동할 수 없으나 국내산업간에는 자유로이 이동할 수 있다고 가정하고 국내의 취약산업을 보호하기 위해 관세를 부과하였을 때 요소가격이 어떻게 변하는가를 살펴보자.

X재가 노동집약적 재화이고 또한 X재 산업이 수입대체산업이라면 X재 수입에 대해 관세가 부과되면 국내가격은 상승하게 된다. 따라서 X재의 집약적 요소인 노동의 가격은 상승하므로 노동과 자본의 가격비율인 (w/r)는 상승하게 된다. 〈그림 7-4〉에서

그림 **7-4** 관세부과 후 집약적 요소가격의 상승

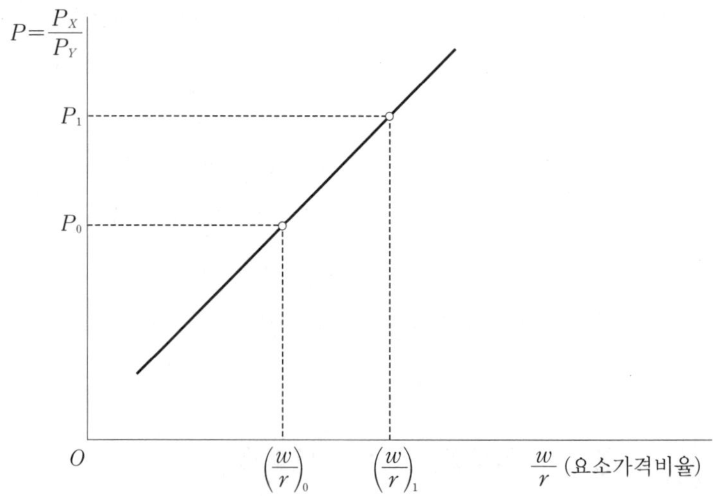

1) W.F. Stolper and P.A. Samuelson, "Protection and Real Wages," *Review of Economic Studies*, November 1941.

가격 P는 X재의 가격 P_X를 Y재의 가격 P_Y로 나눈 것이며, 재화가격비율과 요소가격비율은 正의 관계에 있다. 따라서 X재 수입에 부과되는 관세는 임금수준을 올리는 결과를 초래한다.

제 3 절 | 메츨러 역설

대개 관세를 부과하면 수입재의 국내가격이 상승하여 국내수입대체산업을 보호하는 효과를 낼 수 있다. 그러나 특별한 경우에는 관세부과 후 수입재의 국내가격이 오히려 하락하여 국내산업에 더 악영향을 끼칠 수 있다. 이런 경우를 메츨러(Lloyd Metzler)가 처음 지적하였다고 하여 메츨러 逆說이라 불린다.

〈그림 7-5〉에서 관세가 부과되기 전 외국의 오퍼곡선 OC^F와

그림 7-5 메츨러 역설 : 관세부과 후 국내가격의 하락

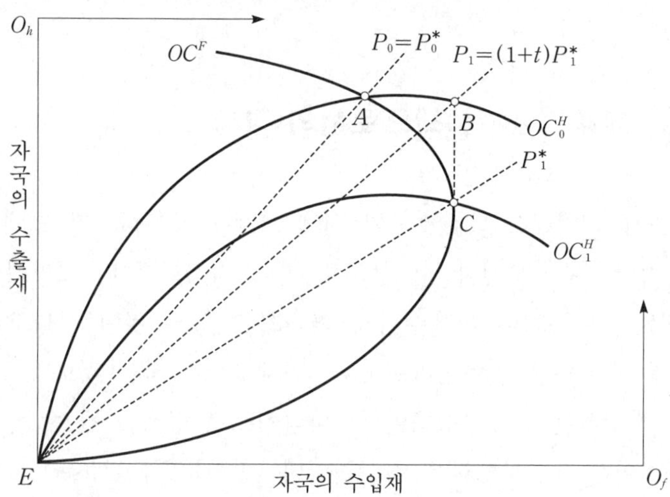

자국의 오퍼곡선 OC_0^H가 만나는 A점에서 균형이 이루어지며, 균형가격은 P_0로서 국제가격 P_0^*와 동일하다. 그러나 BC만큼의 관세가 부과되면 국제시장가격은 P_1^* 수준으로 하락한다. 그리고 새로운 국내가격은 새로운 국제가격에 관세를 추가시킨 것과 같으므로 $P_1 = (1+t)P_1^*$식이 성립한다. 그런데 새로운 국내가격 P_1은 그 전의 국내가격 P_0보다 낮게 나타났다. 이렇게 되면 국내의 수입대체산업이 보호되는 것이 아니라 오히려 해를 입게 된다. 이것을 메츨러의 역설이라 한다.

메츨러 역설이 발생하는 주된 이유는 관세부과 후 수입재의 공급이 세계시장에서 급증하는 한편 세계수요의 감퇴로 인해 수입재의 국제가격이 크게 하락하기 때문이다. 이로써 새로운 국제가격에 관세를 부과시킨 국내가격은 그 전 국내가격보다 낮아지게 되는 것이다. 〈그림 7-5〉를 보면 외국의 오퍼곡선이 후방으로 굽어진 부분에서 국내 오퍼곡선이 만나고 있는데, 이것이 메츨러의 역설을 초래한다.

제 4 절 | 차선책으로서의 관세

국내 취약산업을 보호하기 위해 관세를 부과하지만 그에 대한 사회적 비용을 무시할 수 없음은 이미 지적되었다. 그런데 만일 관세정책의 목적이 관세수입의 극대화에 있는 것이 아니고 해당 산업을 보호하는 것만이라면 굳이 관세를 부과하는 것보다 국내생산을 장려하는 보조금정책이 더 바람직스런 정책이 될 수 있을 것이다. 이때 생산보조금은 최선책이며, 관세는 차선책(second best)이 된다. 마찬가지로 국내소비를 일정 수준 이내에 유지시키는 것

그림 7-6 관세와 생산보조금정책의 비교

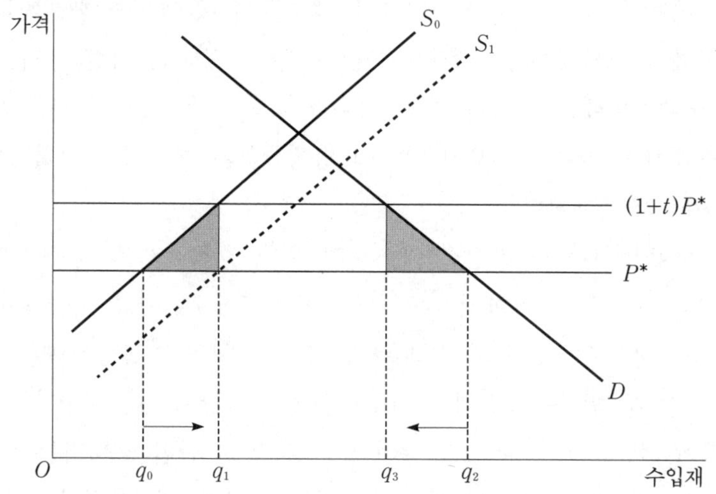

만이 정책의 목적이라면 국내생산활동에는 영향을 주지 않고 소비만 영향을 주는 소비세를 개발해 낼 수 있을 것이다.[2)]

〈그림 7-6〉은 수입재 1개만 다루는 부분균형모형을 보여준다. 여기서 관세를 t만큼 부과하면 수입재의 국내생산은 q_0에서 q_1으로 증가하고 국내소비는 q_2에서 q_3로 감소함으로써 국가적 후생의 손실은 검은 두 개의 삼각형으로 나타난다.

그런데 만일 정책의 주된 목표가 수입재의 국내생산을 q_1 수준에 유지하는 것이라면 소비를 줄이지 않고서도 이를 달성할 수 있을 것이다. 예컨대 생산보조금을 관세율과 같은 비율만큼 지급하

2) 관세의 次善이론에 관한 보다 자세한 내용을 알기 위해서는 H.G. Johnson (1965)을 참조. H.G. Johnson, "Optimal Trade Intervention in the Presence of Domestic Distortion," *Trade, Growth, and the Balance of Payment*, R.E. Baldwin et al., Chicago: Rand McNally, 1965.

면 이 산업의 실제적 생산비는 하락하여 공급곡선은 S_0에서 S_1으로 하향이동하게 되어 생산목표를 달성할 수 있다. 즉 생산목표를 달성하기 위해 관세를 부과하지 않고 생산보조금만 적절히 지급하면 국내소비에는 영향을 주지 않는다. 그러나 국내생산자가 생산보조금에 맞추어 생산하지 않고 과잉생산하기 때문에 사회적 손실은 여전히 존재한다.

사회적 손실을 완전히 제거하기 위한 최적정책은 자유무역정책이다. 〈그림 7-7〉에서 자유무역 때의 후생수준은 U_f, 관세부과 때의 후생수준은 U_t로서 우리는 두 가지 정책의 후생적 차이를 명백히 알 수 있다. 그런데 생산보조금을 지급함으로써 생산자는 생산을 Q_0에서 Q_1 수준으로 증대시킬 수 있는 한편 소비자는 여전히 낮은 국제가격에 수입재를 소비할 수 있는 경우 사회전체의 후생은 U_s로 대표된다. 이로써 생산목표를 달성하기 위한 최선의 정

그림 7-7 생산목표의 달성을 위한 차선책

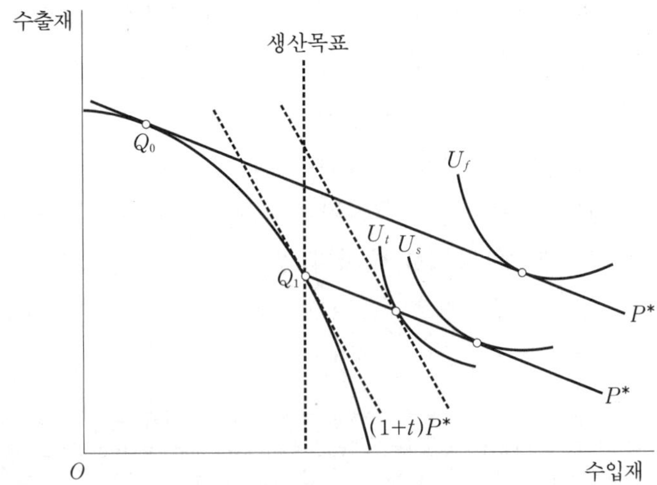

그림 7-8 소비억제목표의 달성을 위한 차선책

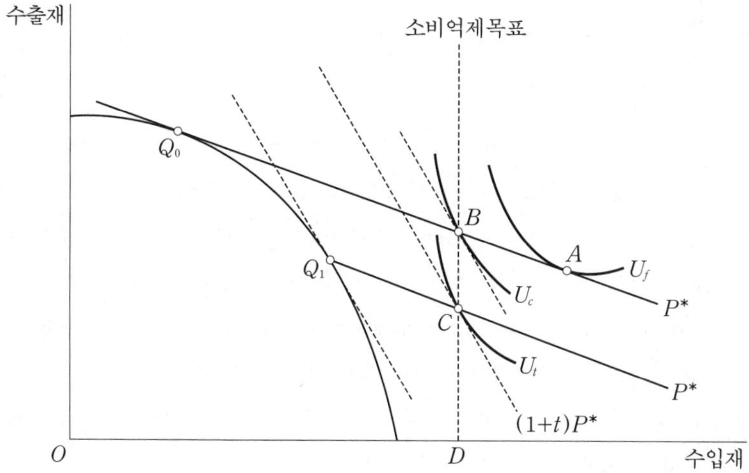

책은 생산보조금정책이며, 관세는 次善策이 될 수밖에 없다.

소비를 어느 일정 수준에 억제시킬 것을 사회적 목표로 삼을 때가 있다. 예컨대 정부는 사치성 소비재를 억제하거나 자율절약을 도모하기 위해 특정 재화의 소비를 일정 수준에 고정시킬 수 있다. 〈그림 7-8〉에서와 같이 소비를 OD 수준에 고정시키는 것이 사회적 목표라고 한다면 생산은 Q_0에서 이루어지게 하되 소비만 OD가 되도록 소비세율을 적절히 찾아낸다. 그랬을 때의 후생은 U_c로 대표되는데, 이것 역시 관세부과시의 후생수준인 U_t보다 높다. 그래서 소비억제목표를 달성하기 위한 최선책은 소비세이며 관세가 아니다. 관세는 오로지 차선책으로 사용되는 것이다.

참고문헌

Balassa, Bela, "Tariff Protection in Industrial countries," *Journal of Political Economy*, December 1965. Reprinted in AEA, Reading in International Economics, eds. Richard Caves and Harry G. Johnson, Homewood, Ⅲ.: Richard D Irwin, Inc., 1968.

Baldwin, Robert, "The Case Against Infant Industry Protection," *Journal of Political Economy*, May 1969.

Corden, W., "Tariffs, Subsides, and The Terms of Trade," *Economica*, August 1957.

Johnson, Harry G., *International Trade and Economic Growth*, London: George Allen & Unwin, 1965. Chap. Ⅱ.

_______, *Aspects of The Theory of Tariffs*, Cambridge, Massachusetts: Harvard University Press, 1972.

Lerner, Abba, "The Symmetry Between Import and Export Taxes," *Economica*, August 1936. Reprinted in AEA, Readings in International Economics, eds. Richards Caves and Harry G. Johnson, Chap. Ⅺ, Homewood, Ⅲ: Richard D. Irwin, Inc., 1968.

Metzler, Lloyd, "Tariffs, the Terms of Trade, and the Distribution of National Economy," *Journal of Political Economics*, February 1949.

Stolper, Wolfgang F. and Paul A. Samuelson, "Protection and Real Wares," *Review of Economic Studies*, November 1941. Reprinted in Readings in the Theory of International Trade, eds. Howards, Ellis and Lloyd A. Metzler, Chap. ⅩⅤ, Homewood, Ⅲ.: Richard D. Irwin, Inc., 1950, and in International Trade, ed. Jagdish Bhagwati, Baltimore: Penguin Books, Inc., 1969.

CHAPTER 08

경 / 제 / 발 / 전 / 론

관세보호이론

제 1 절 | 유치산업보호론

선진국이든 후진국이든 자국의 산업을 보호하기 위해 관세 및 비관세장벽을 세우는 것이 현실에 있어서는 예외라기보다는 어쩌면 일반적 현상이라고 볼 수 있다. 그러나 경제이론에 의하면 자유무역이 보호무역보다 자국의 후생을 더 높여준다는데, 그렇다면 경제이론과 현실에는 너무 심각한 괴리가 존재하는 것이 아닌가 의심이 되기도 한다.

이와 관련하여 우리는 경제분석에 있어서 정태적 이론과 동태적 이론을 구분할 필요가 있음을 느낀다. 한 나라의 무역패턴을 분석하는 데 있어서 두 가지 접근이 있다. 하나는 정태적 분석이고, 또 하나는 동태적 분석이다. 자국의 어떤 특정 산업에 비교우위를 한번 가지면 세월이 가도 변하지 않는다고 전제한다면 그것은 정태적 비교우위 개념을 가리키는 것이다. 반면에 한 나라의 비교우위는 세월이 경과하면서 바뀔 수 있다고 전제한다면 그것은 동태적 비교우위 개념을 가리킨다고 볼 수 있다.

그림 8-1 관세보호 후 생산비 인하

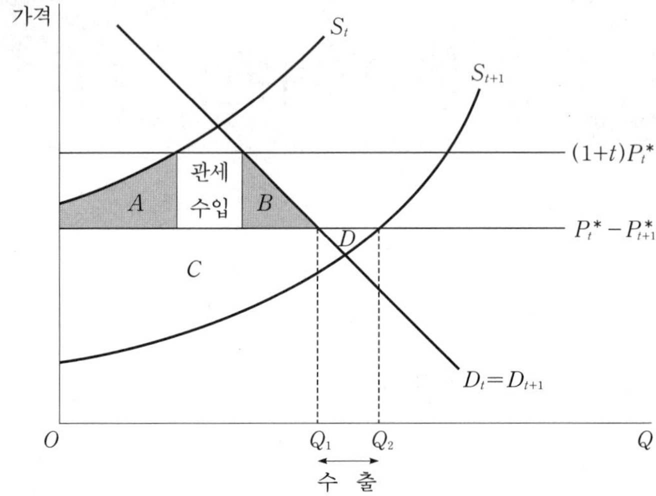

〈그림 8-1〉에서 S_t는 t기의 공급곡선을 가리키는데, 국제가격 수준보다 위에 있어서 자유무역이 성행하는 경우 국내생산은 전무하며 소비전량은 수입된다. 그러나 t기에는 기술수준이 낮아서 생산비가 높지만 일정 기간 동안 보호를 받아서 $t+1$기에는 공급곡선이 S_t+1로 이동하여 국제시장에서 경쟁할 수 있게 된다는 확신이 있게 되면 국내기업은 정부의 산업보호정책에 의존하고자 한다. 관세보호를 통해 국내생산이 일단 시작되면 학습효과(learning-by-doing effect) 등을 통해 국내생산비가 크게 낮아져서 $t+1$기에는 오히려 Q_1Q_2만큼 해외에 수출하게 된다.

$t+1$기에 국내수요곡선과 미래의 국제가격이 편의상 모두 t기의 수준과 똑같다고 가정한다면 생산자잉여가 C영역과 D영역을 합친 만큼 발생한다. 이것을 현재가치로 측정한 것이 t기의 후생손실인 A영역과 B영역의 합을 상회한다면 보호무역의 정당성이

성립한다.

그래도 관세부과를 통한 보호정책이 최선책이 아니라는 사실이 지적될 필요가 있다. 생산보조비 등을 통하여 생산비인하에 직접 도움을 준다면 보호정책으로 인한 후생손실을 그만큼 줄일 수 있기도 하다. 이에 대한 좀더 자세한 내용은 이미 관세의 次善理論(the theory of second best)에서 설명한 바 있다.

제 2 절 | 무역자유화의 과도기적 비용

정태적이고 장기적인 분석에 의하면 자유무역이 보호무역보다 나은 후생을 가져다 준다. 그럼에도 불구하고 눈에 보이든 안보이든, 직접적이든 간접적이든 여러 형태의 무역제한이 존재하는 것이 현실이다. 특히 무역자유화가 세계적 추세인데도 불구하고 많은 개별국가들은 무역자유화의 궁극적 장점에 쉽게 설복되지 않는 듯하다. 아마도 그 이유는 자유무역의 과정에서 발생하는 과도기적 단점이 무시 못할 정도로 크거나 국내 특정 이익집단의 정치적 압력에 굴복되기 때문에 정부는 무역자유화에 적극적인 자세를 취하지 못하기도 한다.

〈그림 8-2〉 (a)에서 보듯이 무역이 자유화되기 전 수입재의 국내가격을 국제가격보다 높게 하여 수입대체산업을 보호한 결과 A점에서 생산하고, U_1 수준의 후생을 유지했다. 그러나 무역이 자유화되면서 국내수입재가격은 국제시장가격 P^*와 같아진다. 따라서 국내생산점은 A점에서 B점으로 옮겨감으로써 U_1 수준에서 U_3로 증가한다. 그러나 만일 국내후생이 증가하는 과정에서 자국의 생산점은 A점에서 그대로 있고 소비만 국제가격에 의해 이루

그림 8-2 무역자유화의 후생효과

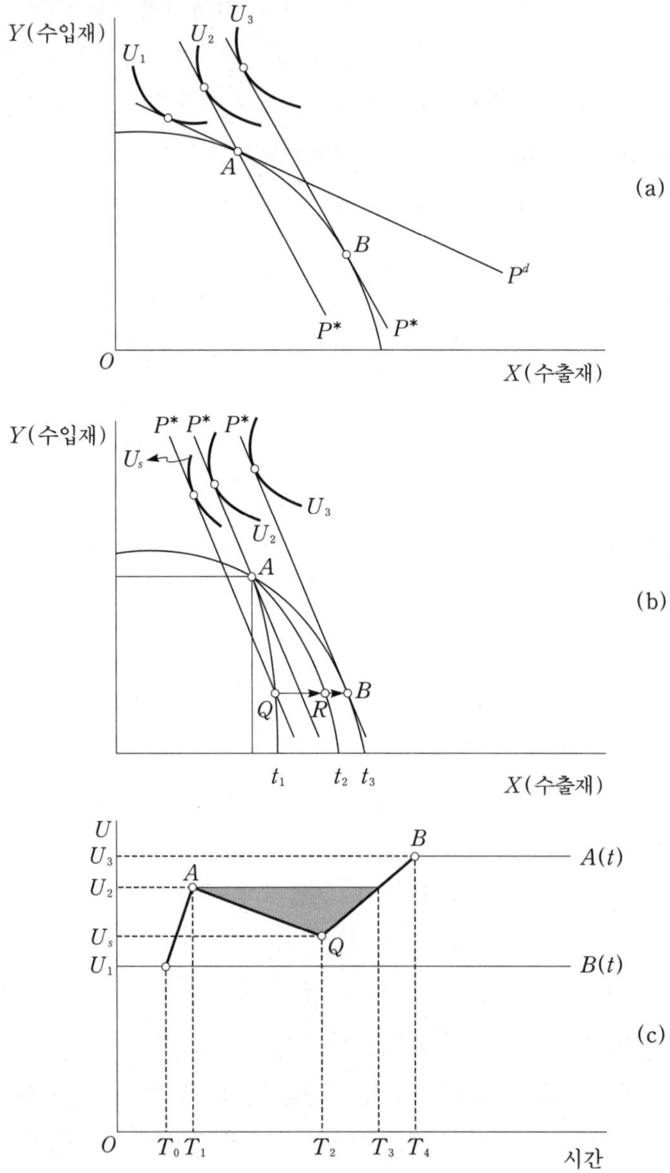

어진다면 자국의 후생수준은 U_2에 있게 된다. 그러나 생산점이 A점에서 B점으로 점차 옮겨가면서 후생수준도 U_2에서 U_3 수준으로 접근해 간다.

그러나 실제로 생산점이 A점에서 바로 B점으로 움직여가지 못한다. 국내가격 P^d가 국제가격 P^* 수준으로 단숨에 변하지 않고 점차적으로 접근해 간다고 하자. 이 과정에서 수출재의 생산은 증가하되 수입재의 생산은 감소하게 된다. 왜냐하면 무역자유화 과정에서 수입재의 가격은 하락하나 수출재의 가격은 상승하기 때문이다. 이렇게 수입재생산이 감소하게 되면 수입재생산에 쓰이던 자원이 수출재산업으로 이동해가게 된다.

그런데 수입재가격이 하락하면 이 산업에 사용되던 자본과 노동의 가격도 하락해야 하는데 이들 요소가격은 하방경직성이 있다는 것이 특징이다. 특히 이 산업에 종사하던 노동자의 임금은 그 산업이 위축된다고 해서 당장 하락하지 않는다. 그러다 보니 어느 정도의 실업이 유발되며, 그에 따라 생산가능곡선도 안으로 위축된다. 〈그림 8-2〉 (b)에서 생산가능곡선은 시간이 경과함에 따라 At_1, At_2, At_3로 변하게 되며, 생산점도 A점에서 Q점과 R점을 거쳐 최종적으로 B점으로 움직인다. 생산점이 Q점일 때 후생수준은 생산점이 A점에 있을 때 얻는 후생수준 U_2보다 낮은 수준이다. 그러다가 다시 생산점이 R점을 통과하여 B점에 이르게 될 때 후생수준은 다시 U_2 수준을 거쳐 U_3 수준에 이르게 된다.

이런 과정을 〈그림 8-2〉 (c)를 통해서 살펴보자. 무역이 자유화되어도 생산점이 A점에서 바뀌지 않는다면 자국의 후생수준은 U_1에서 바로 U_3 수준으로 뛰지 않고 U_2 수준으로 뛴다. 그 후 생산점이 A점에서 Q점으로 옮길 때 자국의 후생은 오히려 U_2에서 U_s 수준으로 하락한다. 그리고 생산점이 R점을 통과한 후 B점에 이르는 동안 후생수준은 다시 U_2 수준을 거쳐 U_3 수준으로 도달하며 그 후부터는 계속 U_3 수준에 머무르게 된다.

문제는 자국의 후생이 U_2에서 U_3를 향하여 곧바로 향상되지 않고 다시 U_2 아래에 있는 동안에 관련 이익집단들이 정치세력을 등에 업고 무역자유화에 저항하는 것이며, 이때 정부도 이익집단의 정치적 세력에 눈치를 보게 되면 무역자유화의 속도를 좀 늦추려는 노력을 하게 된다.

〈그림 8-2〉 (c)에서 $A(t)$는 무역자유화 이후 국내후생의 변동을 보여주며, $B(t)$는 무역자유화 없이 그대로 두었을 경우 유지할 수 있는 후생수준이다. $A(t)$는 분명히 $B(t)$보다 늘 위에 위치하므로 후생기준으로는 무역자유화가 선호된다. 그러나 T_1T_2기간 동안 후생이 일시적으로 감소하게 되는데, 이에 대한 정치적 거부반응이 거세지면 무역자유화 속도가 완화된다.

참고문헌

Johnson, Harry, *Aspects of Theory Tariffs*, George Allen & Unwin, Ltd., 1971.

Prebish, R., "Commercial Policy in Underdeveloped countries," *American Economic Review*, May 1959.

Richardson, J., "Why we Trade: The Ambiguous Case for Free Trade," *Understanding International Economics*, 1980, Chap. 10.

CHAPTER 09

경 / 제 / 발 / 전 / 론

관세와 밀수

제 1 절 | 배　경

관세가 부과되면 국제가격과 국내가격의 차이는 관세가 부과된 만큼 벌어지므로 외국에서 수입재를 싼 값으로 몰래 들여오기만 하면 상당한 이익을 취할 수 있기 때문에 밀수행위가 존재한다. 그러나 밀수행위도 적발되면 엄청난 비용을 치르기 때문에 밀수꾼에게는 비용이 따른다. 그래서 관세가 포함된 국내가격 P_d가 밀수비용 P_s보다 큰 이상 밀수행위가 존재한다. 여기서 한 극단적인 경우는 국내의 초과수요 잔액이 관세를 통한 수입이 아니라 밀수에 의해 충족되는 것이고, 또 한 경우는 밀수행위와 법적 수입행위가 서로 공존하는 것이다.

본절에서는 밀수행위의 여러 가지 형태와 그에 따른 후생수준의 변동상황을 살펴보고 이를 관세부과 후의 후생수준 변동과 서로 비교하고자 한다.

〈그림 9-1〉에서 관세를 부과하는 경우 생산점은 A, 소비점은 E에서 결정됨으로써 자국은 U_t 수준의 후생을 영위하는데, 이것은

그림 9-1 관세와 밀수의 후생효과 비교

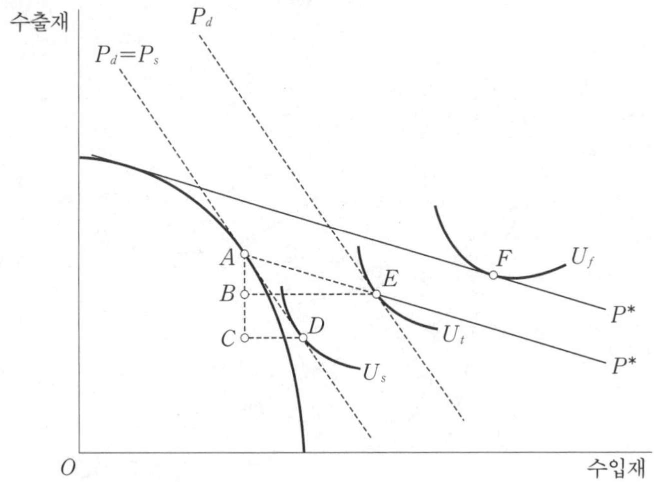

관세가 없는 자유무역인 경우의 후생수준 U_f보다 아래에 있다. 그런데 밀수행위를 본 모형에 도입하여 밀수를 통해 부담하는 비용이 한계점에 이르러 관세를 매긴 국내가격과 동일하다고 가정하자. 그리고 밀수행위가 지배적이어서 법적으로 관세를 부담하고 수입하는 수입량이 전무하다고 가정한다면 자국에서의 균형은 D점에서 이루어진다. 그래서 이때의 후생은 U_s로 대표된다. 〈그림 9-1〉에서 각 소비점 D, E, F를 비교해 보면 자유무역일 때의 후생수준이 가장 높으며, 그 다음이 세관을 통과한 수입의 경우이고, 밀수의 경우가 후생면에서 가장 낮다.

그런데 밀수가격이 반드시 관세가 추가된 국내가격과 같으라는 법은 없다. 실제로는 대개 밀수가격이 관세를 포함한 국내의 상대가격보다 낮은 것이 통례이다. 〈그림 9-2〉는 밀수가격 P_s가 통관가격인 P_d보다 낮은 경우를 보여준다. 현재의 밀수가격으로는

그림 9-2 밀수가격의 범위

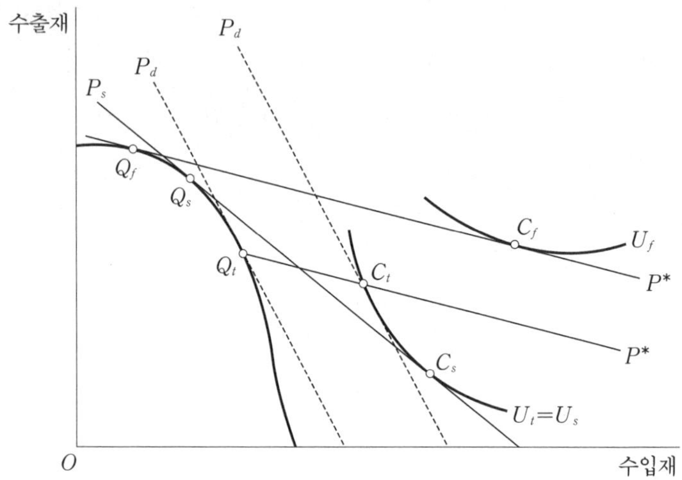

후생수준 U_s가 관세부과의 경우인 U_t 수준과 동일하다.

만일 밀수가격이 지금의 밀수가격인 P_s와 국제가격 P^* 사이에 있기만 하면 생산점은 Q_s와 Q_f 사이에서 움직이며, 후생수준은 관세가 부과된 경우인 U_t보다 높아진다. 그러나 만일 현재의 밀수가격인 P_s보다 높기만 하다면 후생수준은 관세인 경우보다 낮은 수준에 있게 된다.

이제는 밀수와 통관수입이 같이 공존하는 경우를 〈그림 9-3〉을 통하여 분석해 보자. 밀수 없이 오직 통관수입만 있는 경우는 소비점이 F, 생산점이 A에 있음으로써 U_t의 수준의 후생을 누린다. 그러나 오로지 밀수만 있는 경우는 밀수가격이 통관 때의 국내가격과 같다고 했을 때 소비점은 C, 생산점은 A에 있게 되어 U_s 수준의 후생을 누린다. 그런데 밀수도 있고 통관수입도 있는 경우에는 생산점은 여전히 A에, 그리고 소비점은 D에 있으므로

그림 9-3 밀수와 통관수입의 공존

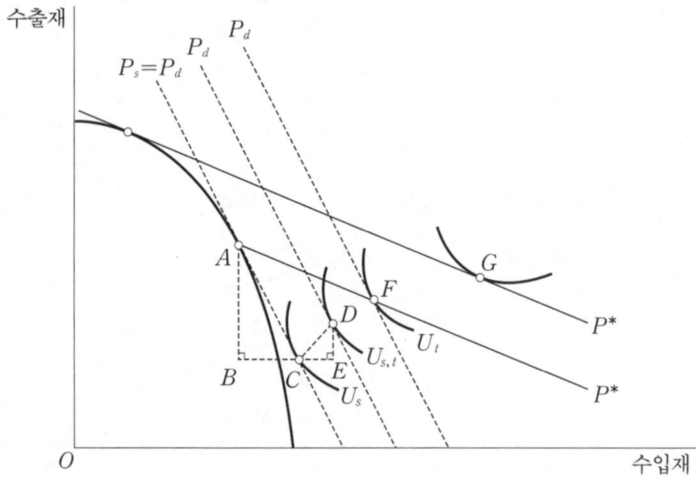

BC만큼의 수입량은 밀수를 통해서 충족되며, CE만큼의 수입량은 통관수입에 의해 충족된다. 이때의 밀수가격과 통관가격은 서로 같다고 가정되어 있다.

제 2 절 | 관세의 정치경제학적 배경

최근에 들어 관세효과의 분석에 있어 정치경제학적 접근을 시도하는 논문이 많이 발표되고 있다.[1)]

관세의 정치경제학적인 면을 강조하는 이유는 관세정책이 국

1) 바그와티(Jagdish Bhagwati)의 논문을 수집하여 출판된 책, *Political Economy and International Economics*, Cambridge M.A.: The MIT Press, 1991이 좋은 참고문헌이 됨.

그림 9-4 DUP 로비비용과 후생수준

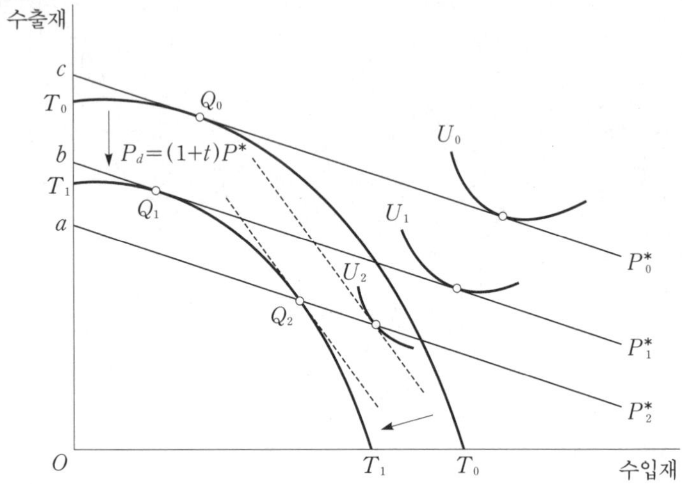

가전체 이익을 위해 채택되기보다는 정치적 영향력이 센 이익집단의 로비에 의해 채택된다고 보기 때문이다.

로비 등을 통해 사회적으로는 바람직스럽지 못하나 개인적인 수혜를 추구하는 것을 지대추구(rent-seeking)라고 하며, 바그와티는 DUP(directly unproductive profit-seeking)라고 이름지었다.

DUP행위는 실질자원의 소모를 필요로 하기 때문에 관세의 왜곡효과를 파악하는 데 있어 현재의 왜곡효과에 DUP비용을 추가적으로 계산하여야 한다고 바그와티는 주장한다. 이것을 〈그림 9-4〉를 통해서 자세히 살펴보자.

국가가 자유무역을 할 경우 생산가능곡선 T_0T_0와 가격선 P_0^*가 접하는 점에서 Q_0가 생산되고 후생수준은 U_0가 된다. 그러나 이익집단은 유리한 관세정책을 유도하기 위해 실질자원을 소모하기 때문에 생산가능곡선은 T_0T_0에서 T_1T_1으로 축소된다. 만일

T_1T_1의 생산가능곡선하에서 자유무역가격에 수입이 허용된다면 생산가능곡선과 가격선 P_1^*와 접하는 점에서 Q_1이 생산되고 후생수준은 U_0에서 U_1 수준으로 하락한다. 그러나 자유무역가격에 의해 수입되지 않고 통관수입만이 허용되므로 결국 생산점은 Q_0나 Q_1이 아니라 Q_2에서 결정되며, 후생수준도 U_2에서 결정된다. 그러므로 로비를 통한 관세부과는 U_0-U_2만큼의 후생손실을 가져온다. 이것을 수출재를 기준으로 하면 ac만큼의 수출재의 감소를 의미한다.

참고문헌

Bhagwati, J., *Political Economy and International Economics*, The MIT Press, 1991.

Brecher, R., "Minimum Wage Rate and the Theory of International Trade," *Quarterly Jounal of Economics*, February 1974.

Hazari, Bhart, *The Pure Theory and International Trade and Distributions*, A Halsted Press Book, John Wiley & Sons, 1978.

PART

03 후진국개발이론

CHAPTER 10 불균형개발이론

이제까지는 주로 자유시장 경쟁을 전제로 한 균형성장이론을 다루었다. 앞에서 소개된 성장이론은 선진국이든 후진국이든 거의 똑같이 적용될 수 있다. 그러나 시장이 제대로 기능하지 않는 후진국에는 균형성장이론이 가장 합리적으로 적용되기 어렵다.

앞서 보인 경제성장모형들은 한 경제가 경제 내적 혹은 외적인 요인들의 상호작용에 의해서 어떠한 과정을 밟아가며 발전되어 가는가를 연구하는 것임에 반해, 이것보다는 더 적극적인 의미로서 일단 바람직한 경제상태가 설정된다면, 그러한 상태를 효율적으로 성취하기 위해 정부가 정책을 가지고 경제를 의도적이고 적극적으로 개선해 나가는 경제개발이론도 필요하다.

각 국가의 발전과정에 있어 투자가 경제발전에 미치는 효과는 상당히 크다. 자본이 부족한 후진국에서는 산업간 투자의 우선순위문제가 매우 중요하다. 그런데 이러한 투자를 배분할 때 경제의 각 부문이 균형적으로 성장하도록 투자를 배분하는 것이 효과적인지 아니면 개별 부문별로 과부족을 허용하고 특정 부문이 앞장서서 성장하도록 하는 것이 효과적이냐 하는 문제를 놓고 균형성장론과 불균형성장론으로 대립된다.

제 1 절 | 균형성장론

앞서 후진국에서는 자본축적이 적어 빈곤의 악순환이 되풀이 됨을 언급하였다. 이러한 악순환은 투자의 수요와 공급의 양면에서 작용한다. 수요 측면에서 보면 후진국은 소득이 낮아 시장이 협소하며, 좁은 시장은 자본수요가 작아 결국 이러한 작은 투자수요는 생산성이 낮고 또 소득이 낮아지는 악순환이 계속되며, 공급 측면에서 보면 소득이 낮아서 저축이 작고 또 저축이 작으니 자본 공급이 작고 이러한 자본이 부족하여 생산성이 낮고 또 낮은 생산성이 낮은 저축을 유발하는 악순환이 계속되는 것이다.

이러한 양 측면 중에서 후진국이 어려운 것은 일반적으로 공급 측면이고 또 대부분의 자본축적론이 이 공급 측면에 치중한다. 그러나 균형성장론은 오히려 자본축적의 수요 측면에서의 문제를 다룬다. 수요 측면에서의 문제는 위에 언급한 것처럼 좁은 시장으로 인해 자본수요, 즉 투자수요가 적음을 말한다. 항상 자본부족에 시달리는 후진국의 경우 자본수요가 부족하다는 말은 언뜻 이해가 가지 않을 수도 있으나 이 말은 후진국의 경제전체적 입장에서 본 자본수요의 의미가 아니라 개별기업에서 보았을 때 시장이 협소하여 개별기업이 투자유인을 갖지 못한다는 의미이다.

그러면 이러한 수요 측면의 낮은 투자유인을 해결하는 길은 무엇인가? 넉시(R. Nurkse)에 의하면 그것은 시장확대문제를 해결해야 하는데, 이를 위해서는 투자재원을 모든 산업에 동시에 투입함으로써 해결될 수 있다는 것이다. 즉, 모든 산업에 동시에 투자하여 각 산업의 소득이 고루 늘도록 하고 그래서 어떤 한 산업에서 생산된 제품이 다른 산업에서 수요하게 되고 또 그 산업의 생산품은 또 다른 산업이 수요함으로써 국내시장의 크기가 전반적으로 확대된다는 것이다. 이것은 바로 상호수요 혹은 보완수요에 의한 모든 산업의 동시적 성장이론인 것이다.

그러나 균형성장론이 지니는 문제는 자본의 공급이 무한대로 탄력적임을 가정함으로써 자본의 수요 측면에서 발생하는 문제점만을 해결하는 것을 목표로 하였다는 것이다. 실제로 이러한 가정은 성립할 수 없는 것이다. 현실적으로 후진국에서의 문제는 자본공급의 문제가 더 심각하다.

또한 균형성장론은 "공급은 스스로 수요를 창출한다"는 세이의 법칙(Say' law)을 의미하여 모든 산업부문이 동일한 율로 성장해야 한다고 하는데, 단순히 모든 산업을 동일한 율로 성장시키는 것은 '성장'의 문제이지 '발전'의 문제는 아닌 것이다. 왜냐하면 각 산업의 제품마다 수요의 소득탄력성은 다르므로 어떤 한 산업의 공급이 증대했다고 해서 그 산업의 수요가 항상 발생되는 것이 아니기 때문이다. 따라서 균형성장론은 모든 산업이 동일한 성장률로 발전해야 한다는 것보다는 수요의 소득탄력성의 크기에 맞추어 성장해야 한다는 것으로 보아야 할 것이다.

제 **2** 절 | 불균형성장론

허쉬만(A.O. Hirschman)에 의하면 균형성장론과는 달리 오히려 시장의 공급과 수요의 불일치가 경제성장의 촉진제이며, 따라서 일부러 이들간의 과부족을 조성하는 것이 다른 연관산업을 발전시키는 요인이 된다는 것이다. 이는 산업간의 생산과 투자를 유발하는 두 가지 연관효과, 즉 전방연관효과와 후방연관효과가 작용하기 때문이다.

전방연관효과라 함은 투자된 산업에서 생산되는 제품을 수요하는 산업에서의 성장과 투자를 유발하는 효과를 말하며, 후방연관효과는 투자된 산업에서 수요하고 있는 투입물을 생산하는 산업의 성장과 투자를 유발하는 효과를 말한다. 예를 들면, 만약 제철공장에 투자가 되었다고 하자. 그러면 여기서 생산되는 강철을 원료로 쓰는 자동차산업의 입장에서 보면 강철공급의 증가로 인해 자동차산업의 생산과 투자가 유발되므로 이는 전방연관효과에 해당되는 것이고, 또 광산업자의 입장에서 보면 제철공장의 설립으로 철광수요가 늘었으므로 철광업의 채산성이 높아지므로 철광업의 성장이 유발되므로 이는 후방연관효과가 되는 것이다.

연관효과는 두 가지 경로에 의해 다른 산업의 성장을 유발하는데, 하나는 공급량의 증가에 의해서이고 또 다른 하나는 가격이 변해서이다. 투자된 산업의 생산량 증가는 다른 산업의 생산함수에 영향을 주거나 규모의 경제를 실현토록 하여 그 산업의 생산비용절하와 생산증가를 유발하는 것이고, 또 투자된 산업의 생산량 증가는 그 산업제품의 가격을 인하시켜 이를 수요하는 타산업의 채산성을 높이거나, 이 산업에 원료를 공급하는 타산업의 제품가

표 10-1 전방 및 후방연관효과의 크기

	낮은 전방연관효과	높은 전방연관효과
높은 후방연관효과	최종재 제조업	중간재 제조업
낮은 후방연관효과	최종재 농업	중간재 1차산품

격을 인상시켜 원료공급 산업의 채산성을 높여 생산증가를 유발하는 것이다. 그러나 산업별로 보면 이러한 연관효과의 크기는 〈표 10-1〉과 같다.

〈표 10-1〉에서 보듯 각 산업마다 전방 및 후방연관효과의 크기가 서로 상이하므로 높은 연관효과를 갖는 산업을 찾고자 하는 나라는 강철, 화학 등의 중간재 제조업에 초점을 맞출 것이다. 허쉬만은 특히 후진국개발에서는 전방연관효과보다도 후방연관효과가 더 중요하다고 주장하여 농업보다 공업의 우선적 개발을 주장한다. 따라서 그는 이러한 특정 산업에 중점적으로 투자하여 불균형상태를 만든 다음 연관산업들을 이끌어 올려 또 다른 균형점을 모색하게 되는데, 이것이 바로 올바른 경제개발의 전략이라고 보는 것이다.

제 3 절 | 허쉬만의 개발이론

1. 의 의

후진국의 성장전략으로서 불균형성장론은 설득력이 매우 크다. 경제전체를 골고루 균형적으로 성장시키는 것은 비용도 많이 들고 시간도 오래 걸리는 경우가 많다. 그래서 불균형성장전략을 쓰게 된다. 즉 유망성이 큰 부문을 집중적으로 성장시켜 결국 다른 부문도 그 혜택을 받아 성장할 수 있도록 한다는 것이 불균형성장론의 핵심내용이다.

불균형성장이론 중에서 허쉬만의 부분간 불균형성장이론이 널리 알려져 있다. 그의 이론은 단순하면서도 매우 정교하다. 그의 불균형성장이론(1958)이 생겨나게 된 이유는 이러하다.[1] 후진국의 큰 약점의 하나는 올바른 정책결정을 하는 능력이 부족하다는 사실이다. 특히 주요한 국가사업 투자에 대한 결정능력이 부족하다. 그래서 그는 적절한 개발전략으로서 부문간 불균형을 일부러 창조한 후 그 후부터는 저절로 쉽게 투자결정이 이루어지게 되는 모형을 고안해 내었다.

저절로 대형투자가 결정되는 과정에서 전방(forward linkage)효과를 꾀하거나 또는 후방(backward linkage)효과를 꾀하도록 하였다. 투자의 전방효과와 후방효과라 함은 다음의 효과를 가리킨다.

예컨대 민간기업이 철강산업에 대규모 투자를 하는 경우 이것은 전방효과와 후방효과를 모두 가질 수 있다. 철강산업의 확대는 철강을 주재료로 사용하는 자동차산업이나 조선산업을 부흥시킨다. 이것이 전방효과이다. 그리고 철강산업의 확대는 광산업이나 고철산업을 일으키는데 이것이 후방효과이다. 철강을 생산해 내는데 철원광이나 고철이 많이 사용되기 때문이다.

전방효과와 후방효과는 투자결정능력이 부족한 후진국에서 매우 유용하게 작용한다. 이러한 연관효과 때문에 철강산업 투자시 관련산업들이 저절로 확장되고 발달된다.

2. 부문간 불균형성장론

이제 좀더 구체적으로 허쉬만이론의 정교함을 검토하여 보자. 〈그림 10-1〉은 허쉬만이 설명하는 등량선을 보여준다. 횡축은 SOC(사회간접자본)의 투자비용을 나타내며 종축은 DPA(Directly

1) Albert O. Hirschman, *The Strategy of Economic Development*, Yale University Press, 1958.

그림 10-1 허쉬만의 등량선

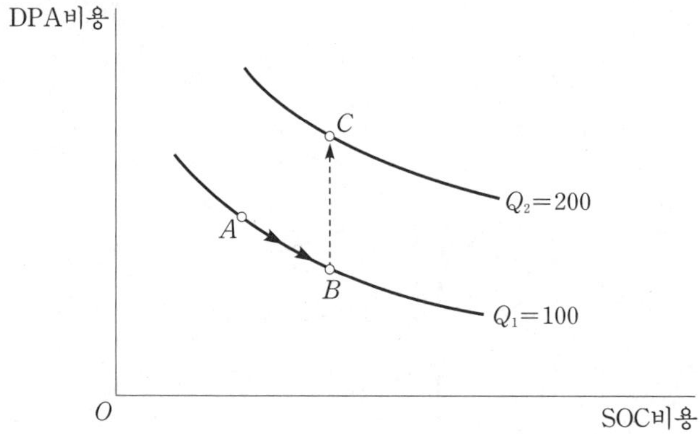

Productive Activity: 직접생산부문의 생산비용)을 나타낸다. SOC는 주로 정부가 투자하는 부문이며 DPA는 민간기업이 투자하는 부문으로 구분한다.

경제원론에서 일반적으로 등량선을 다루는 경우 종축과 횡축에는 두 요소의 수량이 측정된다. 그러나 〈그림 10-1〉에서는 두 가지 비용이 측정되고 있음을 유의해야 한다.

등량선 Q_1은 100개의 생산량, Q_2는 200개의 생산량을 가리킨다. Q_1 선상은 A점과 B점은 모두 100개의 생산량을 가리키는데, 만일 경제상황이 A점에서 B점으로 옮겨간다면 SOC비용은 늘어나지만 DPA 비용은 줄어든다는 사실을 반영한다. 이것은 SOC의 투자증가를 의미한다.

즉 사회간접자본의 증가로 민간부문의 생산비가 절감된다는 말이다. 그런데 여기서 또 유의해야 할 것은 역으로 B점에서 A점으로 옮겨갈 수는 없다는 점이다.

왜냐하면 항만, 철도, 도로 등의 SOC는 덩어리채 만들어지는

그림 10-2 정부주도 SOC투자와 불균형성장

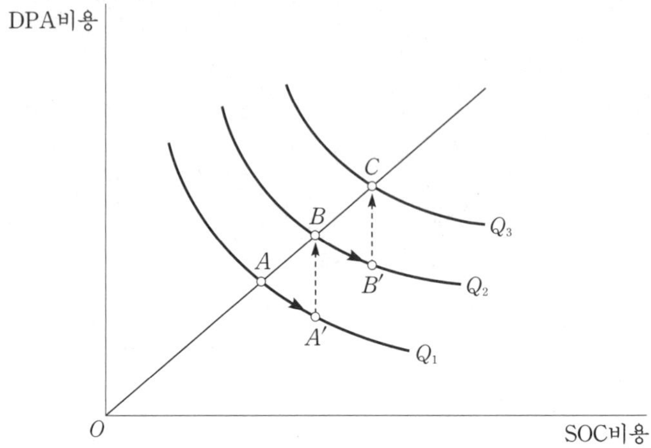

것이므로 세분하여 중지시키거나 해제시킬 수 없기 때문이다. 그래서 B점에서 DPA의 투자가 늘어나면 SOC비용은 줄어들지 않고 그대로 있으므로 생산량은 100에서 200으로 증가하고 경제는 C점에 이르게 된다.

이제 후진국의 상황은 SOC부족으로 물류비를 포함한 유효수요가 부족하여 실업률이 높다는 가정하자. 이런 경우 정부는 대규모 SOC투자사업을 추진하여 총수요를 진작시키고 또한 물류비 절감을 통해 생산비가 전체적으로 감소될 수 있다.

SOC투자증대 후 〈그림 10-2〉에서와 같이 경제는 A점에서 A'점으로 옮겨간다. 그러나 경제는 A'점에서 멈추지 않는다. SOC증대를 이용하여 민간부문의 투자가 증가하게 되면 총생산량은 Q_1에서 Q_2 수준으로 증가하며 총비용의 궤적은 $A \rightarrow A' \rightarrow B$가 된다. 이런 과정은 그 후 계속되며 총비용 궤적은 $B \rightarrow B' \rightarrow C$로 된다.

이런 과정을 통한 성장전략은 비록 부문간 불균형성장과정이지만 균형성장전략보다는 훨씬 합리적이며 비용절감방식이 된다.

만일 후진국이 균형성장전략을 전개한다고 하면 총비용 궤적은 $A \rightarrow B \rightarrow C$로 될 것이지만 DPA부문과 SOC부문에의 투자를 동시에 진행시키는 것은 덩어리(lumpiness)투자라는 SOC의 특성상 비효율적인 SOC투자가 될 것이다.

여기서 재삼 강조되어야 하는 사실은 정부주도의 SOC투자증가가 있은 후 물류비용절감의 장점을 이용하려는 DPA투자증가를 꾀하려는 동기가 민간투자가에게 작용한다는 것이다. 이 경우 SOC투자증대는 전방효과를 가지게 된다고 볼 수 있다.

이제는 조금 전과는 달리 SOC는 어느 정도 충분한데, 민간부문이 취약하고 생산물공급이 부족한 경우 DPA투자가 필요하다. 그래서 만일 〈그림 10-3〉의 A점에서 시작한다면 DPA투자는 당

그림 10-3 민간주도 DPA투자와 불균형성장

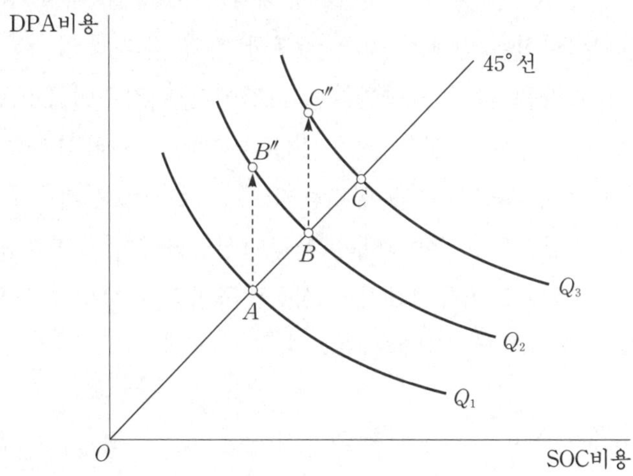

연히 DPA비용을 증가시키지만 생산물공급은 늘어난다. 그래서 등량선은 Q_1에서 Q_2로 이동한다. SOC비용이 늘어나지 않으므로 경제는 A점에서 B''점으로 옮겨 간다.

그러나 Q_2선상에서 B''점보다는 B점이 최적점이다. 45°선상에 있는 B점은 원점으로부터 가장 가까운 거리에 있으므로 Q_2를 생산하는 데 있어 DPA비용과 SOC비용을 합한 전체비용이 가장 최소가 된다.

그렇다면 왜 처음부터 'A점에서 B점으로 가지 B''점을 통해 우회하였는가' 라는 의문이 생긴다. 그것은 A점에서 직접 B로 가는 과정에서 발생하는 비용이 엄청나게 크기 때문이다. Q_2선상의 B점은 어디를 통과하여 오든 일단 B점에 오면 그때부터 DPA비용과 SOC비용을 합한 전체비용이 최소가 된다는 사실을 말해 준다. SOC는 DPA와는 달리 소(小)단위로 쪼개어 투자할 수 있는 성질을 갖고 있지 않기 때문에 B''점을 경유하여 B점에 오는 것이 오히려 발전비용이 적게 든다. 일단 B''에 온 후 SOC투자를 점차 증가시켜 나가면 물류비절감 등을 통해 DPA비용을 점차 감소시킬 수 있다는 사실은 앞에서 이미 지적한 바와 같다.

이상의 과정을 다시 요약한다면 A점에서 시작하여 DPA투자를 증가시키는 경우 그것은 차후 SOC투자를 유인하게 되며 또 SOC투자는 다시 DPA비용을 절감시켜 주는 효과를 낸다.

이렇듯 허쉬만은 경우에 따라 불균형성장전략이 균형성장전략보다 더 합리적이고 비용절감적인 성장전략이라는 사실을 그의 정교한 모형을 통하여 잘 설명해 주었다.

참고문헌

Eckans, R. S., "The Factor Proportions Problem in Underdeveloped Areas," *American Economic Review*, 1955. 9.

Higgins, Benjamin, *The Dualistic Theory of Underdeveloped and Cultureal Change*, 1956. 1.

Hirschman, Albert, *The Stratege of Economic Development*, Yale University Press, 1958.

Myint, H., *Organizational Dualism and Economic Development Review*, 1985.

CHAPTER 11

경 / 제 / 발 / 전 / 론

노동이주(移住)모형

후진국에 있어 과잉인구의 문제는 심각하다. 이러한 과잉인구가 현재의 빈곤이나 낮은 저축의 원인이 되지만 만일 과잉인구를 이용할 수 있다면 후진국은 이를 이용하여 보다 빠른 자본동원과 경제성장을 이룩할 수 있다는 주장이 있다. 이러한 주장을 한 사람은 넉시(R. Nurkse), 루이스(W.A. Lewis) 등인데, 여기서는 이들의 모델을 살펴볼 것이며 또한 공업부문에서의 실업이 존재함에도 불구하고 여전히 공업부문으로 노동이동이 이루어지는 문제를 다룬 토다로(M.P. Todaro)의 모델도 함께 살펴보기로 한다.

제 1 절 | 넉시의 위장실업과 경제발전모형

노동과잉국에 있어서의 실업의 문제는 심각하다. 실업은 낮은 소득을 가져오는데, 이 소득이 낮다는 것은 바로 가난하다는 말과 같다. 그러나 실업의 문제를 푸는 것은 반드시 가난의 문제를 해결하는 것으로 볼 수 없다. 왜냐하면 실업자이면서 유산이나 이익

배당금 등으로 높은 소득을 얻는 사람이 있는가 하면 직업을 가진 사람들조차도 낮은 소득으로 인해 가난한 자가 많기 때문이다. 특히 후자의 경우는 위장실업(disguised unemployment) 혹은 잠재실업으로 인해 더욱 악화된다.

위장실업이란 소득(혹은 소비)이 자신의 한계생산을 초과하는 상황을 가리키는데, 좀더 정확히 말하면 노동의 한계생산은 零이거나 零에 가깝지만 기본소비로 인해 소비상태는 零보다 큰 노동인구로서 이들은 사실상 실업상태에 있지만 표면적으로는 실업자로 노출되지 않는 경우를 말한다.

이러한 위장실업은 농업, 그것도 가족단위 농업에서만 가능한 경우가 대부분이다. 이 경우 가족노동에 의해서 농업이 경영되기 때문에 한계생산력이 零인 경우에도 소비는 가족의 평균생산력에 의해 가능하므로 농업에 필요한 필요노동력 이상의 잉여노동(surplus labor)이 표면적으로는 실업자로 노출되지 않기 때문이다. 이때는 잉여노동이 노동에 투입되지 않는다 하더라도 동일한 총생산을 가져온다.

넉시에 의하면 만약 농업노동자들이 이러한 零에 가까운 생산성을 갖고 있다면 그들이 더 나은 다른 일을 함으로써 사회를 적어도 지금보다는 더 높은 발전수준으로 이끌 수 있다고 한다. 즉, 실제로 생산에는 기여하지 않으면서 소비에는 참여하고 있는 이러한 위장실업노동을 농촌으로부터 도시의 비농업부문으로 이동시키므로 농촌에서의 잠재실업자의 소비만큼을 저축화할 수 있다는 것이다.

그러나 오늘날에 있어서는 넉시의 견해는 별로 유용하지 못하다. 우선은 위장실업의 존재유무가 문제시된다. 만약 한계생산이 零이라고 한다면 총생산의 감소 없이 농촌에서의 노동유출이 가능하다. 그러나 실제로 그러한 노동유출은 총생산의 감소가 일어나게 마련이다. 노동이 빠져 나간다고 자본이 추가되는 것도 아니고 남은 노동자들의 노동시간이 늘어나는 것도 아니기 때문이다.

물론 남은 노동자가 줄어든 총생산 격차를 채우려고 노동시간을 늘릴 수도 있고 농경학자의 조언으로 인해 경작의 생산성이 증가할 수 있으며, 자본의 도입으로 농경방법이 개선될 수 있으나 이것은 모두 비용을 수반하게 된다. 따라서 비용 없이 자원을 생산성이 높은 곳으로 이동시키는 것은 불가능하다.

또한 문제시되는 것은 이러한 위장실업을 흡수할 비농업부문의 자본을 어떻게 조달하느냐이다. 후진국에 있어서 이러한 유휴노동력을 흡수할 자본이 있을 수 있겠는가가 의문시된다. 물론 외자도입이나 신용창조와 같은 인플레를 수반하는 통화량증대 방법으로 조달할 수 있고 외자도입으로도 이러한 자본을 조달할 수 있다. 그러나 넉시는 이 자본을 위장실업의 유출로 인해 소득이 늘어난 농업부문에서 조달해야 한다고 주장하였다.

제 2 절 | 루이스의 이중구조 모형

넉시의 주장은 농촌에서의 위장실업이 공업부문에 고용됨으로써 농업부문의 1인당 평균소득이 상승하여 농업부문 자체의 저축이 늘어나 자본축적이 가능함을 보이는데, 루이스에 있어서는 이러한 자본축적은 위장실업이 공업부문에 고용됨으로써 공업부문의 이윤을 높여 자본축적을 증대시킨다고 보았다.

이제 상당한 정도의 위장실업과 높은 인구증가율을 가진 상대적으로 비중이 큰 농업부문과, 상대적으로 규모가 작은 공업부문이 동시에 병존하고 있는 이중구조를 가진 경제를 살펴보자. 루이스는 우선 무한한 노동공급을 가정한다. 이는 생존임금수준에서 노동공급이 무한하다는 것을 의미하기도 하지만, 공업부문에서의 임금수준이 농업부문의 노동력을 자극하여 공업부문으로 이동할 수 있도록 유인적(incentive) 보상만큼의 임금이 더 있는 수준에서 생존임금수준을 초과하여 이루어진다면 이 임금수준에서 노동의 공급은 완전탄력적이라는 것이다.

노동이 공업부문으로 이동함에 따라 농업부문에서의 생산성은 증가한다. 따라서 농업부문의 노동자들이 기꺼이 공업부문으로 이동하려고 하는 임금수준은 이러한 생산성 증가와 동일한 만큼 될 것이다.

여기에 관련하여 루이스가 또 가정하는 것은 어떠한 원인에 대해서든 — 국내시장에서 소비자, 기업, 정부부문의 소비변화나 국제시장에서의 소비변화 등 — 공업생산품에 대한 수요의 증가가 있다는 가정하에서 시작하여 경제발전이 일어남을 보인다. 따라서 농업부문에서 공업부문으로의 노동이동(비숙련 노동으로 동질적이라고 가정)은 공업부문에서의 높은 노동수요에 반응하여 일어난다.

노동은 풍부하므로 노동수요가 증가한다고 해서 임금을 올려줄 필요는 없고, 공업부문의 상품에 대한 수요가 늘어나므로 가격도 상승하여 이윤은 증가한다. 이 이윤이 다시 공업부문의 자본형성에 재투자된다면 공업부문의 생산에 대한 수요는 두 범주에서 증가한다. 즉, 새로 고용된 노동자들이 수요하는 소비재수요의 증가와 자본가가 수요하는 자본재수요가 증가하는데, 이는 농업부문에서 공업부문으로의 노동을 더욱 이동시킨다.

이러한 과정을 설명하면 〈그림 11-1〉과 같다.

〈그림 11-1〉에서 노동의 공급은 무한하다고 가정되었으므로

그림 11-1 루이스 모델에서의 자본형성과 고용증가

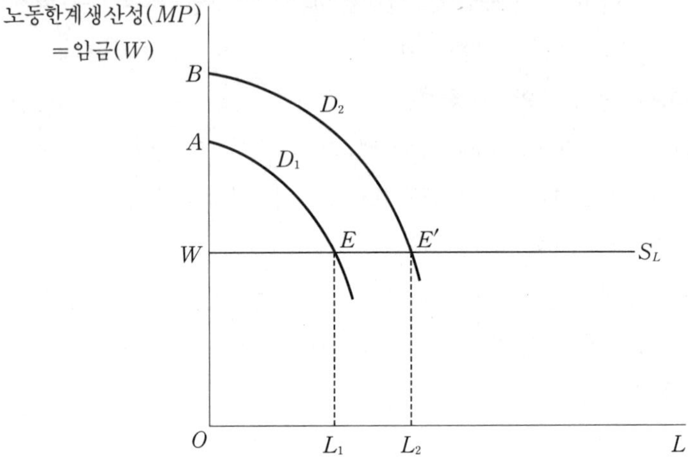

수평이 되고 노동수요는 한계수확체감의 법칙에 따라 우하향하게 된다. 처음 D_1에서 총생산은 $OAEL_1$만큼인데, 이때 임금비용으로 지출되는 것은 $OWEL_1$만큼이고 고용자의 이윤은 WAE만큼이다. 공업부문의 확장과 농업부문으로부터의 노동의 흡수율은 이 이윤의 사용에 달려 있는데, 만일 이 이윤이 더 큰 자본의 형성을 위하여 재투자된다면 노동의 생산성을 증가시킴으로써 한계생산곡선이 오른쪽으로 이동할 것이므로, 이때 노동의 수요가 증가하고 ($D_1 \rightarrow D_2$), 따라서 공업부문에서의 고용수준도 증가($L_1 \rightarrow L_2$)할 것이다. 이때 이윤의 규모는 WAE에서 WBE'로 기하급수적으로 증가할 것이다. 이것이 루이스에 있어서 발전과정의 본질이다.

루이스 모델의 성장과정은 자본축적이 인구증가율과 같아서 전통부문으로부터 흡수될 잉여노동력이 사라질 때 끝난다. 그러나 잉여노동력이 있을 경우에도 실질임금이 너무 올라가서 자본가가

그림 11-2 노동절약적 기술하의 루이스 모델

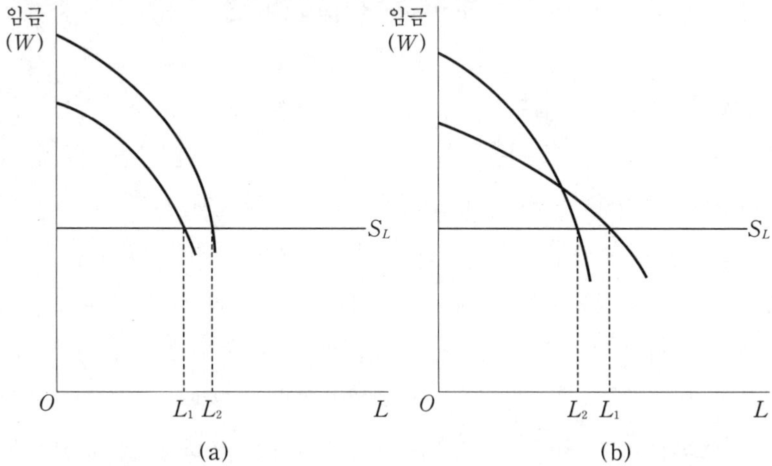

이윤을 모두 소비하는 데만 사용하고 순투자가 전혀 없을 정도로 이윤이 하락하면 루이스의 성장과정은 끝날 것이다.

루이스 모델에서 암시하는 바는 공업부문의 고용성장은 자본형성률과 비례할 것이라는 가정이다. 그러나 만일 이윤이 노동절약적 기술의 형태로 재투자된다면 더 이상 위와 같지 못하고 공업부문에서의 고용증가율과 농업부문으로부터의 흡수율은 매우 낮게 될 것이다. 이를 살펴보면 〈그림 11-2〉와 같다.

〈그림 11-2〉에서 보듯이 (a)의 경우는 일반적으로 후진국에서 보이는 현상으로 자본축적이 빠른 고용성장을 유도하지 못하는 경우이고 (b)의 경우는 자본축적이 지나친 노동절약적 기술진보를 일으켜 고용의 감소가 일어나는 경우이다.

제 3 절 | 훼이 · 레니스의 발전모형

앞서 넉시는 농업부문 자체의 자본축적 측면을, 루이스는 공업부문의 자본축적 측면을 각각 중점을 두고 분석한 반면, 훼이 · 레니스는 이 양면을 하나의 과제로 하여 성장문제의 기본은 점차로 그 중심은 농업부문에서 공업부문으로 이동시키는 것이라고 본다. 그들은 과잉인구하의 자본축적과정이 시간의 흐름에 따라 어떻게 전개되며 기술의 혁신은 이 과정에 어떤 영향을 주는가를 규명하여 넉시와 루이스 모형을 동태화하였다. 따라서 이러한 과정은 공업부문의 고용량과 산출량을 증대시키기 위하여 양 부문 사이에 노동을 재배분할 필요가 있음을 뜻하며, 동시에 농업부문의 생산성 증대도 충분하여서 총인구 가운데 상대적으로 작은 노동비율이 경제전체가 필요로 하는 식량과 원료를 공급할 수 있도록 되어야 한다는 것이다.

그는 위장실업하에서의 자본축적과정을 다음의 세 단계로 나누어 구분하였다.

제 1 단계: 위장실업이 존재하는 농업부문에서의 한계생산력이 零인 기간으로 노동의 공급이 무한인 기간

제 2 단계: 농업부문의 한계생산력이 零보다 크지만 공업부문의 임금보다는 작은 기간

제 3 단계: 농업부문의 임금이 공업부문보다 같거나 큰 기간

여기서 공업부문의 임금수준은 루이스 모형에서 살펴본 대로 초기에는 생존수준이나 혹은 그보다 약간의 유인적 임금만큼 더 많은 수준으로 보자. 결국 이 과정은 노동의 한계생산력곡선은 零

에서부터 시작하여 농업부문의 위장실업이 공업으로 흘러감에 따라 점차로 零보다 커지는 과정을 그리고 있다. 제 1 단계에서는 노동의 한계생산력이 零이므로 이 단계에 있어서는 노동이 공업부문으로 흘러가도 농업생산력에는 전혀 영향을 주지 않는다. 그런데 이 기간 동안에 한계생산력은 零이므로 사회적 관점에서 보면 1인당 순잉여(저축)는 임금수준 전체가 된다. 그리고 제 2 단계에 접어들면 한계생산력은 零보다 크지만 공업의 임금수준보다는 작으므로 농업부문의 노동력을 공업부문으로 흡수하면 아직도 얼마간의 저축이 일어날 수 있으나 한계생산력이 증가하므로 서서히 그 잉여분은 감소하기 시작한다. 이 제 2 단계의 시발점을 노동부족점(Shortage Point)이라고 부른다. 그런데 제 3 단계로 접어들면 한계생산력이 공업부문의 임금보다 커지기 시작하므로 이제는 임금도 노동의 한계생산력과 함께 증가하기 시작한다. 따라서 제 3 단계에서는 위장실업이 전부 없어지고 농촌과 공업에 모두 완전고용이 지배한다. 이 제 3 단계의 시작점을 농업의 商業化點(Commercialization Point)이라 부른다. 즉 농업이 자본주의화하는 점에 이르게 된다.

제 4 절 | 토다로의 移住모형

루이스에 의하면 공업부문에로 노동을 유인하는 데는 약 30%의 농촌-도시간 임금차가 있다고 언급한다. 그러나 실제로 농촌-도시간의 임금격차가 이 수준 이상으로 상당히 확대되는 경향이 있다. 그리고 도시로의 대량 이주가 있음에도 불구하고 공업부문의 성장이 이러한 노동력을 흡수할 만큼 성장하지 못하여 도시부문에서의 실업이 문제가 되는 경우가 있다. 따라서 앞서 언급된 세 모델로서는 개발도상국의 도시부분에 상당한 실업과 불완전취업이 존재하는 데도 불구하고 농촌으로부터 도시로의 이주가 대량으로 발생하고 있는 현실을 설명할 수가 없다.

토다로(M. Todaro)는 이러한 모순된 현상을 설명하기 위하여 이주에 관한 기대소득모형(expected income model of emigration)을 전개하였다. 직업을 찾기 위해 이주하는 데 드는 비용과 그 동안 포기되는 소득은 도시에서의 높은 기대소득에 의해 잠재적으로 보상된다는 것이다. 즉 이주도 일종의 투기로 고려되어 그 수익은 도시와 농촌의 소득차로 결정되는 것이다. 토다로는 이주현상은 도시에서 장시간의 실직상태가 존재함에도 불구하고 사람들의 도시임금의 기대가치가 여전히 시골에서의 임금수준을 초과하고 있기 때문이라고 주장한다. 따라서 도시에서의 노동공급은 이러한

그림 11-3 토다로의 도시실업모형

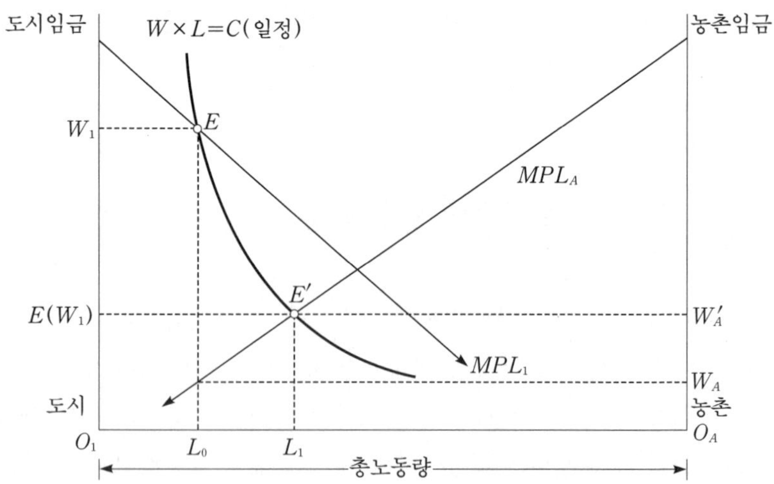

도시-농촌간의 기대임금격차에 의해 발생하는데, 이를 대략 그림으로 설명하면 〈그림 11-3〉과 같다.

그림에서 좌측에서는 도시에서의 노동량과 임금수준을, 우측에서는 농촌부문에서의 노동과 임금수준을 나타내어 보자. 그리고 한 경제 내에서의 총노동량은 불변이다. 노동이동 전의 도시노동량은 O_1L_0로서 임금수준은 W_1이고 농촌의 노동량은 L_0OA로서 임금수준은 W_A가 된다고 하자. 그러면 도시에서의 균형은 E점에서 이루어지고 두 부문간의 임금격차는 W_1-W_A만큼 존재하므로 농촌에서 도시로 노동이 이동할 유인이 생기게 된다. 그러면 이러한 노동이동은 언제까지 계속될 것인가? 결론을 먼저 말하면 도시의 기대임금수준이 농촌의 임금수준과 같을 때가 된다.

E점에서 $W\times L$의 일정한 쌍곡선을 그려보자. 쌍곡선은 그 위의 점과 원점 사이의 면적이 모두 동일함을 나타내는데 여기서의 면적은 도시부문에서의 총임금지불액이다. 여기서 도시에서의 총임금지불액은 일정하다고 가정해 보자. 그러면 도시로 노동이 유입되어 온다고 해도 총임금지불액은 불변이게 된다.

도시의 총임금액이 불변이다라고 가정할 경우 노동유입시 도시에서의 기대임금수준과 농촌임금이 같아지는 점은 E'점이 된다. 이러한 과정을 설명하면 다음과 같다. 우선 L_0에서 농촌의 노동이 도시로 이동하게 되면 도시의 노동량은 많아지고 농촌의 노동량은 줄어들게 되므로 노동균형점이 L_0에서 L_1으로 이동하게 된다. 이러한 노동이동하에서 농촌에서 노동의 한계생산력은 올라가게 되므로 농촌임금은 점차로 올라가게 된다. 그러나 도시로의 노동이동은 도시의 임금수준을 하락시킬 것으로 예상되고 또 도시에서의 총임금지불액은 불변이므로 쌍곡선을 따라서 임금이 하락할 것으로 생각된다. 그리하여 도시에서의 기대임금하락과 농촌에서의 임금상승은 E'점에서 만나게 된다.

그런데 여기서 고려할 수 있는 것은 비록 도시에서의 기대임금수준이 $E[W_1]$ 수준이 된다고 하더라도 도시임금수준은 여전히 W_1라는 것이다. 그리하여 도시의 노동수요는 L_0가 되고 노동공급은 L_1이 되므로 도시에서는 L_0L_1만큼의 도시실업이 존재하게 된다.

토다로의 도시실업모형이 의미하는 바를 좀더 자세히 살펴보자.

도시와 농촌간의 기대임금격차는 도시에서의 실제임금과 도시에서 일자리를 얻을 확률을 곱한 것에 농촌에서의 평균임금을 뺀 것으로 정의된다. 즉,

$$d = w\pi - r \qquad \cdots\cdots [11\text{-}1]$$

단, d: 기대임금격차
w: 도시의 실질임금
π: 도시에서 일자리를 얻을 확률
r: 농촌의 평균임금

따라서 d가 零보다 크면 이주하기로 결정할 것이다.

그런데 도시에서 일자리를 얻을 확률은 새로운 일자리가 창출되는 율과 정(+)의 관계에 있고 일자리를 찾고 있는 실업자수와 역의 관계에 있다고 가정된다. 즉,

$$\pi = \frac{\gamma N}{(W-N)} = \frac{\gamma N}{U} \qquad \cdots\cdots [11\text{-}2]$$

단, γ: 새로운 일자리가 창출되는 율
N: 도시 고용수준
W: 총도시노동력
U: 도시의 실업수준

여기서 [11-2]식을 [11-1]식에 대입하면

$$d = \frac{w\gamma N}{U} - r \qquad \cdots\cdots [11\text{-}3]$$

이 된다. 그런데 이주가 끝나는 점은 이러한 도시의 기대임금수준이 시골임금수준과 같을 때($d=0$)인데, 결국 윗식으로부터 균형실업수준을 도출할 수 있다. 즉,

$$U^e = \frac{w\gamma}{r} N \qquad \cdots\cdots \text{[11-4]}$$

가 된다. 식 [11-4]에서 알 수 있는 바는 도시의 실제임금수준의 하락은 균형실업수준을 줄이게 되고 또 농촌임금의 상승은 균형실업수준을 낮추게 된다. 그러나 역설적이게도 새로운 일자리가 창조되는 율이 증가할수록 취업할 확률을 높여 균형실업수준을 늘리게 된다.

일반적으로 계속되는 도시로의 이주현상에 대해 세 가지 정책방안이 제시된다. 첫째는 토다로가 주장한 대로 농촌을 발전시켜 농촌의 인구이탈현상을 막는 방법이다. 둘째 방법은 대도시로의 인구이동을 중소도시로 전환시키는 것이며, 셋째로는 도시의 빠른 인구성장을 불가피한 것으로 받아들여 더 나은 도시환경을 만들어 주자는 것이다.

그런데 토다로는 도시에서의 고용창출이 위에서 언급된 역설적 현상을 가져 온다는 것이다. 도시에서의 실업문제가 심각할 때 정부가 도시에서의 가난문제를 해결하기 위해 고용창출계획을 세워 도시에서의 실업이 감소한다면 물론 도시소득수준을 올릴 것이다. 그러나 도시는 농촌인구에게 전보다 이주할 매력을 더욱 주게 되어 결국 고용창출계획의 효과는 오히려 실업수준을 낮추기보다는 더욱 높일 것이라는 주장이다. 따라서 장기적으로 볼 때 농촌으로부터 도시에로의 과도한 이주를 억제할 수 있는 유일한 길은 농촌의 발전뿐이라는 것이다.

참고문헌

Fei, J. C. and Ranis, G., *Development of the Labor Surplus Economy*, Yale University Press, 1964.

Lewis, Arthur, "Economic Development with Unlimited Supplies of Labor," The Manchester School, 1954. 5.

Nurkse, Ragna, *Problems of Capital Formation in Underdeveloped Countries*, Oxford University Press, 1953.

Sjaasted, Larry, "The Costs and Returns of Human Migration," *Journal of Political Economy*, 1962. 10.

Todaro, Michael, "Income Expectationl Rural-Urban Migration and Employment in Africa," *International Labor Review*, 1971. 11.

CHAPTER 12 후진국개발의 장애요인

앞서 발전에 있어서 가장 중요한 역할을 하는 것이 자본형성을 위한 투자라고 지적한 바 있다. 그런데 후진국 경제개발이 진행됨에 따라 국내에서 조달되는 투자량의 부족이 문제시되는데, 투자량은 다음과 같은 국내거시경제에서의 장애요인으로 인하여 제한을 받게 된다. 그러한 장애로는 크게 흡수능력 갭, 저축 갭, 그리고 외환능력 갭의 세 가지 범주로 나뉜다.

제 1 절 | 흡수능력 갭

경제개발 초기에 있어서는 노동자들이 기술을 습득하거나 또 기술자들이 자신들의 경제 내에서의 역할을 바로 찾고, 또 경영자들이 기업을 효율적으로 운영하기 위한 지식과 경험을 충분히 쌓으려면 상당히 많은 시간이 요구된다. 그렇기 때문에 후진국에서 다른 생산요소보다 자본이 지나치게 빨리 성장하게 되면 한계수익체감의 법칙에 의해 자본의 생산성은 급격히 떨어지는 현상을 보게 되는데, 여기서 바로 흡수능력(Absorptive Capacity)의 문제가 생기게 된다.

흡수능력이란 위에서 암시한 것처럼 한 국가가 추가적인 투자를 사용(혹은 흡수)하는 데 있어 자본의 경제 · 사회적 수익률을 지나치게 하락시키지 않고서 그러한 자본을 흡수할 수 있는 능력을 가리킨다. 즉, 흡수능력이란 자본을 효율적으로 투자화시킬 수 있는 능력을 말한다.

그러면 투자가 가능하려면 어떠한 조건을 갖추고 있어야 하는가? 일반적으로 자본을 국내에 투자함에 있어 그 투자의 수익이 사회적으로 용납되는 자본수익률(예로 국제금리수준)을 상회하는 조건하에서만 투자가 이루어질 수 있다고 한다. 만약 투자수익이 국제금리수준보다 낮다면 그 나라는 오히려 외국에 투자하는 것이 더 유리하기 때문이다.

그림 12-1 흡수능력 갭

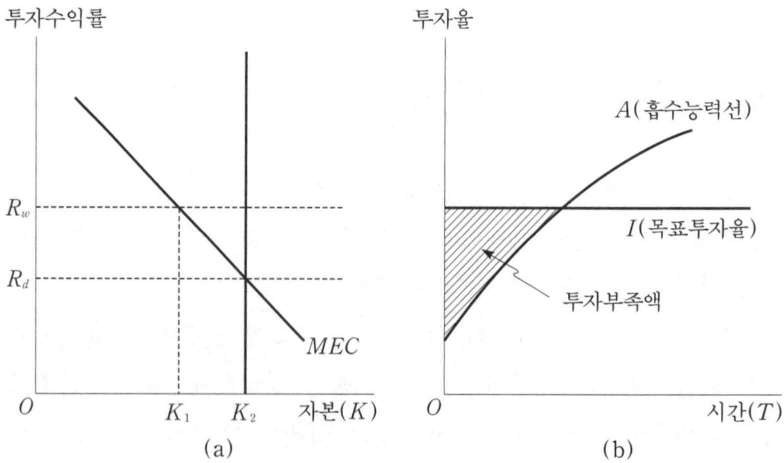

흡수능력부족의 문제는 〈그림 12-1〉과 같이 설명될 수 있다.

(a)의 경우를 보면 국내금리(R_d)가 국제금리(R_W)보다 낮은 수준에 있는데 이 경우 자본한계효율곡선이 MEC이라고 한다면, 투자로 적어도 국제금리수준만큼의 수익률을 얻기 위해 국내에서의 투자는 OK_1 수준에 머물 것이다. 왜냐하면 OK_1 이상의 투자수준에서는 국내자본수익률이 국제자본수익률보다 낮아서 OK_1 이상으로는 국내에서 투자가 이루어지지 않는다. 따라서 이 국가의 국내흡수능력은 OK_1이 되므로 만약 이 국가의 목표투자선이 OK_2라고 한다면 K_1K_2만큼의 투자액이 부족하게 되는 것이다.

이것을 (b)에서 보자. 시간이 흐름에 따라 어떤 이유에 의해 경제가 발전할 것이라 보고 흡수능력이 증가한다고 가정하자. 그러면 I는 목표투자율선이고 A는 흡수능력선이라고 한다면, 흡수능력이 부족한 국가의 경우는 국내경제가 투자를 유도할 만한 여건이 되지 못하여 빗금친 부분만큼($I-A$)의 국내투자부족이 생기게 된다.

개발 초기에 있어서는 흡수능력의 부족으로 인하여 투자가 제한되는데, 일반적으로 저축률도 낮지만 그보다는 잠재저축(Potential Saving)과 실제저축(Actual Savig)의 격차가 생겨 저축을 효율적인 투자로 연결시키지 못하여 결국 국내자본이 외환의 보유나 해외투자로 활용되기 때문에 국내투자가 이루어지지 않게 된다. 이러한 단계에 있는 나라들의 경제성장률은 대체로 완만하고 국제수지가 흑자를 나타내게 된다.

흡수능력은 산유국에서 특히 문제가 되었다. 1970년대 들어 석유로 인해 수십 배로 늘어난 소득이 이러한 흡수능력의 부족으로 인하여 그들 국가에 생산적으로 쓰이지 못하고 해외로 유출되거나 사치성 소비로 전환되었고 오히려 그들 국가 내에는 외국인 직접투자와 기술 및 용역이 도입되고 있는 것이다.

제 2 절 | 저축 갭

경제개발이 진행됨에 따라 투자를 결정하는 데 장애가 되는 것은 흡수능력에 의해서만 제한되는 것이 아니라 각국의 발전단계에 따라 또 그 나라의 특수여건에 따라 다르다. 그렇지만 개방경제를 전제하게 된다면 일반적으로 투자는 개발 초기에는 흡수능력에 의해, 다음 단계에서는 저축능력에 의해, 그리고 마지막 단계에서는 외환공급능력에 의해 제한되는 경향이 있다.

인력개발, 기술개발, 경험을 통한 습득 등을 통해 흡수능력이 확대되어 감에 따라 잠재저축과 실제저축의 차가 없어지게 되고 이 시점을 지나면 투자의 문제는 이제 자본수요의 문제이기보다는

그림 12-2 저축 갭

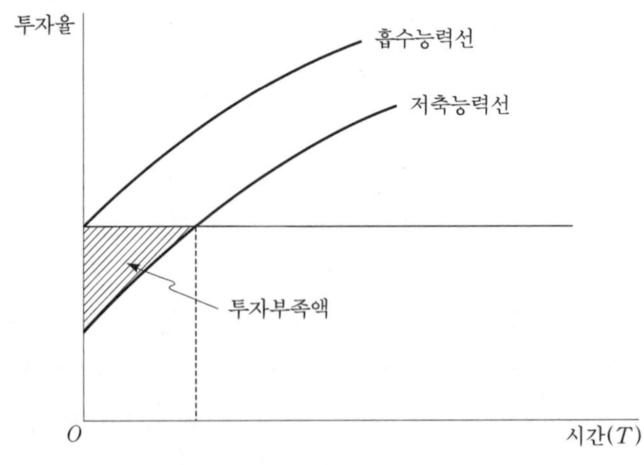

자본의 공급문제로 바뀌게 된다. 〈그림 12-2〉를 보자.

그림에서 보면 흡수능력을 키움으로써 흡수능력은 이제 목표투자율 달성에 장애요인이 되지 않는 반면, 저축능력의 부족으로 인하여 목표투자율 달성이 제한을 받게 된다. 따라서 자본부족을 메우기 위해서 국내저축의 증대가 강조되기도 하고 또 외자를 도입하기 시작한다. 이 단계의 국가들은 경제가 빠른 속도로 성장하며 자본재를 위시하여 수입수요도 크게 늘어나 국제수지 적자현상을 나타내지만 그 적자폭이 크지 않고 외자도입 초기에 있으므로 상환의 문제가 도래하지 않아 아직은 외환문제가 큰 장애로 작용하지는 않는다.

제 3 절 | 외환 갭과 무역 갭

경제가 계속 발전하면서 이러한 자본부족 상태가 계속되면 이제는 차관의 원리금상환이 본격화되고 경제성장에 따라 원료와 자본재 등의 수입수요가 급속히 늘어나 외환수요가 급증하지만 수출은 이에 따르지 못하는 상태에 이르게 된다. 따라서 이 단계에 이르면 투자는 국내저축능력보다는 외자공급능력에 의해 제한된다.

이상과 같은 세 가지 갭이 경제개발에 장애로 작용하게 되는데, 이러한 투자부족의 문제는 외자도입으로 충당하는 것이 보통이다. 이것을 한 나라가 경제개발과정에서 시간이 흐름에 따라 그 외자소요액이 어떻게 변하는가를 그림으로 보면 〈그림 12-4〉와 같다.

여기서 빗금친 부분이 목표투자율을 달성하기 위한 외자의 소요도입액을 나타낸다. 경제발전 초기인 t_1까지는 국내흡수능력부족

그림 12-3 외환 갭

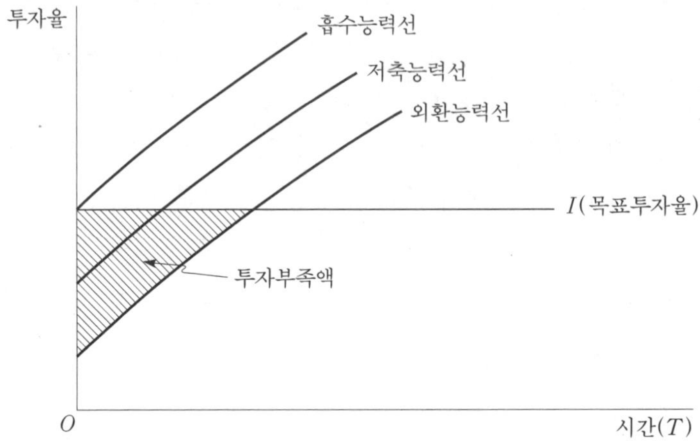

그림 12-4 외자도입과 세 가지 격차

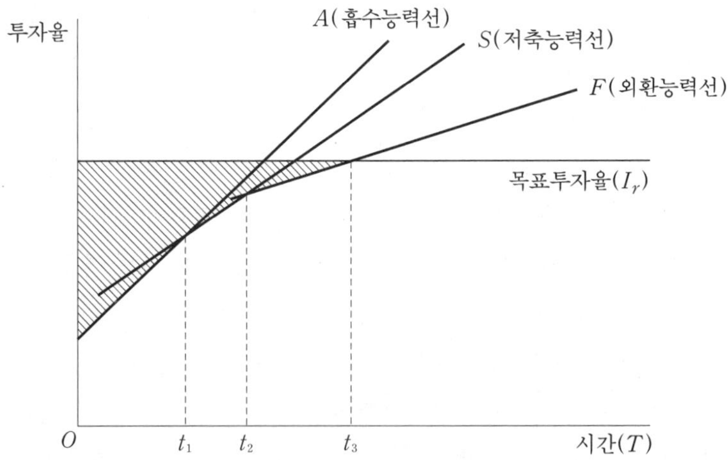

으로 인한 외자소요액이 되고, 경제발전 제 2 단계인 t_2까지는 저축격차로, 경제발전 제 3 단계인 t_3까지는 외환격차로 인한 것이다.

그리고 t_3기를 지나면 오히려 외환을 외국으로 유출할 수 있다.

그러나 여기서 꼭 지적되어야 하는 사실은 세 가지 갭이 발생하는 순서가 반드시 〈그림 12-3〉과 〈그림 12-4〉에서처럼 되는 것이 아니고 나라에 따라서 다르게 진행될 수도 있다는 점이다.

참고문헌

Chenery, H. B. and Strout, A. M., "Foreign Assistance and Economic Development," *American Economic Review*, 1966. 9.

Fei, J. C. and Paauv, D. S., "Foreign Assistance and Self Help, *The Review of Economics and Statistics*, 1965. 8.

Krueger, Anne, "Aid in the Development Process," World Bank Research Observer, 1986. 1.

Mckinnon, R., "Foreign Exchange Const ruints in Economic Development and Efficient Aid Allocation," *The Economic Journal*, 1964. 6.

Sengupta, A., "Foreign Capital Requirement for Economic Development," Oxford Economic Papers, 1968. 3.

PART

04 개도국발전전략

후진국과 개도국을 구분짓는 기준은 그리 분명하지 않으나 후진국보다 개도국(개발도상국)이 경제여건상 조금 나은 상태에 있다고 할 수 있다. 그리고 듣기에도 후진국보다는 개도국이 조금 나은 것으로 학계에 알려져 있다. 특별히 후진성을 띤 경제를 분석하는 경우가 아니라면 개도국으로 표현하는 것이 무난하다.

CHAPTER 13 인적자본과 사회적 자본

제 1 절 | 인적자본의 개념

인적자본(Human Capital)은 정의를 내리기가 퍽 까다로운 개념이다. 우리나라에서는 인간자본이라 번역되기도 하였으나, 지금은 인적자본으로 널리 불리어진다. 쉽게 말해서 인적자본은 우선 非인적자본과 대칭되는 개념으로 볼 수 있다. 비인적자본은 금융자본 및 실물자본 등을 가리키는데, 인적자본은 인간의 몸에 체화된(embodied) 자본을 가리킨다. 인적자본은 인간이 학교교육 및 직장훈련을 받음으로써 사람 몸 속에 체화된다.

인적자본은 매우 다양한 특징을 가지고 있다. 우선 사람 몸에 체화되어 있어서 인적자본은 사람이 직접 볼 수가 없으며, 만질 수도 없다. 그러나 인적자본은 노동생산성을 증가시키는 중요한 요인 중의 하나로서 그 경제적 가치를 쉽게 인정받을 수 있다.

인간의 능력은 선천적으로 타고나기도 하지만 후천적으로 교육과 훈련을 통하여 생성된다. 인적자본의 증대는 후천적인 투자노력에 의해 결정되며 구체적으로 학교교육이나 직장훈련을 통하여 이루어진다. 인적자본의 양은 교육 및 훈련을 위한 투자규모에 따라 결정된다. 인적자본의 양에 의해 개인의 생산능력이 결정되며 인적자본에 대한 투자수익률도 결정된다.

제 2 절 | 인적자본 이론의 의의

인적자본 이론의 생성은 개인별 소득격차를 설명하기 위한 노력의 결과였다. 비슷한 연령과 비슷한 육체적 건강상태를 유지한 근로자임에도 불구하고 임금소득이 개별마다 다른 이유가 무엇인가를 규명하고자 하였다. 결국 개인별 임금소득격차는 개별 능력의 차이와 관계가 깊다는 사실이 판명되었다.

이같은 사실이 판명되는 과정에서 개별 임금소득은 인적자본의 양여하에 따라 크게 영향을 받는다는 가설이 이론적으로 규명되었으며 경험적으로도 증명되었다. 예컨대 학교 졸업자가 무학자보다 높은 임금을 받으며 대졸 취업자가 고졸 취업자보다 더 높은 임금을 받는다는 사실이 인적자본 이론에 부합된다.

그러나 실제에 있어서 학력차이가 임금차이를 모두 설명하지 못하는 것으로 나타난다. 학력격차가 임금격차를 충분히 설명하지 못하는 이유는 성차별(性差別) 등과 같은 잘못된 사회적 인습 때문이다. 또한 능력의 차이와 무관하게 지연이나 학연을 근거로 하여 임금차이가 존재하는 경우가 있다. 특정인들이 비경쟁 집단을 형성하여 노동의 자유 왕래를 차단시킴으로써 인위적인 임금격차를 유지한다. 사회적으로 지연 · 학연 · 혈연이 용인되는 한, 동일한 노동의 질을 소지한 경우에도 개별 노동자간 임금격차는 계속 유지된다.

제 3 절 | 인적자본의 일반이론

인적자본의 개념이 처음 소개되었을 때 그것이 인간의 존엄성을 모독한다고 하여 많은 비판을 받았다. 그러나 결국 사람들은 인적자본이 현실적으로 엄연히 존재한다는 사실을 인정하지 않을 수 없었으며, 결국 80년대에 들어 시카고대의 슐츠(T.W. Schultz) 교수에 이어 그리고 90년대 초 同大學의 베커(Gary Becker) 교수가 인적자본 연구를 가지고 노벨상을 받았다.

인적자본의 개념과 인적자본론은 일찍이 애덤 스미스(Adam Smith)가 간파하기도 하였다. 애덤 스미스는 오랜 시간의 훈련을 요하는 직업일수록 그 자리에 사람을 끌어오기 위해서는 그만큼 높은 임금을 주어야 할 것이라고 주장하였다. 그는 다른 요인들을 일단 제쳐두고, 훈련기간이 긴 경우 그렇지 않은 경우보다 임금을 더 높이 책정해야 한다고 하였다. 이제 그의 이론적 주장을 뒷받침하기 위해서는 다음의 몇 가지 가정을 고려할 수 있다.

① 직장 내 훈련(on the job training)이 없기 때문에 직업훈련을 받는 동안에는 일을 할 수 없다.

② 직업훈련을 받은 자든 아니든 모든 노동자는 같은 기간 동안 일을 하기 때문에 훈련기간이 긴 노동자는 자연히 그만큼 늦게 직장을 은퇴한다.

③ 직업훈련을 받는 기간 동안 급여를 받지 못한다는 것 이외 다른 추가 훈련비용은 없다고 간주하여 동 기간 동안 장학금혜택도 일단 없다고 본다.

④ 실업가능성은 없다.

⑤ 모든 직업의 속성은 비슷하며 다만 훈련기간은 개인마다

다를 수 있다. 그리고 직업훈련 그 자체에 특별한 혜택이나 이점은 없다.

⑥ 분석의 편의상 직업훈련을 받지 않은 자가 현시점에서 평생 동안의 임금소득 E_0을 일시에 지급받으며 S년 동안 직업훈련을 받은 자는 현시점에서 S년이 경과한 후 평생소득 E_s 금액을 일시에 지급받는다고 가정한다.

이러한 가정하에 S년 동안 직업훈련을 받은 자와 전혀 직업훈련을 받지 않은 자의 임금은 서로 다음과 같은 관계에 있다.

$$\frac{E_s}{(1+r)^s} \gtrless E_0 \qquad \cdots\cdots [13\text{-}1]$$

여기서 E_s는 S년 동안 직업훈련을 받은 자의 평생소득이며, 현시점에서 S년이 경과해야 얻을 수 있는 금액이다. E_0는 직업훈련을 받지 않은 자의 평생임금소득이며, 현시점에서 지급받는다. E_s는 당장 지급받는 것이 아니고, S년이 경과된 후 받는 것이므로 현재가치로 환산하기 위해서는 할인율이 적용되어야 한다. 그러므로 현시점에서 직업훈련을 받을 것인가의 여부는 [13-1]식에 달려 있다. 만일 $\frac{E_s}{(1+r)^s}$가 E_0보다 크다면 직업훈련을 택할 것이며, 그 반대이면 직업훈련 없이 바로 노동시장에 뛰어들 것이다. 만일 이 두 개의 값이 같으면 균형이 이루어진다.

이제 [13-1]식이 균형방정식이 된다고 가정하면, [13-1]식의 양변에 자연로그를 취하면, [13-2]식이 유도될 것이다.

$$\mathrm{Ln}E_s = \mathrm{Ln}E_0 + S\mathrm{Ln}(1+r) \qquad \cdots\cdots [13\text{-}2]$$

r값이 충분히 작으면, $\mathrm{Ln}(1+r)=r$이 성립하므로 [13-3]식이 유도된다.

$$\text{Ln}E_s = \text{Ln}E_0 + rS \qquad \cdots\cdots [13\text{-}3]$$

[13-3]식을 가지고, 실증연구를 할 수 있다. 즉, 표본조사를 통해 훈련받은 자와 안 받은 자의 소득격차를 통계적으로 추정해 볼 수 있다.

그런데 인적자본론은 이렇게 단순한 결론을 맺고 끝나지 않는다. 지금부터 앞에 열거한 가정을 하나씩 점검하여 그 가정이 성립하지 않을 때 결론이 어떻게 달라지는지를 규명해 보자.

먼저 직장 내 훈련(on the job training: OJT)이 존재한다고 하자. 그러면 직장에 근무한 경력이 오래될수록 유리하며 임금도 그만큼 더 많이 받을 수 있다. 그러면 [13-4]식이 성립한다고 볼 수 있다.

$$\text{Ln}E_s = \text{Ln}E_0 + rS + a\text{EXP} + b\text{EXP}^2 \qquad \cdots\cdots [13\text{-}4]$$

이런 경우 실제로 직장 내 훈련 유무가 개인별 임금격차를 크게 결정지을 수 있다. 즉, 직장에 들어오기 전 정규학교나 직업학교에서 교육을 받았지만 막상 직장에 들어온 후 직장 내 훈련을 통해 축적한 인적자본이 근로자 및 노동자의 생산성에 큰 영향을 줄 수 있다는 의미를 지닌다. 여기서 한 가지 지적되어야 하는 사실은 반드시 근무연한 수가 비례적으로 직장 내 훈련의 성과를 나타낸다고 볼 수 없다는 것이다. 따라서 [13-4]식의 3항과 4항을 대체하는 실제변수를 어떤 것으로 쓸 것인가는 매우 조심스럽게 다루어야 하는 문제이다.

실제에 있어서는 근무연한이 길어질수록 비례적으로 생산성이 늘어나지 않고 처음에는 생산성이 근무경력과 같이 증가하다가 얼마 지나면, 다시 내려오는 것이 일반적 현상이다. 따라서 대개

그림 13-1 근무연수와 직장 내 훈련성과의 관계

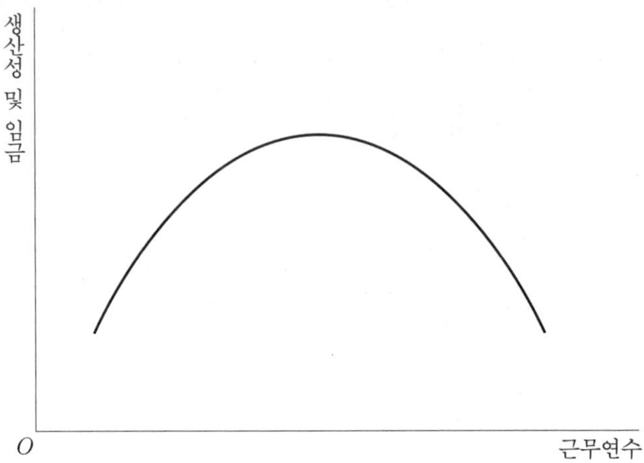

'U' 자를 거꾸로 표시한 것과 같이 나타난다. 〈그림 13-1〉에서 근무연수가 증가하면 처음에는 그에 따른 직장 내 훈련의 효과가 매우 좋다. 그러나 일정 시간이 지나면 그 효과가 점점 떨어진다.

그러므로 사전 직업훈련이나 정규학교교육의 효과와 직장 내 훈련의 효과가 서로 어떻게 작용하느냐에 따라서 개별 작업생산성 및 실질임금이 달라진다.

앞서 두 번째 가정에서 두 사람이 직업교육을 받든 안 받든 일단 직업에 종사하면 같은 기간 동안 일한다고 하였다. 그래서 교육을 받은 자는 그렇지 않은 자보다 늦게 정년퇴직한다고 보았다. 그러나 실제로는 비슷한 나이에 똑같이 정년퇴직하므로 직업교육을 받은 자는 그렇지 않은 자보다 짧은 기간 동안 일을 한다고 보아야 한다. 그렇다면, 일할 기간이 짧게 남을수록 직업훈련을 받은 자의 임금은 더 높아질 가능성이 크다.

세 번째 가정을 조금 수정하여 직업훈련을 받는 기간 동안,

등록금, 교과서, 수업료 등의 비용이 들어간다면 그만큼 훈련을 받은 자의 임금도 추후에 올라가야 한다. 그러나 장학금을 받는다든지 기타 교육비 지원을 받는다면 이를 총교육비용에서 제거해야 하며 그래서 그만큼 교육받은 자의 임금은 낮아진다.

네 번째 가정을 수정하여 실업의 존재를 고려해 볼 수 있다. 경기가 일시적으로 침체하여 총수요가 저하되면, 총생산도 감소될 수밖에 없으며 이로 인하여 실업이 발생한다. 이런 경우 아무래도 교육 수준이 낮은 자가 해고대상이 된다. 이렇게 되면, 교육 수준이 상대적으로 높은 자가 잠재적 혜택을 보게 되고 따라서 이들의 임금은 그만큼 낮아져도 된다.

끝으로 많은 훈련, 높은 수준의 교육을 필요로 하는 직업은 작업 환경이 다른 직업에 비하여 매우 좋다. 산업재해 위험이 적으며 프레스티지(prestige, 사회 · 명예적 요소)는 높다. 그래서 사회에서 인기가 좋다. 따라서 이들의 금전상의 임금이 낮다고 하여 효용까지 낮다고 볼 수 없게 된다. 이런 경우 임금이 낮아도 그 직업에 대한 탈퇴가 적게 발생하게 된다.

제 4 절 | 인적자본 투자모형

앞에서는 개별 임금은 정규학교교육, 직장교육, 근무경력에 따라 좌우됨을 지적하였다. 그러니까 개별 임금이 서로 상이한 이유는 각자의 인적자본 스톡이 그만큼 다르기 때문이라고 풀이할 수 있다.

그러면 왜 어떤 사람은 인적자본 투자가 많으며 또 어떤 사람은 적은가라는 의문이 생긴다. 이와 관련하여 이 절에서는 인적자본의 투자결정모형을 통하여 인적자본 투자를 결정짓는 주요 요소들을 파악하고 또 그것들이 구체적으로 개별 인적투자 행위에 어떻게 영향을 미치는가 보기로 하자.

개별 인적투자에 영향을 주는 요소는 크게 개인이 부모로부터 나면서 받은 재능과 개인이 당면하는 환경이라고 볼 수 있다. 여기서 3가지 경우를 고려할 수 있는데 하나는 개인의 능력은 거의 비슷한데 개인이 처해 있는 환경이나 당면하는 기회가 다른 경우이며, 또 하나는 개인이 처한 환경이나 기회는 비슷한데 개인간 능력이 각기 다른 경우, 마지막으로 개인의 능력도 다르고 기회도 다른 경우이다.

첫째 경우는 재능평등(Egalitarian) 접근이며, 두 번째 경우는 기회균등 접근 또는 엘리트(elite) 접근이라고 하며, 세 번째의 경우를 일반 접근이라 부른다.

(1) 재능평등 접근

이것은 부모로부터 받은 재능이나 개인별 능력은 거의 비슷하나 그들이 태어난 후 접하는 환경, 특히 기회가 다르다고 보는 견해이다. 따라서 〈그림 13-2〉의 D는 인적자본에 대한 수요곡선을 가리키는데 개인의 능력 정도를 반영한다. 한편 S는 인적자본에 투자하는 데 들어가는 한계비용곡선을 나타낸다. 부유한 집안에 태어나거나 똑똑한 가족들을 만나 그들의 도움을 받음으로써 인적자본의 투자비용이 다른 사람에 비하여 낮게 된다. S_1은 S_2보다 한계투자비용이 높으며 S_2는 S_3보다 한계투자비용이 더 높다. 따라서 한계비용이 가장 낮은 자가 투자를 가장 많이 한다. 그러나 한계수익률 역시 가장 낮아진다는 특징이 있다.

그림 13-2 능력은 같으나 기회는 불균등한 경우

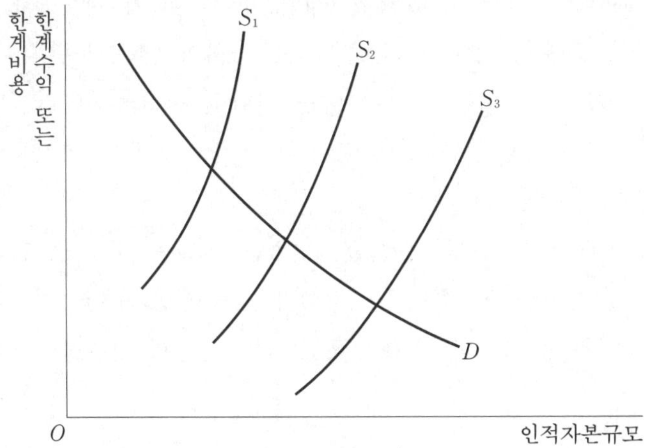

(2) 기회균등 접근

그림 13-3 기회는 균등하나 능력이 다른 경우

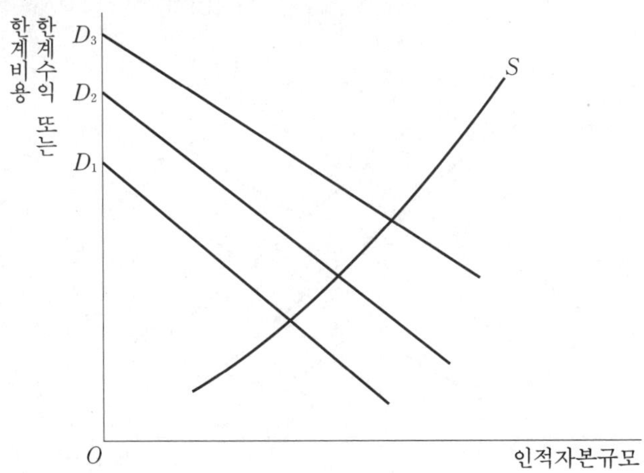

이것은 개인별 재능은 다르지만, 기회는 균등하게 주어진다고 보는 견해이다. 〈그림 13-3〉에서 개별 능력의 차이 때문에 3개의 수요곡선이 그려져 있다. D_2는 D_1보다 능력이 많은 사람의 수요곡선이며, D_3는 D_2보다 능력이 많은 사람의 수요곡선이다. 따라서 능력이 많은 사람일수록 인적자본의 투자도 많으며 투자수익률이 높다. 따라서 임금도 높다.

만일 우리가 사회에서 관찰할 수 있는 사실은 대개 능력이 많을수록 임금이 높다고 한다면, 기회가 균등하게 주어지기보다는 개인별 능력의 차가 크게 존재하고 있다는 잠정적 결론을 내릴 수 있다.

(3) 일반 접근

이것은 기회도 균등하게 주어지지 않고, 또 개인별 능력이 각각 다르다고 보는 견해인데 〈그림 13-4〉에서부터 세 개의 수요곡

그림 13-4 기회와 능력이 모두 다른 경우

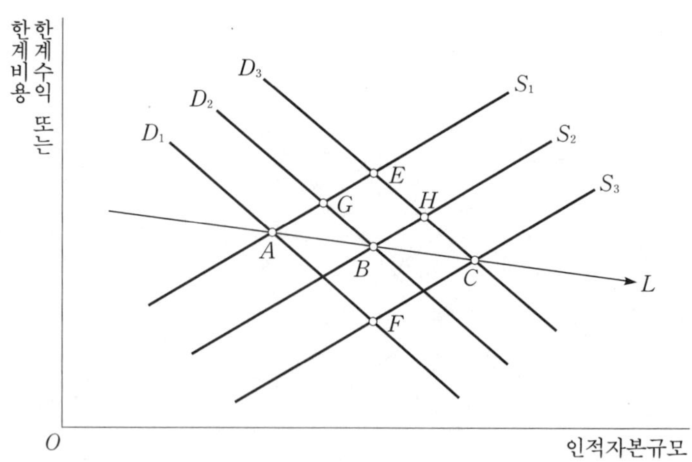

선 D_1, D_2, D_3와 세 개의 공급곡선 S_1, S_2, S_3가 있다. 여기서 균형점은 개인의 사정과 그가 처한 환경 및 기회 여하에 따라 어디든 가능하다. 〈그림 13-4〉에서 가능한 균형점은 A, B, C, E, F, G 등 9개의 균형점이 가능한데, 실제 상황을 따져 보고, 합리적이고 현실적인 균형점들을 찾아내어 보자.

경제원론에서 1인 대표의 수요자와 1인 대표의 공급자를 상정하는 경우 수요곡선과 공급곡선은 서로 독립되어 있음이 전제되어 있다. 그러나 다수의 수요자와 다수의 공급자를 상정하고, 그로 인하여 발생하는 경우를 통계적으로 취급하는 경우 이 두 개가 서로 독립되어 있지 않을 수 있다. 다시 말하면 수요곡선과 공급곡선 사이에 어떤 일정한 관계가 성립할 수 있다.

예컨대, 만약 능력이 많은 사람일수록 부모로부터 도움을 얻을 수가 있거나 정부로부터 장학금 지원을 받기 쉽다고 한다면, 그래서 수요곡선과 공급곡선이 서로 정의 관계를 유지한다면 이것은 그들의 수요곡선이 원점에서 멀리 바깥으로 나가 있을수록 그들의 공급곡선은 오른쪽 아래로 이동하는 경향이 있음을 뜻한다. 즉, D_1과 S_1이 만나는 A점과 D_2와 S_2가 만나는 B점 그리고 D_3와 S_3가 만나는 C점이 균형점이 되며 이를 〈그림 13-4〉에서 보여주고 있다. L곡선은 균형곡선인데 완만하지만 우하향하는 곡선이 된다.

제 5 절 | 사회적 자본의 개념

사회적 자본(Social capital)의 개념은 인적자본만큼 다양하고 어렵다. 왜냐하면 시대와 공간에 따라 다르게 적용될 수 있기 때문이다. 학자들도 보는 입장에 따라서 다르게 정의내리기도 한다.

후쿠야마는 '신뢰'를 사회적 자본으로 보았다. 즉, 신뢰가 기반된 사회만이 '시민사회'로 상정될 수 있다는 것이다. 때문에 '가족'과 '국가' 사이에 존재하는 '중간 규모의 민간조직'은 시민사회의 중요한 축이다.

하지만 이러한 중간 규모의 민간조직은 몇 가지 조건이 수반된다. 첫째, 자발적으로 구성되어야 한다. 둘째, 국가와 국민의 중간적인 입장으로서, 이익 지점의 타협점이라는 중립적 자세를 취해야 한다. 셋째, 뜻이 같은 사람들끼리 모여서 정부에 대한 견제와 비판이 이루어져야 한다.

뿐만 아니라 이러한 민간조직이 기반되는 시민사회 형성 절차는 다음과 같은 절차에 의해 형성된다. 우선, 뜻이 동일한 사람들이 많이 모여 '집단화'되는 과정을 거친다. 그 다음으로 의견대립에 있어서 목적이 세분화되면 팀을 구분하게 되며, 효율성과 파급효과를 높이기 위해 규범 설립과 같은 조직적인 전략을 수립하는 '조직화' 과정을 거친다. 끝으로는 시위, 1인 시위, 촛불시위, 고위인사를 섭외하여 정부에 압력을 가하는 등의 '세력화' 과정이 이루어진다.

따라서 시민사회에서 자발적인 움직임이 이루어지기 위해서는, 기본적으로 신뢰에 기초할 수밖에 없다는 것이다. 이러한 과정을 통해 형성된 단체는 구성원들이 공동체적인 의식에 기반하여 함께 일하는 습관을 들이며, 이를 통해 생산성을 증대시킬 수 있다고 보았다.

콜먼(Coleman)은 사회적 규범을 중요시한다. 그는 사회적 자본을 "단일한 실체가 아닌 보통 두 가지 이상의 요소가 포함된 복합체"라고 정의하였다. 즉, 복합체가 사회구조의 몇몇 측면을 구성하며, 공동체의 구성원(행위자)들에게 특정한 행동을 촉진시키도록 한다는 것이다. 또한 사회적 자본을 지역사회의 역량을 강화시킬 수 있는 사회적 자원으로 인식하였다.

토크빌(Tocqueville) 역시 사회적 자본이란 "사회구성원인 개개인이 단체를 구성하여 서로의 필요를 채워 주고 공공의 이익을 추구하는 성향"이라고 정의하였다. 이러한 사회적 자본은 '지역사회의 정신', '자발적 참여', '개인적 책무와 소속감'의 구성요소를 통해 형성된다고 보았다. 예를 들자면, 국가의 손길이 닿지 않아도 한 마을 공동체 내에서 자발적으로 사람들의 어려움을 상호적으로 도와 해결함을 들 수 있다.

퍼트남(Putnam)은 상호간 이익을 위한 자발적 협력과 협동을 촉진시키는 '연결망 또는 네트워크(networks), 규범(norms), 신뢰(trust)'와 같은 사회조직의 특성이 시민사회를 구성하는 것이 사회적 자본이라고 주장하였다. 즉, 공공 이슈에 대한 '시민적 참여 네트워크'와 '상호부조'와 같은 '규범'의 형태로 사회적 자본이 전승될 때, 자발적인 협력으로 사회적 자본으로 발전해 나갈 가능성이 높다는 것이다. 예를 들면 내가 A를 도왔다면, A도 나를 도와줄 것이라는 '신뢰'가 생기고, A는 반드시 나를 도와야만 하고 안 도와주면 안 된다는 '규범'이 형성되는 것이다. 그리고 나도 A를 돕고, A도 나를 도왔다면 '네트워크'가 형성된다. 이러한 일련의 과정에서 앞으로도 나와 A 사이간에 지속적인 상호 협력체계가 구축된다면, 이러한 과정에서 바로 '사회적 자본'이 형성되는 것이다.

퍼트남의 설명은 후쿠야마, 콜먼, 토크빌이 각각 설명한 것을 종합한 것으로 해석할 수 있다. 사회적 자본의 3가지 구성요소는 신뢰, 사회규범(사회구성원의 의식과 태도), 그리고 네트워크이다.

그림 13-5 사회적 자본의 3가지 구성요소

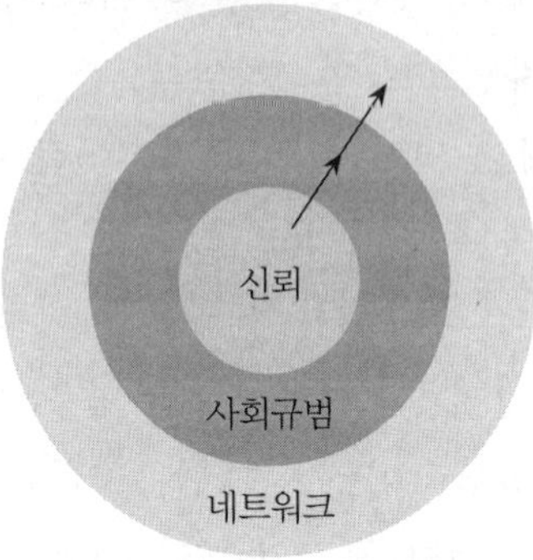

그런데 이 세 가지 요소가 상호독립적이 아니고 일종의 인과관계가 성립한다는 것이 흥미롭다.

사회적 자본의 형성에 있어서 상호신뢰가 가장 중요한 시발점이 된다. 서로 믿을 수 있어야 서로 도울 수 있으며 내가 상대를 도우면 상대도 나를 도울 것이라는 믿음이 생긴다. 이러한 신뢰관계에 바탕을 둔 사회적 규범이 조성되며 이런 사회적 규범을 바탕으로 상호협력관계가 형성되면 사회적 자본이 가장 포괄적으로 형성된다. 즉 신뢰, 사회규범, 네트워크가 개별적으로 사회적 자본이라 불리기도 하지만 이 세 개 전체가 하나가 됨으로써 가장 포괄적인 사회적 자본이라 할 수 있다.

사회적 자본이 여러 면에서 인적자본과 다르지만 한 가지 면에서 매우 유사하다. 기존 물적자본과는 달리 사회적 자본은 사용한다고 해서 줄어들거나 닳아 없어지지 않는다. 오히려 사용하지 않으면 없어지는 특성이 있다. 인적자본도 마찬가지다. 안 쓰면 없어지거나 줄어드는 성향이 강하다.

제 6 절 | 사회적 자본의 측정

사회적 자본을 계량화하여 측정할 수도 있다. 이 경우 신뢰, 사회규범, 네트워크에 사회구조를 하나 더 추가하여 측정한다. 4개 분야는 사회협력 수준과 밀접한 관련이 있는 것으로 알려진 사회적 자본의 대표적인 구성요소이다.

신뢰는 조직의 협력을 촉진하고 사회결속을 달성하기 위한 필수조건이다. 프란시스 후쿠야마는 "신뢰가 부족한 사회는 거래비용이 높고 정직, 책임감, 의무이행 등 사회협력을 이루는 가치가 부족하기 때문에 선진국에 진입하기 어렵다"고 하였다.

호혜성에 기초한 사회규범은 구성원 간 책임의식을 증진하여 사회협력의 수준을 높이며, 내가 남에게 한 일이 향후 나에게 돌아올 것을 기대하는 암묵적인 동기에서 생겨나는 행동규범이다. 이것은 비공식적 규범과 공식적 법질서 준수를 포함한다.

네트워크가 활성화된 사회에서는 구성원이 단체활동을 통해 서로 협력하는 방법을 배우고, 구성원 간 소통과 정보공유가 활성화되어 사회화합이 증진된다.

이질적이고 인간관계가 수직적인 사회구조일수록 새로운 네트워크 형성이 어렵고, 기존의 네트워크가 신뢰와 협력을 증진하기 어렵다. 소득불균형 등 구조적 갈등요인이 심할수록 사회협력 수준이 저하된다.

신뢰와 사회규범은 구성원의 의식과 태도(Attitude), 네트워크와 사회구조는 공식적·비공식적인 제도 인프라(Infrastructure)를 나타낸다.

사회적 자본지수는 4개 분야, 27개 항목, 43개 변수로 구성된다.

① 신뢰: 개인 간 일반적 신뢰(Trust)와 정부나 사회기반에 대한 신뢰(Confidence)를 나타내는 6개 항목, 16개 변수로 구성된다. 일반적 신뢰도, 공정성, 금융시장 신뢰, 공공기관 신뢰도, 사회기반 신뢰도, 정부의 소유권 보호 등이 포함된다.

② 사회규범: 시민의식과 사회질서 준수 수준을 나타내는 4개 항목, 7개 변수로 구성된다. 시민의식, 부패, 법의 지배, 법의 기원이 사회규범의 구성항목이다.

③ 네트워크: 6개 주요 사회단체에 대한 각각의 가입률로 측정된다. 6개 사회단체는 종교, 교육 · 예술 · 문화, 스포츠 · 여가, 노조, 정당, 전문협회 등이다.

④ 사회구조: 사회협력이나 화합과 관련이 있는 사회 구조적 특징을 나타내는 11개 항목, 14개 변수로 구성된다. 구조적 갈등요인에는 소득불균형, 민주주의, 정부역량, 사회갈등지수가 포함된다.

사회의 이질성을 보여주는 항목으로 이민자 비중 및 도시화를, 수평적 네트워크의 발달 정도를 나타내는 항목으로는 비공식적 교제, TV보급률, 인터넷 보급률을, 수직적인 사회구조는 정치적 권리, 종교를 포함한다.

사회적 자본지수의 구성항목과 내용을 정리하면 〈표 13-1〉과 같다.

표 13-1 사회적 자본지수

분야	항목	내용 및 출처
신뢰	일반적 신뢰도	대부분 사람을 신뢰할 수 있다고 응답한 비중 (World Values Survey, 1999~2006년)
	공정성	남들이 자신을 이용하지 않고 공정히 대함(WVS)

	금융시장 신뢰	GDP 대비 민간부문 국내여신(World Bank, World Development Indicators, 2000~2007년, 이하 WDI)
	공공기관 신뢰도	정부, 국회, 경찰, 사법제도, 군대, 행정사무, 정당에 대한 신뢰도(WVS)
	사회기관 신뢰도	종교, 언론, 노조, 방송, 기업에 대한 신뢰도(WVS)
	정부 소유권 보호	법적 구조 · 소유권: 사법제도의 독립성과 소유권 보호 정도 포함(Economic Fr 2000~2006년)
사회 규범	시민의식	정부 보조금 부정수급, 공공교통 무임승차, 탈세, 뇌물수수를 정당화할 수 없다고 응답
	부패	공무원과 정치인이 지위를 이용하여 사적 이익을 추구(Transparency International, 2000~2007년)
	법의 지배	법과 질서가 잘 지켜지는 정도(계약집행 수준, 경찰 · 법원의 질 등) (World Bank, Worldwide Governance Indicators, 2000~2007년)
	법의 기원	영국 보통법=0, 시민법=1, 사회주의법=2
네트워크	① 종교, ② 교육 · 예술 · 문화, ③ 스포츠 · 여가, ④ 노조, ⑤ 정치정당, ⑥ 전문협회에 가입한 비중(WVS)	
사회 구조	소득불균형	지니계수(WDI, 1990~2000년)
	민주주의	민주주의 성숙도(Polity Ⅳ Project: Political Regime Characteristics and Transitions, 1991~2007년)
	정부역량	정부의 정책수행능력(World Bank, Worldwide Governance Indicators, 2000~2007년)
	사회갈등지수	(소득불균형+민족다양성)÷(민주주의 지수+정부역량)
	이민자 비중	(World Migrant Stock, UN, 2000년~2005년)
	도시인구 비중	(WDI, 2000~2007년)

	비공식적 교제	친구, 직장동료, 종교친우, 스포츠클럽 회원과 한 달에 한두 번 이상 교제(WVS)
	TV 보급률	TV를 소유한 가정의 비중(WDI, 2000~2007년)
	인터넷 보급률	100명당 인터넷 사용자 수(WDI, 2000~2007년)
	정치적 권리	선거, 출마 등 정치적 절차에 자유롭게 참여할 수 있는 정도(Freedom in the world)
	종교	인구 중 가톨릭과 이슬람교도 비중

제 7 절 | 사회적 기술의 장단점

사회적 자본의 개념과 함께 사회적 기술(social technology)의 개념이 미국 컬럼비아 대학의 리차드 넬슨(2003) 교수에 의해 새롭게 개발되었다. 그는 지난 250년 동안 과연 무엇이 세계 인류의 생활수준을 오늘날 이렇게 높은 수준으로 올려 놓았을까를 집중적으로 생각하였다. 애덤 스미스가 발견한 분업의 이점도 상당히 중요하지만, 넬슨 교수는 조직의 기능과 재배구조의 역할도 못지않게 중요하다는 사실을 깨달았다.

강철규(2011) 교수가 정리한 내용에 의하면 사회적 기술의 요체는 제도와 조직이다. 사회적 기술이란 사회공동체가 일정한 목적을 달성하기 위하여 사용하는 제도, 조직, 그리고 이 두 가지를 운용하는 능력을 가리킨다. 물리적 기술이 자연을 변화시키는 기술이라면 사회적 기술은 사회를 변화시키는 기술이라 할 수 있다. 좋은 제도와 조직은 작업의 효율성을 높이고 조직구성원 간의 신뢰성을 높인다. 그래서 생산성을 향상시키는 것이다.

매킨지 글로벌 연구소(McKinsey Global Institue, 2012. 7)의 보고서에 따르면 사회적 기술의 위력은 시간이 경과할수록 점점 커지고 있으며 개인, 그룹, 조직의 가치를 창출하는 데에 크게 기여한다고 발표하였다. 사회적 기술의 향상은 통신기기의 기능강화와 통신비용의 하향화에 달려 있다. 지난 30년 동안 성능 좋은 통신기종이 빠른 속도로 개발되었으며 많은 사람들이 사용하여 왔다. 매킨지 MGI 조사에 따르면 사람들이 사용하는 통신수단은 선호도에 따라 2011년 말 현재, 사회적 네트워크(29%), 이메일(27%), 이동전화(21%), 문자(10%), 유선전화(7%), 인터넷 전화(5%) 순서이다. 비용이 저렴해도 아직은 음질이 안 좋아서 5%의 소비자만이 인터넷 전화를 사용한다는 뜻이다. 매킨지 MGI는 아주 흥미로운 통계를 발표하였다. 사회적 기술의 범주에 들어가는 사회적 미디어를 사용함에 있어서 세계 사용자 수가 5,000만 명이 될 때까지 어느 정도 시간이 걸렸는가를 조사하였다. 라디오(38년), TV(13년), iPod(4년), 인터넷(3년), Facebook(1년), Twitter(9개월)이었다.

사회적 기술은 경제성장과 사회발전에 기여하는 장점이 있는 반면에 개인, 특히 젊은 층과 기업, 사회에 해를 주는 단점도 있다. 먼저 사회적 기술의 부작용으로서 사회적 결속에 금이 가게 하거나 약화시킬 수 있다. 사회적 결속은 서로 얼굴을 맞대고 대화하면서 공동생활의 경험을 통해서 이루어진다. 그러나 사람들이 온라인 무선통신만을 통하여 관계를 유지하면 그만큼 사회적 결속이 약해진다고 보는 것이다. 또 다른 사회적 부작용은 통신 컨텐츠를 아무나 만들어서 쉽게 유통시킬 수 있기 때문에 컨텐츠의 질을 조잡하게 만들 수 있으며 사실을 조작하거나 왜곡시킬 수 있다. 이름과 얼굴을 숨길 수 있기 때문에 음란물과 쓰레기 정보를 유포하고 사회저명인사를 쉽게 해칠 수 있다. 이처럼 사회 건전성이 위협을 받을 수 있으므로 어느 정도 정부의 규제와 지도가 필요하다.

참고문헌

Atkinson, A. B., *The Economics of Inequality*, Oxford Clarendon Press, 1983.

Blaug, M., "The Empirical Status of Human Capital Theory," *Journal of Economic Literature*, vol. 14, 1976.

Becker, Gary, *Human Capital, National Bureau of Economic Research*, 1975.

____, A Treatise on the Family, Harvard University Press, 1981.

Boyd, Danah M. and Ellison, Nicole B., "Social Netwok Sites: Definition, History, and Scholarship," *Journal of Computer-Mediated Communication*, pp. 210~230, 2007.

Dasgupta, P. and Serageldin, Ismail, ed., *Social Capital: Multifaced Perspective*, World Bank, pp. 217~401, 2000.

Ferragina, E., "Social Capital and Equality: Tocqueville's Legacy," Rethinking Social Capital in ulation with income inequalities. the Tocqueville Review. Vol. XXX1 pp. 73~98, 2010.

McKinsey Global Institute, The Social Economy: Unlocking Value and Productivity through Social Technologies, July 2012.

Nelson, Richard, "Physical and Social Technologies, and Their Evolution," Laboratory of Economics and Management Working Paper Series, Columbia University, June 2003.

Putnam, Robert, Diversity and Community in the Twenty-First Century, Nordic Political Science Association, 2006.

강철규, 소셜 테크노믹스, 엘도라도, 2011.

후쿠야마, 프랜시스, 안진환 역, 강한 국가의 조건, 황금가지출판사, 2005.

CHAPTER 14 외국자본의 도입

개도국은 외자도입을 통하여 성장의 장애요소를 제거하여 이로써 성장의 가속화를 꾀할 수 있다. 즉, 당장에는 지불하지 않아도 되는 외국의 재원을 활용함으로써 저축과 외환부문에서 발생할 수 있는 장애요인을 당분간 유예시켜 국내의 재원만을 사용할 때에 비하여 여타의 자원을 더욱 효율적으로 활용하는 것이 가능하여짐으로써 성장을 가속화시킬 수가 있는 것이다. 그리하여 정상적인 경우에 기대할 수 있는 것은 외국의 재원에 의하여 조달된 투자의 증대는 국민소득의 급속한 성장을 초래하며 궁극적으로는 외국의 재원에 대한 의존도도 감소시킨다는 것이다. 그러면 여기서는 이러한 외자도입이 어떻게 국내경제에 영향을 주게 되는지를 살펴보자.

제 1 절 | 세계경제 후생에 미치는 효과

우선적으로 생각할 수 있는 것은 외자의 이동이 세계경제의 후생을 증진시킬 수 있는가라는 문제다. 여기에 대한 해답은 국제자본시장이 외자의 공여국과 도입국의 자본의 수익률(rates of return)을 균등화시키는가에 달려 있다. 만약 도입국에서의 수익률이 공여국보다 높다면 두 국가에 있어서의 후생은 이러한 자본의 이동으로 증가할 것이다. 도입국에서는 높은 미래소득을 얻을 수 있음과 동시에 공여국에서는 자국 내에서의 다른 자산에서 얻을 수 있는 수익률보다 적어도 더 높게 얻을 수 있기 때문이다. 단순한 신고전적 모델을 생각해 보면 이러한 사실을 금방 알 수 있다.

〈그림 14-1〉에서처럼 선진국과 후진국의 두 국가가 존재한다고 가정하자. 그림에서 왼쪽 원점은 선진국, 오른쪽 원점은 후진국의 원점을 나타낸다고 한다면 두 원점간의 거리는 두 국가의 자본량 총량이다. 세로축에 선진국의 한계자본생산성(MP_X)과 후진국의 한계자본생산성(MP_Y)을 나타내자. 그리고 현재 각국의 자본

그림 14-1 국제자본 이동과 세계경제 후생

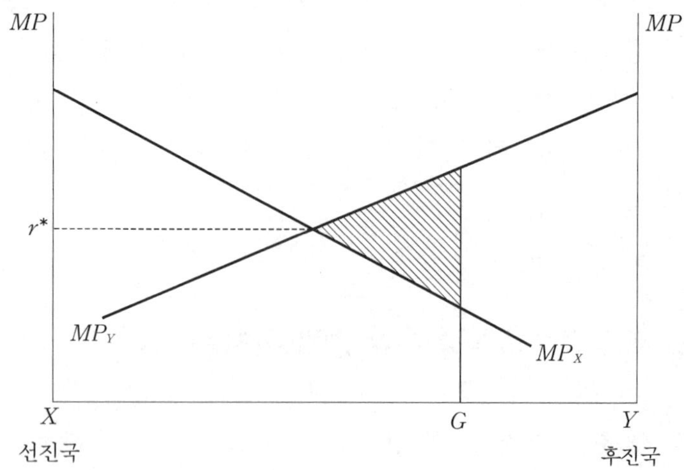

소유액이 각각 XG, YG만큼이라고 한다면 선진국의 자본수익률이 후진국의 자본수익률보다 낮아 자유무역은 선진국으로부터 후진국으로 자본을 이동시켜 자본수익률을 균등화시킨다. 따라서 결국 빗금친 부분만큼의 세계후생을 증진시킬 수 있는 것이다.

낮은 수익률을 주는 곳으로부터 높은 수익률을 주는 곳으로 자본을 이동시키면 세계효율의 이익을 얻을 수 있는 것은 당연한 귀결이다.

제 2 절 | 소득분배에 미치는 영향

앞절에서 본 대로 외자도입은 두 국가에 있어서 자본수익률을 균등화시키게 되므로 세계전체의 후생을 증진시킨다고 하였다. 그런데 이러한 후생(소득)의 증가는 양국 사이에 어떻게 배분되며 또 도입국 내의 소득구조에 어떠한 영향을 미치는가가 문제시된다. 완전경쟁을 가정한다면 한계생산성분배법칙에 의해 요소의 한계생산성만큼 소득분배가 이루어지게 된다. 따라서 늘어난 소득 중 자본수출국은 자본의 한계생산성만큼, 자본도입국은 노동의 한계생산성만큼을 차지하는 것이다. 그렇지만 실제에 있어서는 자본이동으로 인한 세계소득의 증가는 자본수출국이 독점할 수도 있으며 그 이상을 가져갈 수도 있는데, 이런 경우는 외자가 비록 세계소득을 증대시킬지라도 개별국가에 대해서는 오히려 손실을 줄 수도 있다.

여기서는 완전경쟁시장을 전제로 하고 자본도입국 내에서는 어떻게 소득이 분배되는가를 다음의 세 가지로 나누어 살펴보자.

1. 완전고용하의 외자도입

노동의 국제적 이동이 없는 상태하에서 자본도입국에서의 노동이 완전고용된 상태하에서 외자도입이 일어났다고 가정해 보자.

〈그림 14-2〉에서 외자도입 전의 국내의 자본량이 K_0라고 하자. 그러면 E점에서 생산이 일어나 자본의 한계생산성은 r_0가 된다. 따라서 이때의 자본소득은 Or_0EK_0가 되고 노동소득은 DEr_0가 된다. 이때 K_0K_1만큼의 외자가 도입된다면 노동공급은 완전고용상태에 있으므로 늘지 않는다. 따라서 국내에는 자본량만을 증가시키므로 노동의 한계생산성은 증가하여 임금을 상승시키고 자본의 한계생산성은 r_1으로 감소할 것이다. 따라서 균형점은 E'로 이동한다. 이때의 국내총생산은 $ODE'K_1$이 되는데, 이 중 $Or_1E'K_1$은 자본소득이 되지만 $K_0K_1E'A$만큼은 도입된 외자에 대한 보상이므로 자본공여국에 지불된다. 따라서 국민소득은 $ODE'AK_0$가 된

그림 14-2 완전고용하의 외자도입과 소득분배

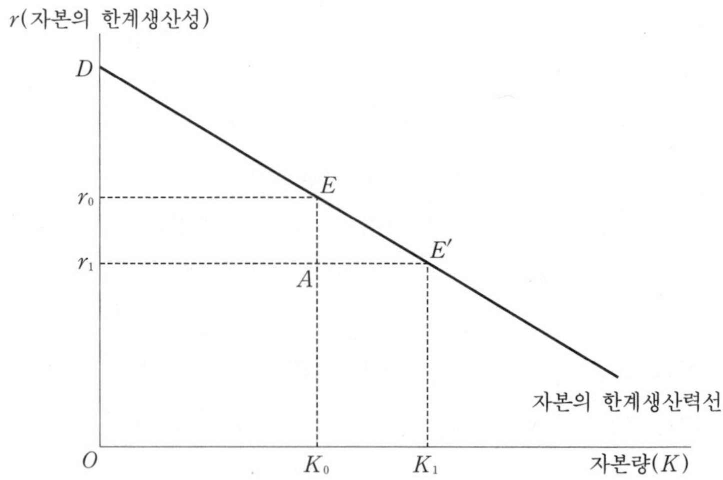

다. 그러면 자본도입으로 인해 국내의 소득은 어떻게 변하였을까?

우선적으로 살펴볼 수 있는 것은 국내전체 소득은 AEE'만큼 증가하였다는 것이다. 그리고 노동소득도 Dr_1E'로 증가한 반면 자본소득은 오히려 Or_1AK_0로 감소하였음을 알 수 있다. 이는 외자도입으로 자본의 한계생산성이 떨어져 종전의 자본소득의 일부가 노동소득으로 전환되었으며 또한 외자도입으로 인한 국내소득의 순증가분이 노동소득으로 추가되었기 때문이다.

2. 무한노동공급하의 외자도입

앞에서는 노동이 완전고용상태에 있음을 가정하였지만 노동공급이 무한한 국가에 있어서는 자본이 도입된다고 하더라도 임금은 오르지 않게 된다.

〈그림 14-3〉에서 도입 전의 국내자본이 K_0라고 하자. 이때

그림 **14-3** 무한노동공급하의 외자도입과 소득분배

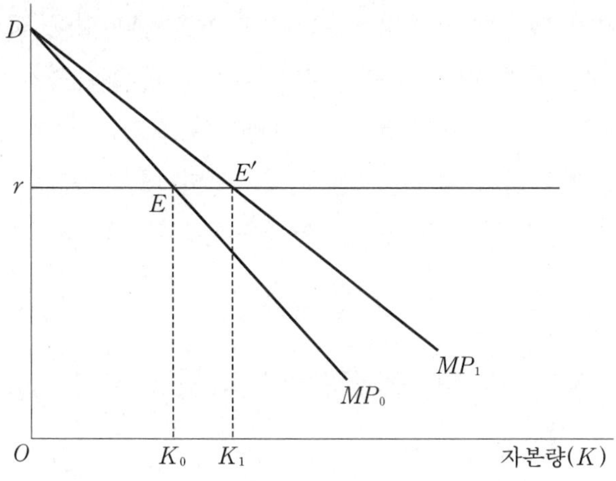

자본이 외국으로부터 K_0K_1만큼 도입되며 완전고용하에서는 자본의 한계생산성이 하락하였지만 여기서는 무한노동공급을 가정하고 있으므로 외자로 인해 자본의 한계생산성이 변동하지 않는다. 따라서 임금도 상승하지 않게 된다. 이는 자본의 한계생산성 곡선이 MP_0에서 MP_1으로 이동하는 것을 의미한다. 왜냐하면 OK_1의 자본량하에서도 자본의 한계생산성은 OK_0하에서의 자본의 한계생산성과 동일하기 때문이다.

이때의 균형은 E에서 E'로 이동하게 되는데 이 경우 자본도입으로 인한 국내추가소득인 DEE'는 전부 노동소득으로 돌아가게 되는데, 이는 임금상승으로 비롯된 것이 아니라 실업인구가 추가고용됨으로써 오는 소득이다. 그리고 국내자본의 소득은 아무런 변화가 일어나지 않았음을 알 수 있다.

위의 두 경우에 있어서는 자본의 도입이 개발효과를 수반하지 않고서 단순히 동질적인 자본의 추가라고 가정한 데서 비롯된다. 그래서 완전고용하에서의 자본도입은 국내자본의 소득을 감소시키게 되고 무한노동공급하에서의 자본도입은 국내자본의 소득에 영향을 미치지 않음을 보았다. 그러나 만약 자본도입이 국내경제에 기술, 시장, 외부경제, 규모의 경제 등의 개발효과까지 수반한다면 자본도입으로 인한 자본의 한계생산은 오히려 증가하게 되어 앞에서 본 자본의 한계생산성선은 MP_1보다 더 위쪽으로 이동하게 되어 국내자본소득은 증가할 수 있음을 유의할 필요가 있다.

제 3 절 | 기타 국내경제에 미치는 효과

외자가 도입국의 자본형성 및 산출량에 미치는 영향을 살펴보면, 외자도입은 개도국의 자본형성에 기여하고 목표투자량에 못미치는 국내저축을 보완하여 투자된 결과 생산을 증대시킨다. '립친스키 정리'에 의하면 자본의 증가는 자본집약적 산업의 생산량을 절대적으로 증가시키고, 노동집약적 산업의 생산량을 감소시킨다고 한다. 그러나 이 정리는 자본이 증가 또는 이동하였음에도 불구하고, 두 상품의 상대가격이 불변임을 가정하였고, 이에 생산요소의 배분과 그에 따른 생산량의 변화를 설명한 것이다. 따라서 자본의 증가에 따라 노동집약적 생산물의 가격이 상대적으로 등귀하면, 균형자본－노동비율이 모든 산업에 걸쳐서 증가할 수도 있다.

그리고 인플레에 미치는 영향을 보면 외자는 국내통화량을 증대시키며 후진국일수록 외자도입의 투자효과는 큰 반면, 인플레효과도 크다. 또한 초과수요에 의해 물가가 상승되고 교역조건을 악화시켜 수입이 유발된다.

마지막으로 국제수지에 미치는 영향을 살펴보면 대개 수출증대효과, 수입대체효과 및 수입증대효과로 구분된다. 외자가 도입되면 당장 그 나라의 국제수지를 개선시킨다. 그러나 장기적으로 보면 외자는 수출구조개선에 기여하나 투자와 그에 소요되는 원자재의 수입과 외자도입으로 인한 소비재 수입으로 수입유발효과를 갖게 된다. 뿐만 아니라 차관 등에 대한 원리금상환으로 국제수지에 압박을 가하게 된다.

이외에도 여러 가지 외자의 효과를 언급할 수 있으나 결국 외자도입을 하는 후진국의 입장에서는 이러한 긍정적인 효과를 가능한 한 높이며 부정적인 영향은 축소시킴으로써 외자도입이 경제발전에 기여하는 정도를 높이도록 노력하여야 할 것이다.

참고문헌

Ball, R. J., "Capital Imports and Economic developmemt," Kyklos, 1962, p. 610.

Frankel, Marvin, "Home versus Foreign Investment: A Case Against Capital Export," Kyklos, 1965, p. 411.

Lucas, R. E., "Why Doesn't Capital Flow from Rich to Poor Countries?," *American Economic Review*, 1990. 5.

MacDougall G. D., "The Benefits and Costs of Private Investment from Abroad," *The Economic Record*, 1960. 3.

CHAPTER 15

경 / 제 / 발 / 전 / 론

선진 기술의 도입

제 1 절 | 배　경

생산기술에 대해 경제학자가 아는 것은 많지 않다. 설령 안다고 하더라도 매우 피상적인 경우가 많다. 생산기술은 선진국에서도 중요하지만, 후진국에서는 더욱 중요하다. 왜냐하면 경제성장을 위해 단순한 요소투입, 특히 후진국의 풍부한 노동을 집중적으로 투입하여 생산 확장과 경제성장을 도모할 수 있으나, 생산기술의 진보가 없이는 지속적인 성장을 기대할 수 없기 때문이다. 생산기술을 논함에 있어 이에 대한 개념이 원천적으로 애매해서 자주 혼동을 일으킬 때가 있다. 특히 용어상에 혼동을 주는 경우가 많다.

후진국이 생산기술을 선진국으로부터 도입하는 데 있어 후진국 사정에 맞는 생산기술을 택하여야 한다. 너무 과분한 생산기술을 도입하면, 후진국에서 이를 소화하지도 못하고 생산증대에 아무런 도움을 주지도 못한다.

보다 구체적으로 후진국이 선진 기술을 도입함에 있어 세 가지 중요한 점을 기억해야 한다. 첫째 적절한 생산기법(production technique), 둘째 생산기술(production technology), 셋째 적절한 생산물 결합(product mix)으로 이 셋 중에서 특히 영어권에 있지 않은 사람들에겐 생산기법과 생산기술을 구분하는 것이 쉽지 않다. 우선 적절한 생산기법이란 주어진 생산함수체제 내에서, 즉 등량선체계 속에서 현재 요소가격비율에 가장 부합되는 자본 · 노동의 최적비율을 찾는 것을 말한다. 한편, 적절한 생산기술이란, 여러 개의 생산함수가 주어지고 여러 가지 등량선체계가 가능할 때 기업에 가장 유리한 생산함수를 찾는 것을 가리킨다.

끝으로 적절한 생산물 결합이란 무역이론에서 비교우위에 따라 자국에 가장 유리한 상품을 생산해 내는 일을 가리킨다. 다음 절에서 생산기법과 생산기술에 대해 좀더 자세하게 다루기로 한다.

제 2 절 | 생산기법의 선택

적절한 생산기법을 찾는 일을 〈그림 15-1〉을 통해서 설명할 수 있다. 특정 생산함수가 주어져 있으며 등량선 Q_1과 Q_2가 이를 반영해 준다.

생산목표에 따라 Q_1 또는 Q_2 생산량이 결정된다. 일단 생산목표가 Q_1 수준으로 정해지면 남은 문제는 노동과 자본을 어떤 비율로 결합할 것인가이다. 이것은 노동과 자본의 가격비율이 어떠한가에 달려 있다. 만약 노동과 자본의 가격비율을 $W(=P_L/P_K)$라고 하면 $W=W_1$이면 A점을 생산점으로 정하는 것이 적절한 생산기법이다. 만약 요소가격 비율은 여전히 W_1이나 생산목표량을 Q_2 수준으로 상향조정하였다면, C점을 생산점으로 정하는 것이 적절한 생산기법이다. 이때 요소사용 비율은 직선 원점에서 시작하여

그림 15-1 적절한 생산기법의 선택

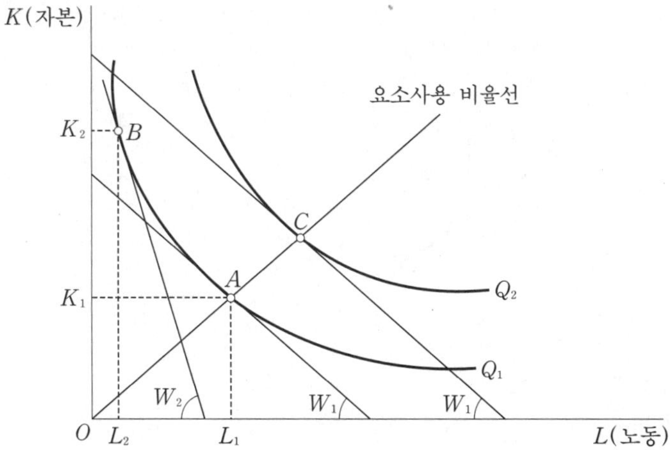

A와 C를 연결하는 직선으로 나타난다.

만약 요소가격 비율이 W_1에서 W_2 수준으로 상승하였다면, 즉 노동이 자본보다 더 비싸졌다고 한다면 노동은 적게 쓰고 자본을 많이 쓰는 것이 적절한 생산기법이 된다. 이때 가장 바람직한 생산점은 B점이 되며 요소사용 비율선은 원점에서 B점을 통과하는 직선이 된다.

제 3 절 | 생산기술의 선택

적절한 생산기술의 선택은 〈그림 15-2〉를 통하여 설명될 수 있다. 이제 생산함수가 여러 개 있는 중 X형 생산함수와 Y형 생산함수 두 개가 있다고 가정한다. 〈그림 15-2〉에서 X형 생산함

그림 15-2 적절한 생산기술의 선택

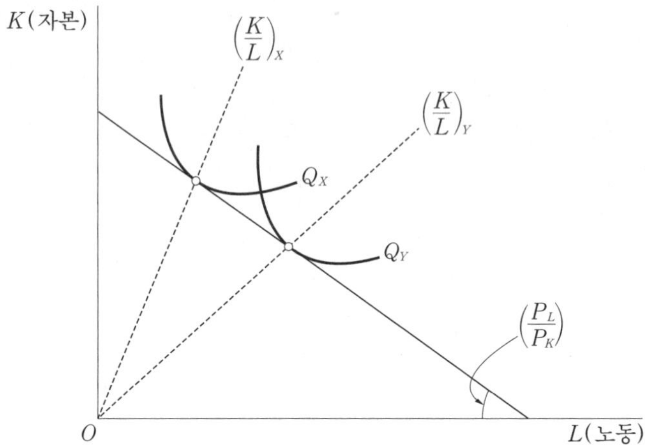

수는 Y형 생산함수에 비하여 자본을 많이 사용한다. 노동과 자본의 요소가격 비율이 W로 나타난 경우 X형 생산함수의 자본노동 비율은 $(K/L)_X$이며 Y형 생산함수의 자본노동 비율은 $(K/L)_Y$이다. 따라서 노동이 풍부한 후진국의 경우 적절한 생산기술의 선택은 X형 생산함수보다 Y형 생산함수를 선택하는 것이다. 그래야 후진국의 심각한 실업문제가 해결될 수 있다.

제 4 절 | 기술선택과 경제성장

앞에서 적절한 생산기법의 선택은 같은 등량선체계에서 요소가격의 변동에 따라 최적의 요소조합점을 찾는 것이었으며 적절한 생산기술의 선택은 생산요소의 부존상태에 따라 다양한 등량선체계 중에서 자국에 가장 유리한 등량선체계를 선택하는 것을 가리킨다고 하였다. 예컨대 자본이 풍부한 나라는 자본을 집중적으로 사용하는 생산기술을 택하는 것이 유리하다는 말이다.

그러나 실제로 적절한 생산기술을 고르는 일이 그리 쉽지 않다. 그 이유는 여러 가지가 있으나 우선 중요한 이유로서 같은 자본이라도 모든 자본이 동일하지 않기 때문이다. 자본은 기계, 장비, 건물, 금융자본, 인적자본 등의 다양한 형태를 취하고 있어서 한 가지 자본에서 다른 종류의 자본으로 옮겨가기가 쉽지 않다. 그리고 같은 종류의 자본이라도 헌자본에서 새자본, 즉 헌기계에서 새기계로 옮겨갈 때 적지 않은 이동비용이 발생한다.

예컨대 드높은 이윤을 가져다 주는 새기술을 선택한다고 해서 헌기계를 새기계로 대체한다고 하자. 그런 경우 헌기계라도 단번에 새기계로 바꾸지 않는다. 헌기계가 완전히 닳아서 못쓰게 될 때까지 새기계의 도입을 늦추거나 헌기계를 적당히 제값 받고 팔

그림 15-3 새기계 도입의 경제성장률 효과

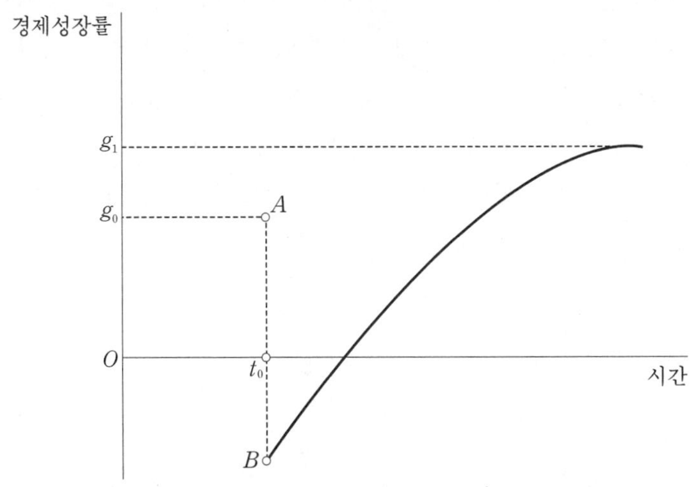

아 치우기까지는 새기계의 도입을 연기한다. 이런 과정에서 국내 GDP는 큰 영향을 받게 되는데 그에 대한 내용이 〈그림 15-3〉에 잘 나타나 있다.

t_0시점에서 새로운 기술을 선택하는 뜻으로 새기계를 도입하기로 결정하였다고 하자. 그러면 그 시점부터 당장 국내 GDP가 성장하는 것이 아니다. 만일 새기계를 발주하고 그것이 도착하기까지 헌기계를 그대로 사용하면서 보강을 제대로 하지 못하게 되면 헌기계의 생산성은 급격히 하락하고 따라서 국내생산은 실제적으로 마이너스 성장을 경험할 수 있다.

〈그림 15-3〉에서 원래 성장률이 g_0이었다면 새기술의 도입 직후 GNP는 A점에서 B점으로 급히 떨어지면서 심지어는 마이너스 성장까지 경험하게 된다. 그러나 헌기계가 새기계로 완전히 대체되면서 생산성도 지속적으로 상승하고 그래서 결국 과거보다 높은 성장률인 g_1을 유지하게 된다.

새기계의 도입이 비록 일시적이지만 생산성 감축으로 이어지는 경우가 있다.

19세기 초 산업혁명 후 많은 노동이 기계로 대체되면서 대량실업이 발생하였으며 이로 인하여 사회불안이 야기되기도 하였다. 이러한 역사적 사실은 新기술을 선택한 후 초기에는 자본의 생산성이 하락하고 GNP성장률이 둔화된다는 이론적 주장에 부합된다.

참고문헌

Baranson, Jack, *Industrial Techniques and Technologies for Developing Countries*, 1969.

Cooper, Charles, "Choice of Techniques and Technological Change as Problems in Political Economy," *International Social Sciences Journal*, 1973.

Helleiner, G. K., The Role of Multinational Corporation in the Less Developed Countries' Trade in Technology," *World Development*, Oxford University, 1975. 4.

Sen, Amartya, Employment, *Technology and Development*, Oxford University Press, 1975.

Streeten, Paul, "Technology Gaps Between Rich and Poor Countries," *Scotish Journal of Political Economy*, 1972. 11.

CHAPTER 16 경제개발계획

제 1 절 | 개　념

경제개발계획론(economic development planning)이란 용어는 후진국에서나 선진국에서나 널리 알려져 있다. 정부 부처로서 우리나라의 경우 과거 경제기획원(economic planning board)이 60년 초부터 91년 제 6 공화국(노태우 대통령 집권) 마지막까지 35년간 우리나라 경제계획의 일반적 7차 5개년 계획을 주관하였다. 그리고 경제개발계획의 7차례에 걸친 범위, 내용은 조금씩 다르다고 보아야 옳다.

우선 사회주의체제에서의 명령경제하에서 추진되는 개발계획과 자본주의체제에서의 후진국경제하에서 추진되는 개발계획은 그 성격이 매우 다르다. 사회주의체제의 경제계획은 자본주의체제의 경제계획보다 시장기구의 활동이 매우 적을 것이다. 그리고 생산목표도 국가 중앙기획단에 의해 거의 일방적으로 정해지는 데 비하여 자본주의 경제체제의 경제계획은 생산자당사자들로부터 정보를 직접 얻으며 아무리 중앙정부의 기획단이라 하더라도 시장의 수요와 공급상황을 예측하고 그 결과에 의존하는 형식을 취한다. 따라서 생산목표에 관하여 정부기획팀과 민간기업과의 상호 정보 교환이 자연스럽게 일어난다.

제 2 절 | 계획과 기획

우리나라에서 사용되는 경제계획의 용어에 관한 한 다소 혼돈의 소지가 있다. 국가차원에서의 경제계획 또는 경제개발계획은 영어의 economic planning 또는 economic development planning에 해당한다. 용어에 있어 혼돈의 소지가 있다는 것은 '계획' 이란 용어가 명사형으로 쓰이기도 하고 동사형으로 쓰이기도 하기 때문이다.

특히 경제계획론이라는 표현이 쓰일 경우 혼선이 빚어진다. 영어표현을 엄격히 따르자면 경제기획론이 더 적절한 번역이라고 생각한다. 그러나 우리 말의 특수성도 있고 해서 이를 감안하여 경제개발기획론 또는 경제개발계획론으로 표현하면 무난할 것으로 보인다.

'계획' 이 명사로 쓰이는 경우 영어로는 'plan' 이다. 웬만한 영어 사전에서 '계획' 이란, 사전에 심혈을 기울여 구체적 내용을 넣어 만든 어떤 목표를 달성하려는 방법(method)을 가리킨다고 정의하고 있다. 그러나 '기획' 이란 영어의 'planning' 인데 planning은 뭔가 어떤 일을 하기 전에 앞으로 어떻게 일을 구체적으로 진행할 것인가를 결정하는 과정이라고 한다. 그래서 적어도 학술용어로서는 경제계획론보다는 경제개발기획론 또는 경제개발계획론이 더 적절하다고 본다. 그러나 저자에겐 경제개발계획론이 더

마음에 든다.

제 3 절 | 경제개발계획의 필요성

경제원론에서 자원의 효율적 배분을 다룰 때 ① 자유경쟁시장, ② 생산적 효율성, ③ 소비자와 생산자간의 완전한 정보교환, ④ 외부경제 및 외부불경제의 부재 등을 전제로 하고 있다. 그러나 실제로는 그러하지 못하며 특히 후진국은 시장기능이 미처 도입되지 않았거나 도입되어도 아직 잘 기능을 발휘하지 못하고 있는 상태에 있는 경우가 많다.

이런 상태에서 성장과 발전을 위해 선진국처럼 자원의 배분을 시장에만 맡겨 놓으면 좋은 결과를 얻기 힘들다. 그래서 정부의 인위적이며 주도적인 개발계획이 필요하며 또 그만큼 정당성을 지닌다.

경제개발계획의 주체는 엄밀히 따져서 정부도 될 수 있고 민간기업도 될 수 있다. 그러나 개발 초기에는 정부주도의 개발계획이 필요하며 또 그 효과도 크다. 개발계획의 주내용은 결국 투자계획인데 유망투자부문이 어떤 것인지 또 자금조달은 어떻게 해야 하는가에 대해서는 정부가 비교적 좋은 정보를 가지고 있으며 자금조달계획 주체도 정부이기 때문에 더 구체적이고 더 실질적인 계획을 할 수 있다.

그러나 경제가 성장하고 시장기능이 확대됨에 따라 민간기업연구소를 포함하는 민간기구가 경제계획에 참여할 수 있게 하며 또 그래야 국가차원의 경제개발계획이 더 큰 효과를 낼 수 있다.

제 4 절 | 경제개발계획의 메커니즘

경제개발계획은 매우 복잡한 절차를 밟는다. 수많은 정부기구 및 정부연구기관, 민간단체, 학계, 그리고 기업체들과의 정보교환이 일어난다. 경제개발계획을 추진하는 데 있어 핵심 역할을 하는 주체들은 〈그림 16-1〉에 나와 있는 바와 같다.

우선 경제개발계획의 목표가 있어야 하는데, 이것은 최대 영향력을 행사하는 정치권과 국가최고 권력기관이 결정한다. 이들이 설정하는 국가목표는 GNP성장, 고용, 물가, 국제수지방어 등 거시경제목표가 될 수 있으며 또 국민의료보험, 장애자 보호, 주택, 교육 등의 사회복지 증대를 위한 정책목표를 포함한다. 그러나 이들은 목표의 세부적인 내용까지 주문하기보다는 큰 주제와 방향만 설정해 준다.

이렇게 설정된 기본계획은 처음부터 마지막까지 담당하고 주관해야 할 정부기관이 필요한데, 정부에는 이를 전담하는 부서가

그림 16-1 경제개발계획 과정에 참여하는 핵심기관

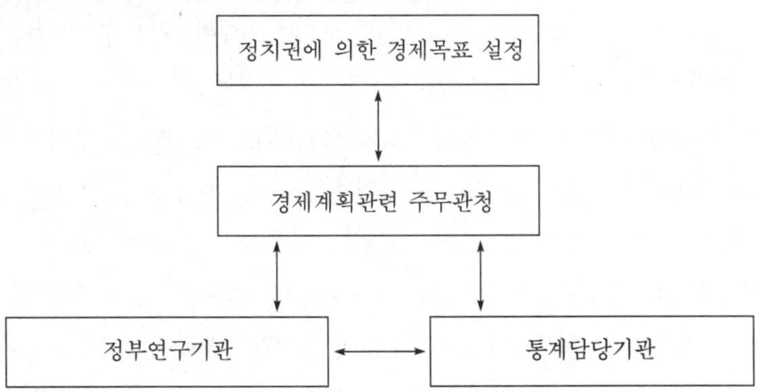

있게 마련이다. 사회주의 국가에서는 중앙기획단(central planning board)이 있으며 자본주의 국가에서도 후진국의 경우 대개 이를 전담하는 기획부처가 있다. 우리나라는 지난 62년부터 96년까지 7차례에 걸쳐 5개년 경제개발계획을 추진해 왔다. 물론 〈그림 16-1〉에서 보듯이 설정된 경제계획을 착실하게 추진하기 위해서 정치권과 정부주무 관청간에 지속적인 정보의 흐름이 발생한다.

설정된 목표를 달성하기 위해 구체적인 내용을 담는 주체가 바로 정부연구기관이다. 정부가 출연한 또한 출자한 연구기관장은 우수한 연구인력을 동원하여 목표를 달성하기 위한 구체적인 투자계획, 노동자 동원, 그리고 자본조달계획을 짠다. 이를 위해 방대한 통계자료가 수집되어야 하고 또 새로 만들어져야 하는데 이것은 정부통계담당기관이 맡아서 한다. 그래서 연구기관과 통계기관은 기밀한 협력관계를 유지한다.

우리나라의 경우 국가경제의 주요 통계를 담당하는 통계기관은 통계청이며 우리나라 중앙은행인 한국은행도 산업연관표 및 주요 통계를 작성하고 있다.

우리나라는 5년 단위로 경제계획이 만들어지고 추진되었다. 우리나라 장기투자는 5개년 경제계획에 따라서 실행되었다. 정부가 목표성장률을 정하고 이를 달성하기 위하여 필요한 노동, 자본, 기타 물자 등을 동원하였다. 〈표 16-1〉은 1962~1997년 기간 동안 목표성장률과 실제성장률을 보여준다. 제4차 경제계획기간(1977~1981)을 제외하고 모두 실제성장률이 목표성장률보다 크게 나타났다. 제 4 차 기간 중에 박정희 대통령이 1979년 12월에 갑자기 서거하고 1980년 흉작과 제 2 차 세계석유파동이 한번에 겹치면서 우리나라는 1980년 −5.4% 성장률을 경험하였다. 이 때문에 1977~1981년 5년 기간의 실제 평균성장률은 5.8%가 되었으며

표 16-1 한국의 목표성장률과 실제성장률 비교(1962~1997)

역대 대통령	통치기간	5개년 계획기간	목표성장률	실제성장률
박정희	1961.5~ 1979.10	제 1 차: 1962~66	7.1%	7.8%
		제 2 차: 1967~71	7.0%	9.6%
		제 3 차: 1972~76	8.6%	9.2%
		제 4 차: 1977~81	9.2%	5.8%
전두환	1981.5~ 1988.2	제 5 차: 1982~86	7.6%	9.8%
		제 6 차: 1987~91	7.3%	10.0%
노태우	1988.2~ 1993.2	제 6 차: 1987~91	7.3%	10.0%
		제 7 차: 1993~97	7.6%	9.8%
김영삼	1993.2~ 1998.2	제 7 차: 1993~97	7.6%	9.8%

자료: 성극제(Keuk Je Sung), *Development Experience of the Korean Economy*, 경희대학교, 2010.

이로써 목표성장률 9.2%의 절반 수준밖에 안 되었다.

참고문헌

Blitzer, Charles and Clark, Peter and Taylor, Lance, *Economy-Wide Models and Development Planning*, Oxford University Press, 1975.

Bowles, R. and Whynes, D., *Macroeconomic Planning*, George Allen & Unwin, 1979.

Chenery, Hollis, "Resource Allocation for Economic Development," *Econometrica*, 1956.

Heal, G. M., "Planning Without Prices," *Review of Economics and Statistics*, 1969.

Hirschman, Albert, *The Strategy of Economic Development*, Yale University Press, 1958.

Qayum, A., *Techniques of National Economic Planning*, Indiana University Press, 1975.

Sung, Keuk Je, *Development Experience of the Korean Economy*, Kyung Hee University Press, 2010.

CHAPTER 17 사회주의체제의 경제적 유인

제 1 절 | 배 경

1980년 후반 소련이 붕괴되면서 70여 년간 힘들게 유지해 오던 사회주의 경제체제도 그 막을 내렸다. 사유재산제도와 자유시장기능을 인정하지 않은 경제체제는 결국 붕괴될 수밖에 없음을 스스로 증명해 보인 셈이다. 지금은 동유럽 사회주의 국가들이 자본주의체제로 전향하여 빠른 경제성장을 경험하고 있으며 중국도 정치체제는 사회주의를 유지하되 경제체제는 자본주의 시장경제를 채택함으로써 지속적인 고도 성장을 하고 있다.

자유시장 경쟁이 없는 사회주의 경제체제에서 자원배분이 비효율적이며 인간의 이기심을 이용하는 적절한 유인제도가 없기 때문에 생산실적은 저조할 수밖에 없다.

이 장에서는 사회주의 경제체제에서 발생하는 비효율성 문제를 다루기로 한다. 먼저 정부에 속해 있는 중앙기획단이 부문별 생산계획을 수행해 나갈 때 당면하는 정보의 비대칭문제와 유인제도의 부재문제, 그리고 이윤극대화가 아닌 1인당 평균생산극대화 때문에 빚어지는 실업, 자본결핍문제를 다루고자 한다.

제 2 절 | 정보의 불완전성

사회주의 경제체제에서 정보의 불완전성 문제는 중앙기획단과 하부생산단위 사이에 발생한다. 중앙기획단은 정치적인 야심을 가지고 생산능력을 과대평가하여 생산목표를 다소 높게 책정하는 경향이 있다. 그러나 이와 반면에 하부생산단위를 끌고가는 책임자는 될 수 있는 대로 자체생산 능력을 축소 평가하는 경향이 있다. 이런 경우 결국 중앙기획단은 최선을 다하여 최대의 생산을 할 수 있도록 적절한 유인제도를 도입할 필요가 있을 것이다.

〈그림 17-1〉은 중앙기획단이 X재화와 Y재화의 최적 생산결

그림 17-1 중앙기획단의 최적생산 결정

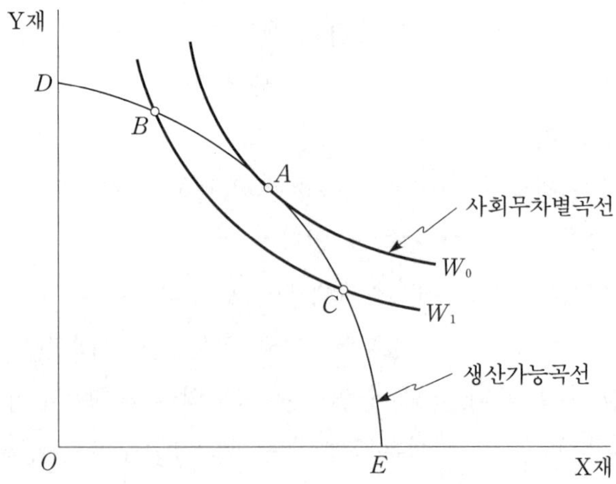

합점을 결정하는 과정을 보여준다.

먼저 중앙기획단은 그 사회의 생산가능 영역을 파악해야 한다. 그리고 사회무차별곡선을 추적해 낼 수 있어야 한다. 그러나 실제에 있어 그 두 가지 일은 매우 어렵다.

〈그림 17-1〉에서 DE곡선이 생산가능곡선을 나타낸다. 그래서 D, B, A, C, E 점 모두 생산가능한 것은 물론이고 효율적인 생산점이 된다. 그리고 사회무차별곡선과 생산가능곡선이 접한 A 점이 최적생산조합점이 된다.

그런데 문제는 비록 생산가능곡선이 DE곡선이라 하더라도 하부생산단위에서 그렇다고 인정하지 않으면 A점의 생산목표를 달성하기 어렵다. 생산에 종사하는 사람들에게 적절한 동기가 부여되지 않으면 최선을 다하지 않는다. 앞에서 지적하였듯이 생산자는 자체 생산능력을 될수록 축소평가하는 성향이 있으며 반면에 중앙기획단은 과대평가하는 성향이 있다. 결국 유인제도가 도입되면서 실제 작용하는 생산가능곡선은 처음 생산자가 생각한 것과 정부기획단이 생각한 것 사이에 있게 될 것이다.

제 3 절 | 생산유인제도

정부나 중앙기획단은 하부생산단위가 될수록 많은 생산을 해줄 것을 원하나 하부생산단위는 될수록 적은 노력으로 일정급부를 받기를 원할 것이다. 이런 상황에서 중앙기획단은 특별한 유인제도를 고안하여 소기의 목적을 어느 정도 달성할 수 있는데, 다음과 같은 가상적인 예를 통해 그 내용을 알아보기로 하자.

중앙기획단은 계획기간을 현재와 미래의 2기간으로 정하고 현재 생산량 Q_1을 될수록 많이 생산되게 하고자 한다. 그러기 위해 목표생산량 Q_1^*를 일단 설정해 놓고 실제 생산량이 목표생산량을 초과하면 초과분의 얼마는 생산자가 가지도록 한다. 그래서 생산자에게 돌아가는 수익 방정식은 [17-1]식과 같다.

$$B = a + b(Q_1 + Q_1^*) \qquad \cdots\cdots \ [17\text{-}1]$$

여기서 a는 초과생산 여부에 관계없이 생산자에게 주어지는 소득이 된다. 한편, 생산자는 생산비용을 고려하지 않을 수 없다. 특히 생산비 중에서 노동의 고용이 큰 변수이다. 목표생산량을 초과달성하면 현재의 유인제도에 의해 보상이 있겠지만 그에 따른 고통의 증대를 또한 생산하지 않을 수 없다.

그런데 여기서 추가적으로 생산자가 고려할 수밖에 없는 요소가 하나 더 있다. 그것은 중앙기획단이 현재 목표생산량의 초과달성을 감안하고 미래의 목표생산량을 상향 조정한다는 사실이다. 중앙기획단의 제2기 목표생산량 설정기준은 [17-2]식과 같다.

$$\begin{aligned} Q_2^* &= Q_1^* + d(Q_1 - Q_1^*), \quad Q_1 \geq Q_1^* \text{인 경우} \qquad \cdots\cdots \ [17\text{-}2] \\ Q_2^* &= Q_1^*, \qquad\qquad\qquad\quad Q_1 < Q_1^* \text{인 경우} \end{aligned}$$

즉 현재 생산량 Q_1이 목표수준 Q_1^*를 초과하였을 때 초과분의 d만큼을 Q_1^*에 추가하여 미래 목표생산량 Q_2^*를 정한다. 그래서 생산자는 Q_1을 정할 때 한계수익과 한계비용을 아주 조심스럽게 추정하여야 한다. 생산자의 비용함수는 [17-3]식과 같다.

$$C_i = C_i(Q_i), \ (i = 1, 2) \qquad \cdots\cdots \ [17\text{-}3]$$

그리고 생산자의 비용은 체증한다고 전제해 $\frac{\partial C}{\partial Q} > 0$, $\frac{\partial^2 C}{\partial Q^2} > 0$가 성립한다고 본다. 그래서 〈그림 17-2〉에서와 같은 총비용곡선

그림 17-2 총비용곡선

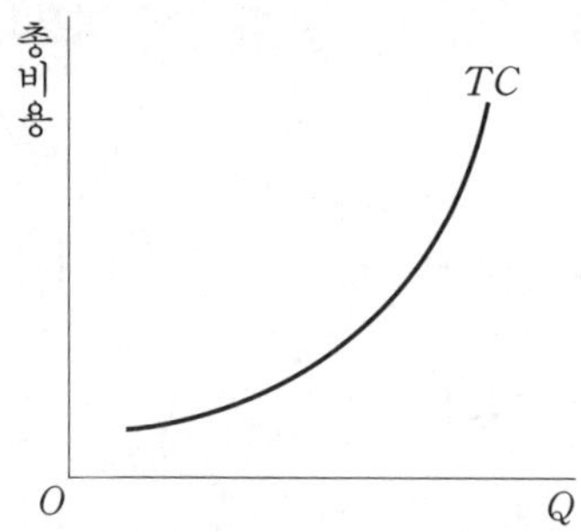

그림 17-3 한계비용곡선

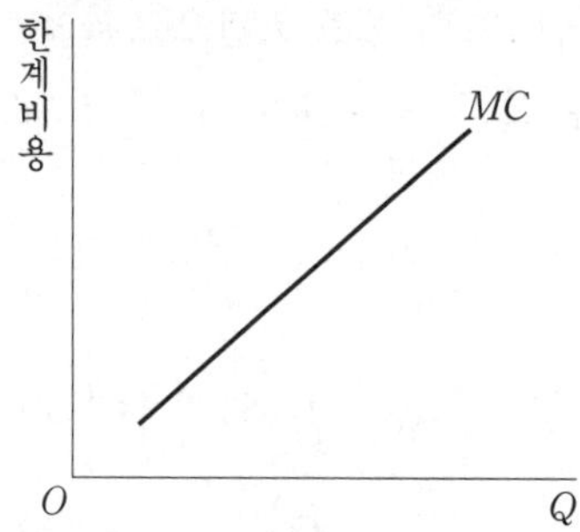

TC는 Q가 증가할수록 가파르게 올라가며 한계비용곡선 MC는 〈그림 17-3〉에서 右상향하고 있다.

이런 상황에서 생산자는 최적생산량 Q_1을 결정해야 하는 과제를 안고 있다. 이 문제를 해결하기 위해 우선 효용극대화 접근방법을 취해 보자. 생산자는 현재의 효용 U_1과 미래의 효용 U_2를 합한 총효용을 극대화한다고 보고 미래효용은 할인율을 적용하여 현재효용으로 전환한다. 따라서 생산자의 후생방정식은 [17-4]식과 같다.

$$W = U_1 + \frac{U_2}{1+r} \quad \cdots\cdots \text{[17-4]}$$

$$\text{여기서 } U_1 = a + b(Q_1 - Q_1^*) \quad \cdots\cdots \text{[17-5]}$$

$$U_2 = a + b(Q_2 - Q_2^*) \quad \cdots\cdots \text{[17-6]}$$

따라서 생산자의 목적함수는 [17-7]식이 된다.

$$\text{Max } W = [a + b(Q_1 - Q_1^*) - C(Q_1)] + \frac{1}{1+r}[a + b(Q_2 - Q_2^*) - C(Q_2)] \quad \cdots\cdots \text{[17-7]}$$

이제 [17-7]식의 Q_2^*항을 [17-2]식을 이용하여 바꾸어 줌으로써 우리는 Q_2^*항을 Q_1항과 연결시킬 수 있다.

극대화의 필요조건으로서 [17-7]식을 Q_1에 대해 1차 미분하면 [17-8]식이 유도된다.

$$\frac{\partial W}{\partial Q_1} = b - \frac{\partial C}{\partial Q_1} - \frac{1}{1+r}(bd) = 0 \qquad \cdots\cdots \text{[17-8]}$$

[17-8]식을 정돈하면 [17-9]식이 된다.

$$MC_1 = \frac{\partial C}{\partial Q_1} = b - \frac{bd}{1+r} \qquad \cdots\cdots \text{[17-9]}$$

이제 생산자는 [17-9]식을 만족시키는 Q_1값을 찾으면 된다. 이것은 〈그림 17-4〉를 보면 확연해진다. 한계비용곡선은 〈그림 17-2〉에서 이미 확인되었다.

따라서 MC곡선과 $b - \frac{bd}{1+r}$값이 만나는 M점에서 균형이 이

그림 17-4 최적현재생산량 결정

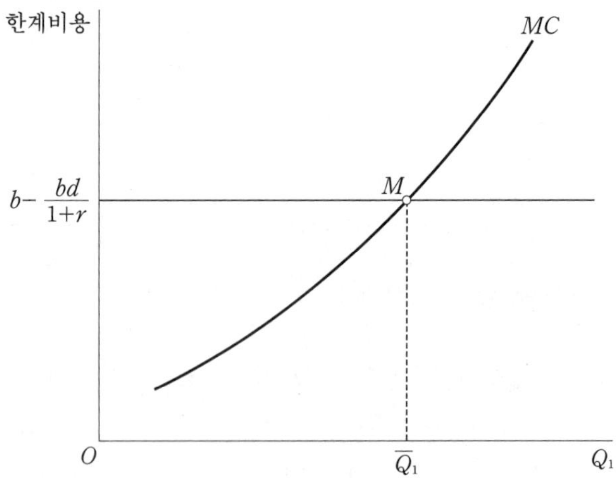

루어지며 이때 Q_1이 생산자에게 최적생산량이 된다.

〈그림 17-4〉를 근거로 하여 우리는 다음 몇 가지 추가적 사실을 알아낼 수 있다. b값이 오르면 이것은 초과달성에 대한 보상액이 커진다는 것이기 때문에 생산자는 Q_1 생산을 증가시킬 것이다. 〈그림 17-4〉에서 b가 상승하면 절편 값이 커질 것으로 예상된다. 왜냐하면 여기서 b와 d값은 모두 0보다는 크지만 1보다 작은 수이기 때문이다. 만일 d값이 오르면 어떻게 될까? 그것은 생산자가 현재 목표생산을 초과하면 그만큼 미래의 목표생산 수준이 높아지기 때문에 생산자에겐 반갑지 않다. 〈그림 17-4〉에서도 d값이 커지면 절편이 아래로 하락하기 때문에 최적생산량 Q_1이 낮아진다.

이러한 유인제도에는 약점이 있다. 목표생산량을 중앙기획단이 일방적으로 정하기 때문에 생산자가 좀더 최선을 다할 수 있는 기회를 정부가 처음부터 막아버린다는 사실 때문이다. 그래서 이러한 문제를 시정하기 위해 정부의 목표량 이외 생산자 스스로가 목표량을 정하게 하는 것이다. 그래서 생산자의 목표량을 초과하면 그에 따라 추가적인 보상금을 정해 줌으로써 앞서 소개된 유인제도를 개선시킬 수 있다.

참고문헌

Berliner J. S., *The Innovation Decision in Soviet Industry*, MIT Press, 1976.

Friedman, Milton, *Capitalism and Freedom*, University of Chicago Press, 1962.

Hayek, F. A., *The Road to Serfdom*, University of Chicago Press, 1944.

Lange, Oscar, *On the Economic Theory of Socialism*, 1938.

Schumpeter, J. A., *Capitalism, Socialism and Democracy*, Allen and Unwin, 1966.

Weitzman, M., "The New Soviet Incentive Model," *Bell Journal of Economics*, 1976.

CHAPTER

경 / 제 / 발 / 전 / 론

18 비용편익분석

발전경제학에서 비용편익분석에 대한 논의를 빼놓을 수 없다. 비용편익분석은 기업이나 개인 차원에서도 중요하지만, 공공투자를 위해 정보가 희소한 자원을 동원할 때 공공투자의 수익성을 철저하게 따져보지 않을 수 없다. 정보투자라 하더라도 투자비용에 비하여 투자수익이 충분히 보장되어야 투자의 정당성이 확보된다. 투자의 순수익성을 평가할 때 크게 두 가지 기준이 있는데, 순현재가치(Net Present Value: NPV) 기준과 내부수익률(Internal Rate of Return: IRR) 기준이 이에 속한다.

제 1 절 | 순현재가치(NPV) 기준

이제 특정 투자를 위해 일정 규모의 자금이 이자율 r로 확보되었다고 하자. 앞으로 있을 투자의 결실을 현재가치화한 금액과 투자기간에 소요되는 총투자비용을 현재가치화한 금액을 비교하여 전자가 후자를 능가하면 투자에 임하고 그 반대이면 그 사업은 투자할 가치가 없어진다. 이를 방정식 체계로 설명하면 다음과 같다.

$$\mathrm{NPV} = -I_0 + \sum_{t=1}^{N} \frac{(B_t - C_t)}{(1+r)^t} + \frac{S_N}{(1+r)^N} \qquad \cdots\cdots [18\text{-}1]$$

[18-1]식에서 I_0는 초기의 투자비용을, B_t는 특정 시점(t)에서의 투자수익을, C_t는 특정 시점의 사업비용을, S_N은 투자의 마지막 시점에서의 기계 및 장비의 중고가격을 가리킨다. 여기서 투자기간은 N기간이다. [18-1]식의 NPV값이 양이면 우선 투자가치가 있다고 본다.

이때 개별기업의 경우 이 사업은 이미 관심 있는 투자사업으로 시작되었으므로 당장 투자절차를 밟을 것이다. 그러나 국가 사업인 경우 이 사업 외에 다른 사업들이 여러 개 존재할 수 있다. 그래서 국가차원에서는 여러 개의 공공사업을 평가할 때는 각 사업의 NPV를 계산한 후, NPV값이 큰 순서대로 우선 순위를 결정한다.

[18-1]식에서 보는 바와 같이 NPV값은 이자율에 따라 변동한다. 이자율 r이 상승할수록 NPV값은 하락한다. 그래서 일단 투자수익성이 보장된다 하더라도 이자율이 상승하면 투자수익성이 낮아져서 투자가치가 없어질 수도 있다. 이렇듯 NPV와 이자율의 관계는 음의 관계에 있다.

이제는 실제로 여러 개의 공공사업을 선택하는 경우를 고려해 보자. 〈표 18-1〉에서 A, B, C, D, E 의 5개 사업이 있는데 이 중에서 어떤 사업이 가장 수익성이 큰지 그리고 그 다음으로 수익성이 큰 사업이 어떤 것인지 그 순서를 아는 것이 필요하다.

〈표 18-1〉을 보면 A사업은 처음에 100의 비용이 들고, 제1기간에는 110의 수익을 내지만, 제2기에는 아무런 수익이 없다.

표 18-1 투자사업의 기간별 비용수익표(할인율: 3%)

사업 \ 기간	0	1	2
A	−100	110	0
B	−100	0	115
C	−100	106	0
D	−50	52	0
E	−200	2	208

B사업은 1기에는 수익이 없지만, 2기에는 115의 수익을 낸다. 이 5개의 사업의 할인율이 3%라고 하면, 위에서 [18−1]식의 공식을 적용하여 사업순수익을 계산해 보면 다음 〈표 18−2〉와 같다.

〈표 18−2〉에서 고려되고 있는 다섯 개의 사업 중에서 NPV수익률은 B사업이 8.399%로 가장 높았으며 그 다음이 A, C, D, E 사업 순서이다. E사업은 수익률이 음수이므로 할인율 3%인 경우에는 추진해서는 안 되는 사업이다. 여기서 주목해야 할 것은 할

표 18-2 NPV 수익률 계산표

할인율: 3%	할인율 : 5%
$NPV_A = -100 + \frac{110}{1.03} = 6.796$	$NPV_A = 4.76$
$NPV_B = -100 + \frac{115}{1.03^2} = 8.399$	$NPV_B = 4.31$
$NPV_C = -100 + \frac{106}{1.03} = 2.913$	$NPV_C = 0.95$
$NPV_D = -50 + \frac{52}{1.03} = 0.485$	$NPV_D = -0.48$
$NPV_E = -200 + \frac{2}{1.03} + \frac{208}{1.03^2} = -2.00$	$NPV_E = -9.43$

인율이 3%이므로 만약 할인율이 높아진다면, NPV수익률이 달리 계산될 수 있음을 주목해야 한다. 예를 들면, 할인율이 5%인 경우에는 A사업이 NPV수익률 4.76%로 B사업의 NPV수익률 4.31%를 초과하게 되어 A사업을 B사업보다 투자의 우선 사업으로 선정해야 할 것이다.

제 2 절 | 내부수익률 기준

사업의 우선 순위를 정하는 데 있어 내부수익률 기준을 쓰기도 한다. 내부수익률이란 사업의 순투자수익이 0이 되는 수익률을 가리킨다. 예컨대 A사업의 경우, $-100+\frac{110}{1+r}+\frac{0}{(1+r)^2}=0$을 만족시키는 r값이 내부수익률이다. 이때 r값은 0.1로써 내부수익률(Interest Rate of Return: IRR)이 10%가 된다는 의미이다. 각 사업에 대하여 내부수익률(IRR)을 계산하면 〈표 18-3〉과 같다.

내부수익률 기준에 의하면 A사업이 가장 투자수익성이 크게

표 18-3 내부수익률(IRR) 계산표

A사업	$-100+\frac{110}{1+r}+\frac{0}{(1+r)^2}=0$	$r_A=10\%$
B사업	$-100+\frac{0}{1+r}+\frac{115}{(1+r)^2}=0$	$r_B=7.24\%$
C사업	$-100+\frac{106}{1+r}+\frac{0}{(1+r)^2}=0$	$r_C=6\%$
D사업	$-50+\frac{52}{1+r}+\frac{0}{(1+r)^2}=0$	$r_D=4\%$
E사업	$-200+\frac{2}{1+r}+\frac{208}{(1+r)^2}=0$	$r_E=2.48\%$

나타났고, B, C, D, E 순으로 나타났다. 여기서 주목할 사실은 앞에서 NPV수익률 기준에 의하면 B사업이 가장 유리한 것으로 나타난 반면에, 내부수익률 기준으로 하는 경우에는 A사업이 가장 유리한 것으로 나타났다는 것이다. NPV 기준과 IRR 기준은 계산상 가끔씩 수학적인 허근문제가 발생하기도 하며, 1개 이상의 IRR수익률이 발생하기 때문에, 음의 수익률은 우선적으로 제외하고, 적정한 할인율의 초기값을 설정하도록 유의해야 한다. 예컨대, 지금 900의 투자비용이 들어가고, 1기에는 1,900의 수익이 2기에는 1,000의 비용이 나는 사업인 경우 내부수익률을 구해 보면 다음과 같이 2개의 근이 나온다.

$$-900+\frac{1{,}900}{1+r}-\frac{1{,}000}{(1+r)^2}=0 \qquad \cdots\cdots \text{[18-2]}$$

양변에 $(1+r)^2$을 곱하고, 100으로 나누면,

$$9(1+r)^2-19(1+r)+10=0 \qquad \cdots\cdots \text{[18-3]}$$

$$r(9r-1)=0 \qquad \cdots\cdots \text{[18-4]}$$

따라서, $r=0$ 또는 0.11이다. 이런 경우 의미 있는 내부수익률은 11%이다.

참고문헌

Dasgupta, P. and Margin, Stephen and Sen, Amartya, *Guidelines for Project Evaluation*, UNIDO, 1972.

Deepak, L., *Methods of Project Analysis: A Review*, The Johns Hopkins University Press, 1974.

Lal, D., *On Estimating Certain Intertemporal Parameters for Project Analysis*, IBRD, 1973.

CHAPTER 19 산업연관분석론

제 1 절 | 산업연관론의 생성배경

선진국이든 개도국이든 어느 국가든지 규모와 속도 차이는 있을지언정 성장하고 발전한다. 제2차 세계대전 이후 개도국과 신생국들은 매우 빠른 속도의 경제성장을 경험하였다. 특히 70~80년대에 아시아 공업국은 엄청난 경제성장과 경제발전을 이룩하였다.

이들 국가의 대부분은 IMF, 세계은행, 아시아개발은행 등의 국제기구로부터 특혜성 장기저리 차관을 도입하여 경제개발투자에 사용하였다. 다만 이들은 면밀한 경제개발계획서를 작성하여 자금을 공여해 주는 기관을 설득할 수 있어야 개발자금을 얻을 수 있었다.

중장기 경제개발계획서를 작성하는 데에 있어 투입산출모형을 이용한 산업연관분석은 필수불가결한 것이었다. 산업간 경제적 흐름을 볼 수 있어야 개별 산업의 성장추이를 알 수 있으며 또한 각 산업이 필요로 하는 노동과 자본, 기타 원료 등 생산요소의 규모를 알 수 있게 된다.

산업연관분석은 한 산업에서 다른 산업으로 재화와 용역이 흐르는 상황을 분석하는 것인데 소위 투입-산출표를 사용하여 산업간 경제적 의존관계를 분석한다.

제 2 절 | 투입 · 산출모형

모든 산업은 각기 생산요소의 공급과 수요라는 상호 의존관계에 있다. 한 산업에서 생산을 하기 위해서는 다른 산업으로부터 원자재를 얻어와야 한다. 그리고 또 이 산업에서 생산된 제품은 다른 산업의 생산요소가 될 수 있으며 이런 산업간 관계는 특정 제품이 최종소비자에게 전달되기까지 무수히 많이 존재한다.

예컨대 철강산업은 석탄산업이나 철광석 채취산업으로부터 원자재를 받아온다. 그리고 철강산업은 자동차 부품산업에 정제된 철강을 공급하며 자동차 부품산업은 엔진 등의 철강제 부품을 자동차산업에 공급한다. 한 국가 내의 全산업에서 생산되는 제품의 수량은 얼마이며 또 한 산업의 제품이 다른 산업의 생산요소가 되는 규모는 어떠하며 소비자에게 최종제품으로 공급되는 규모는 얼마가 되는가를 아는 것이 일국의 산업정책과 경제성장전략에 매우 중요하다. 이것을 가능하게 하는 것이 투입 · 산출모형이다.

산업간 투입 · 산출모형을 알기 쉽게 설명하기 위해 〈표 19-1〉에서 보듯이 건설, 철강, 석탄의 3개 산업을 설정한다. 물론 실제 산업수는 이보다 훨씬 많다. 그리고 물량 기준으로는 산업간 물량의 가감(加減)이 어려우므로 모든 거래를 가치 기준으로 표시한다.

〈표 19-1〉에 의하면 건설산업의 총생산액은 80이며 이 중 45는 건설산업을 포함하여 다른 산업에서 중간재로 사용되었으며 나

표 19-1 산업간 투입 · 산출표

	중 간 재			총중간재 사용	최종수요	총사용
	건설(I)	철강(II)	석탄(III)			
건설(I)	10(X_{11})	15(X_{12})	20(X_{13})	45	35	80(X_1)
철강(II)	0(X_{21})	15(X_{22})	30(X_{23})	45	40	85(X_2)
석탄(III)	20(X_{31})	0(X_{32})	10(X_{33})	30	45	75(X_3)
총투입량	30	30	60			
1차적요소	50	55	15			
총산출량	80(X_1)	85(X_2)	75(X_3)			

머지 35는 소비자의 최종소비로 사용되었다. 같은 방법으로 석탄산업은 75를 생산하여 이 중 30은 다른 산업에 중간재로 사용되었으며 나머지 45는 최종소비로 사용되었다.

이렇듯 〈표 19-1〉을 왼쪽에서 오른쪽으로 훑어보면 생산된 제품이 중간재와 최종소비재로 나누어 사용되었음을 알 수 있다.

이제는 〈표 19-1〉을 위에서 아래로 훑어보면 각 산업의 생산과정에서 투입되는 요소의 규모를 알 수 있다. 예컨대 건설산업의 경우 총생산액은 80이다. 그러나 이를 생산하기 위해 투입된 요소는 건설산업 자체에서 공급한 10, 석탄산업에서 구입해 온 20으로 총 30의 중간재 구입이 있었으며 또한 50만큼 1차적 요소의 구입이 있었다. 여기서 1차적 요소란 노동, 자본 및 부가가치를 포함한다.

제 3 절 | 투입 · 산출모형의 응용

산업간 재화와 용역의 흐름을 보다 체계적으로 분류하기 위하여 〈표 19-2〉를 작성할 수 있다. 〈표 19-2〉는 〈표 19-1〉을 근거로 하였는데 〈표 19-1〉을 보면 건설산업에서 철강산업에 중간재로 공급한 규모는 15이며 건설제품이 중간재로 사용된 총규모는 45이다. 그리고 건설제품의 최종수요는 35이므로 건설제품의 총사용은 80이 된다. 한편 80의 건설제품을 생산하기 위해 투입되는 생산요소는 총 30단위로서 10단위의 건설제품과 20단위의 석탄이다. 만일 이런 관계가 1년이든지 3년이든지 특정 단기간 동안 변하지 않는다고 가정할 수 있다면 산업간의 재화의 흐름 또는 재화거래를 체계적으로 분석할 수 있게 된다. 사실 한국은행은 우리나라 산업 연관표를 5년 주기마다 개정하는데 3년마다 산업간 투입계수를 재조정한다.

〈표 19-1〉에서 X_{11}의 값은 10이었다. 만일 일정 기간 동안 X_{11}의 값은 X_1의 일정 비율 a_{11}을 유지한다고 한다면 X_{11}은 〈표 19-2〉에서와 같이 $a_{11}X_1$으로 대체될 수 있으며 이때 a_{11}은 투입계수가 된다. 이와 같은 방법으로 각 산업의 투입계수가 결정된다.

표 19-2 산업간 투입계수 및 총수요

	건설(Ⅰ)	철강(Ⅱ)	석탄(Ⅲ)	최종수요	총수요
건설(Ⅰ)	$a_{11}X_1$(10)	$a_{12}X_2$(15)	$a_{13}X_3$(20)	F_1(35)	X_1(80)
철강(Ⅱ)	$a_{21}X_1$(0)	$a_{22}X_2$(15)	$a_{23}X_3$(30)	F_2(40)	X_2(85)
석탄(Ⅲ)	$a_{31}X_1$(20)	$a_{32}X_2$(0)	$a_{33}X_3$(10)	F_3(45)	X_3(75)

총수요는 중간재수요와 최종수요를 합한 것이므로 다음 연립 방정식이 성립한다.

$$X_1-(a_{11}X_1+a_{12}X_2+a_{13}X_3)=F_1 \qquad \cdots\cdots [19\text{-}1]$$

$$X_2-(a_{21}X_1+a_{22}X_2+a_{23}X_3)=F_1 \qquad \cdots\cdots [19\text{-}2]$$

$$X_3-(a_{31}X_1+a_{32}X_2+a_{33}X_3)=F_1 \qquad \cdots\cdots [19\text{-}3]$$

위의 3원 연립방정식은 다음과 같이 간단한 행렬방정식으로 표시된다.

$$X-AX=F \qquad \cdots\cdots [19\text{-}4]$$

$$(I-A)X=F \qquad \cdots\cdots [19\text{-}5]$$

여기서

$$X=\begin{bmatrix} X_1 \\ X_2 \\ X_3 \end{bmatrix} \qquad A=\begin{bmatrix} a_{11} & a_{12} & a_{13} \\ a_{21} & a_{22} & a_{23} \\ a_{31} & a_{32} & a_{33} \end{bmatrix}$$

$$F=\begin{bmatrix} F_1 \\ F_2 \\ F_3 \end{bmatrix} \qquad I=\begin{bmatrix} 1 & 0 & 0 \\ 0 & 1 & 0 \\ 0 & 0 & 1 \end{bmatrix}$$

을 각각 나타낸다. X값을 구하기 위해 위의 [19-5]식을 재정리하면

$$X=(I-A)^{-1}F \qquad \cdots\cdots [19\text{-}6]$$

여기서 $(I-A)^{-1}$은 $(I-A)$의 역행렬로서 레온티에프(Leontief)가 처음 다루었다고 하여 이것을 레온티에프 역행렬이라고도 불린다. 이때 최종수요에 관한 정보를 보면 각 산업의 생산을 알아낼

수 있다.

역행렬값을 구할 수 있는 경우 [19-6]식은 [19-7]식으로 변형된다.

여기서 r_{ij}는 레온티예프 역행렬의 구체적인 값을 나타낸다.

$$\begin{bmatrix} X_1 \\ X_2 \\ X_3 \end{bmatrix} = \begin{bmatrix} r_{11} & r_{12} & r_{13} \\ r_{21} & r_{22} & r_{23} \\ r_{31} & r_{32} & r_{33} \end{bmatrix} \begin{bmatrix} F_1 \\ F_2 \\ F_3 \end{bmatrix} \qquad \cdots\cdots \text{[19-7]}$$

이제 레온티예프의 역행렬을 이동하여 각 산업에서 필요로 하는 생산요소의 규모를 구하기 위해 〈표 19-1〉로 다시 거슬러 올라가 보자. 거기서 각 산업은 각 산업에서 구입한 중간재요소와 노동, 자본 등의 1차적 요소를 투입하여 제품을 생산해 낸다. 만일 우리가 노동이나 자본의 투입계수를 알면 각 산업에서 필요한 요소수량을 사전에 측정해 낼 수 있다.

예컨대 $L_1 = l_1X_1$ 및 $K_1 = k_1X_1$이 성립한다면 산업의 총생산량 결정은 노동과 자본의 수요량을 즉각적으로 알게 해 준다.

참고문헌

Cameron, B., *Input-Output Analysis and Resource Allocation*, Cambridge University Press, 1968.

Chenery, H. and Clark, P., *Interindustry Economics*, Wiley and Sons, Inc., 1959.

Ghosh, A., *Planning, Programming and Input-Output Models: Selected Papers on Indian Planning*, Cambridge University Press, 1968.

Unite Nations, Economic Commission for Latin America, "The Input-Output Model," *Economic Bulletin for Latin America*, 1956. 12.

CHAPTER 20

경 / 제 / 발 / 전 / 론

생산요소의 사회적 기회비용

제 1 절 | 배 경

앞에서 보았듯이 공공투자사업의 총비용과 총수익을 평가하기란 쉽지 않다. 미래의 불확실성 때문이기도 하지만, 그 사업에 투입되는 자원의 가치를 정확하게 계산하는 일이 매우 어렵기 때문이다. 자본, 노동, 외환 등의 주요 투입요소의 기회비용을 알아야 공공투자의 정당성을 가늠할 수 있다. 그런데 후진국의 경우 시장이 대체로 왜곡되어 있으며, 시장의 기능이 정상적으로 가동되지 않아 요소의 정확한 시장가치를 파악하기가 어렵다.

자본의 경우 후진국에서는 대외적으로 시장이 단단히 닫혀 있으며 대내적으로 자금이 정부의 산업정책에 의해 인위적으로 분배되고 있어서 자본의 진정한 가치, 즉 자본의 사회적 기회비용을 계산하기가 쉽지 않다.

노동의 경우 노동시장의 기능이 경직되어 있으며 같은 기술과 생산성이 있는 노동자라도 부문간 노동이동의 부자유 때문에 임금 차이가 발생하기도 한다.

외환의 경우 관세 및 비관세 장벽을 포함한 각종 수입규제 때문에 외환의 사회적 기회비용을 계산하기가 쉽지 않다. 또한 고정환율제, 이중환율제 등으로 인하여 환율이 시장의 수급 상황을 정확히 반영하지 못하게 된다.

이런 상황에서도 정부가 자본, 노동, 외환 등 귀중한 자원을 동원하여 공공투자를 추진하기 때문에 어떻게 해서든 각 요소의 사회적 기회비용을 측정할 수 있어야 한다. 따라서 본장에서는 자본시장, 외환시장, 노동시장 순서로 각 요소의 사회적 기회비용에 관해 논의하고자 한다.

여기에서 우리가 다루는 생산요소의 사회적 비용의 개념은 1970년대 후반 당시 시카고대학의 하버거(A. Harberger) 교수가 결국 시장이 정상적으로 작동하는 경우와 비정상으로 왜곡되어 있는 경우를 구별하고 두 개 또는 다수의 요소가격을 가중평균한 것이 가장 적절한 사회적 비용이라고 보는 것이다. 딱딱한 수학적 접근보다 하버거 교수의 도식화 접근법을 기본으로 하여 그림과 그래프로 설명하고 있어 비교적 이해하기가 쉽다.

제 2 절 | 자본의 사회적 기회비용

어떤 경제 주체가 단기자금을 쓰든 장기자본을 조달하든 이에 따라 기회비용을 따져보는 것은 매우 중요하다. 특히 정부가 대규모 공공사업을 계획할 때 사업의 수익성을 철저히 평가해야 함과 동시에 동원되는 자본의 사회적 기회비용을 평가해야 한다.

1. 자본시장에 왜곡이 없는 경우

자본시장의 수요와 공급에 있어서 조세부과나 독과점 등의 시장 왜곡이 전혀 없는 경우 정부가 자본시장에서 조달하는 자본의 사회적 기회비용은 조달 전의 금리와 조달 후의 금리의 가중평균 금리가 된다.

그 이유는 〈그림 20-1〉을 통해 설명될 수 있다. $D_0(r)$은 자본의 수요함수를 나타내고 여기에서 r은 자본의 한계수익률을 가리킨다. 그래서 자본의 사용자인 민간투자가가 자본의 수요자가 된다. $S(i)$는 자본의 공급함수로서 i는 저축금리를 가리킨다. 여기서 당연히 민간저축은 금리와 정의 관계에 있으며 자본의 수요는 자본의 한계수익률과 부(負)의 관계에 있다. 그리고 자본시장에서 왜곡현상이 없으므로 i와 r은 균형점에서 항상 일치한다.

이제 정부가 $\Delta Q(=\Delta Q_1+\Delta Q_2)$만큼의 자본을 조달하는 경우 자

그림 20-1 자본시장의 왜곡이 없는 경우 자본의 사회적 기회비용

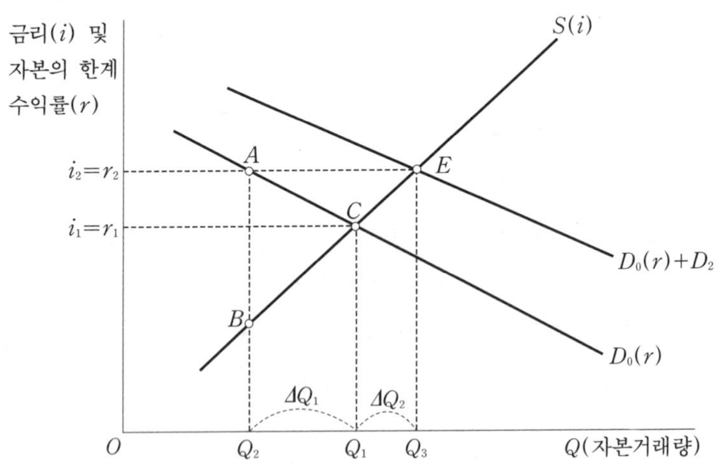

본수요의 강세로 자본시장에서 금리가 상승하여 시장금리가 i_1에서 i_2로 변한다. 〈그림 20-1〉에서 금리상승으로 민간투자수요가 감소하여 민간의 자본사용량은 OQ_1에서 OQ_2로 내려온다. 이때 자본감소량은 $\varDelta Q_1$인데 이것만으로는 정부의 투자수요인 $\varDelta Q_2$에 못 미친다. 금리상승으로 국민저축이 $\varDelta Q_2$만큼 증대하여 결국 이것이 부족한 정부 투자재원을 보충한다.

민간투자의 감소로 민간부문은 AQ_2Q_1C 면적만큼 생산을 잃게 되며, 동시에 저축증가로 인한 소비감소 효과가 CQ_1Q_3E 면적만큼 나타난다. 이로써 민간이 부담하는 총비용은 다음 [20-1]식으로써 표현된다.

$$TC = \frac{1}{2}\varDelta Q_1(i_1 + i_2) + \frac{1}{2}\varDelta Q_2(i_1 + i_2)$$
$$= \frac{1}{2}(i_1 + i_2)(\varDelta Q_1 + \varDelta Q_2) = \frac{1}{2}(i_1 + i_2)\varDelta Q \cdots\cdots \text{[20-1]}$$

[20-1]식은 정부가 $\varDelta Q$ 자본을 사용하면서 민간이 부담하는 총비용이므로 1단위 자본에 대한 사회적 기회비용은 [20-2]식으로 표현된다.

$$\frac{TC}{\varDelta Q} = \frac{1}{2}(i_1 + i_2) \qquad \cdots\cdots \text{[20-2]}$$

따라서, 정부가 사용하는 1단위 자본의 사회적 기회비용은 사용 전의 금리와 사용 후의 금리의 평균(산술)금리가 되는 것이다.

2. 자본시장에 왜곡이 있는 경우

실제 자본시장에서는 어떤 형태든 왜곡현상이 발견된다. 예컨대 부과되는 법인세는 기업의 투자마인드를 위축시켜 그만큼 자본

그림 20-2 법인세 부과시 정부의 자본사용의 사회적 기회비용

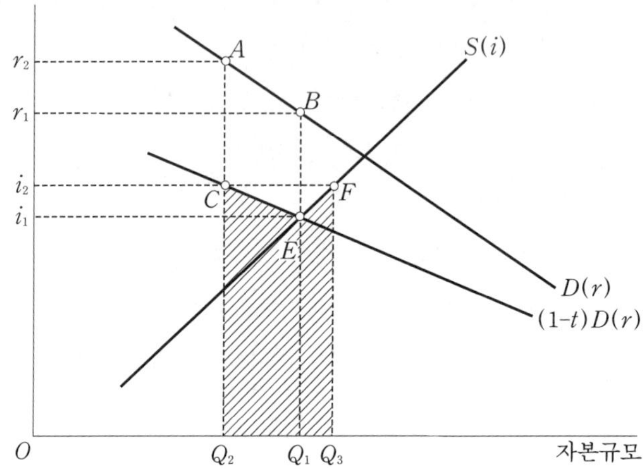

수요량을 감소시키는 효과를 낸다. 또한 이자소득세는 사람들의 저축 동기를 억제하여 결국 자본의 공급량을 감소시킨다.

먼저 법인세가 부과되는 경우 자본의 사회적 기회비용은 〈그림 20-2〉를 통해 유도해 볼 수 있다. 만약 법인세가 t세율로 부과되면 법인세 납부 후 기업에 돌아가는 한계생산물은 그만큼 적어지기 때문에 실질적으로 기업에 영향을 주는 수요곡선은 〈그림 20-2〉에서처럼 $(1-t)D(r)$로 나타내진다. 이런 상태에서 정부가 ΔQ만큼 자본을 조달하면, 자본시장에서의 총수요가 증대하여 저축금리는 i_1에서 i_2 수준으로 상승한다. 따라서 총저축은 OQ_1에서 OQ_3 수준으로 증가한다. 그러나 정부투자로 인해 구축효과(Crowding-Out effect)로 민간투자규모는 OQ_1에서 OQ_2 수준으로 감소한다.

민간부문에서 민간기업의 투자의 감소로 총생산물은 AQ_2Q_1C 면적만큼 줄어든다. 그러나 법인세는 불가피하기 때문에 총생산물

손실인 면적에서 법인세액을 나타내는 $ACEB$ 면적을 감소해 주어야 한다. 따라서 정부투자로 인하여 잃게 되는 생산물은 CQ_2Q_1E 면적과 같다. 한편 저축곡선 아래의 면적은 저축으로 인하여 민간이 희생해야 하는 부분이다. 사람들은 저축하여 이자소득을 얻는 대신 현재의 소비를 어느 정도 희생해야 한다. 이때 사람들이 희생하는 부분이 바로 EQ_1Q_3F 면적이 된다.

따라서, 정부의 투자 및 자본사용과 관련하여 민간이 부담하는 총비용은 CQ_2Q_1E 면적과 EQ_1Q_3F 면적을 합한 것과 같다. 이것을 방정식으로 표현하면 [20-3]식과 같다. 단, 〈그림 20-2〉의 곡선이 모두 직선이라고 가정한 상태에서 방정식을 도출한 것이다.

$$TC = \frac{1}{2}(OQ_1 - OQ_2)(1-t)(r_1 + r_2) + \frac{1}{2}(OQ_3 - OQ_1)(i_1 + i_2) \quad \cdots\cdots \text{[20-3]}$$

여기서 $(1-t)r_1 = i_1$이며 $(1-t)r_2 = i_2$이므로 다음 [20-4]식이 가능해진다.

$$\begin{aligned} TC &= \frac{1}{2}(OQ_1 - OQ_2)(1-t)(r_1 + r_2) + \frac{1}{2}(OQ_3 - OQ_1)(1-t)(r_1 + r_2) \\ &= \frac{1}{2}(OQ_3 - OQ_2)(1-t)(r_1 + r_2) \quad \cdots\cdots \text{[20-4]} \end{aligned}$$

다음 [20-4]식을 ΔQ로 나누어 주면, 1단위 자본을 정부가 사용할 때 발생하는 사회적 기회비용인 [20-5]식이 도출된다.

$$\frac{TC}{\Delta Q} = \frac{1}{2}(1-t)(r_1 + r_2) \quad \cdots\cdots \text{[20-5]}$$

이제는 법인세와 이자소득세의 두 가지 왜곡이 있는 경우를 살펴보자. 법인세가 t율로 부과되며 이자소득세가 τ(타오)율로 부

그림 20-3 이자소득세와 법인세가 병행하여 부과되는 경우 정부의 자본사용의 사회적 기회비용

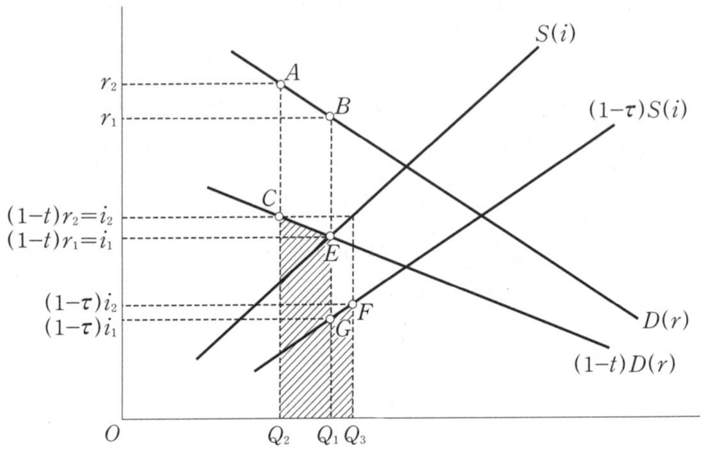

과된다고 가정하자. 그래서 자본의 한계수익률은 r_1이며 법인세를 제한한 후의 한계수익률은 $(1-t)r_1$이 될 것이며, 이자소득세를 뺀 후 $(1-\tau)i_1$만큼 이자소득이 저축하는 사람에게 돌아갈 것이다.

이런 상황에서 정부가 공공투자를 위해 자본시장에서 자금을 조달한다고 하면, 총생산은 민간자본의 감축으로 인하여 AQ_2Q_1B 만큼 감소하고 동시에 이자율상승으로 인하여 저축증대가 예상된다. 이때 비록 총생산이 감소하더라도 그 중에서 $ACEB$ 면적은 법인세에 해당하므로 정확한 총생산손실은 CQ_2Q_1E 면적이 된다. 같은 방법으로 강제저축으로 인한 소비희생은 이자소득세를 제외한 후 GQ_1Q_3F 면적이 된다.

따라서 이 두 면적을 방정식으로 표현한다면, [20-6]식과 같이 됨을 알 수 있다.

$$TC = \frac{1}{2}(OQ_1 - OQ_2)(1-t)(r_1 + r_2) + \frac{1}{2}(1-\tau)$$

$$(i_1 + i_2)(OQ_3 - OQ_1) \qquad \cdots\cdots [20\text{-}6]$$

이에 따라 1단위 자본의 사회적 기회비용은 [20-6]식을 ΔQ로 나누어 준 [20-7]식의 값이 된다.

$$\frac{TC}{\Delta Q} = \frac{1}{2}(1-t)(r_1 + r_2)\frac{OQ_1 - OQ_2}{OQ_3 - OQ_2} + \frac{1}{2}(1-\tau)(i_1 + i_2)\frac{OQ_3 - OQ_1}{OQ_3 - OQ_2} \qquad \cdots\cdots [20\text{-}7]$$

제 3 절 | 외환의 사회적 기회비용

이제 정부가 특정 사업을 수행하기 위해 외국으로부터 물자를 수입하고자 한다고 가정하자. 수입을 하기 위해서는 외국자금이 필요하다. 정부가 외환을 사용하게 되면, 그만큼 민간부문에서 못 쓰게 되는데, 이때 정부에 의한 외환사용의 사회적 기회비용을 측정하기 위해서는 정부의 행위가 구체적으로 외환시장에 어떤 영향을 주며, 그로 인해 민간의 외환사용이 어떤 영향을 받게 되는가를 보아야 한다.

우선 정부의 외환사용의 사회적 기회비용을 도식화하면 〈그림 20-4〉와 같다. 여기서 D곡선은 외환수요곡선으로서 민간의 수입곡선을 나타내며 S곡선은 외환공급곡선으로서 민간의 수출곡선을 나타낸다. 정부가 특수목적을 위하여 외환을 ΔQ만큼 사용한다면, 외환시장에서 총외환수요의 증가로 환율이 e_1에서 e_2로 상승한다.

이 같은 환율상승으로 민간수입은 감소하게 된다. 한편 환율상승으로 수출은 증가하지만, 이로 인하여 증대되는 외환의 수입

그림 20-4 정부의 외환사용의 사회적 기회비용

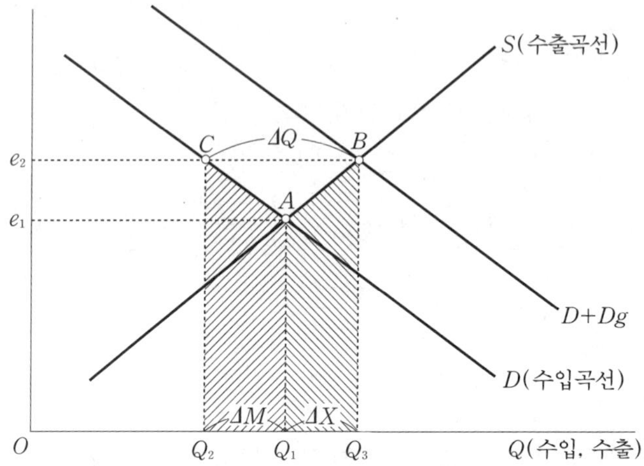

은 정부가 사용하게 된다. 따라서 정부의 외환사용분인 ΔQ는 민간부문의 수입감소인 ΔM과 수출증가분인 ΔX의 합의결과로 충당된다. 그러므로 정부의 외환사용 때문에 민간부문의 희생을 치르게 되는 비용은 CQ_2Q_1A 면적과 AQ_1Q_3B 면적의 합으로 나타낼 수 있다.

여기서 민간인의 희생이라 표현한 이유는 다음과 같다. 수입물자를 통하여 민간인들이 얻는 총효용 또는 총수익은 수요곡선 아래의 면적이 된다. 그러므로 정부의 외환사용 때문에 민간인의 ΔM만큼 줄어들기 때문에 그로 인한 손실이 바로 CQ_2Q_1A 면적이 되는 것이다. 그러나 민간부문에서 부담하는 희생은 위의 면적이 전부가 아니다. ΔX만큼의 수출을 하기 때문에 정부수입의 일부를 충당할 수 있어 그에 들어가는 자원비용은 수출곡선 아래의 면적인 AQ_2Q_1B가 첨가되는 것이다.

〈그림 20-4〉의 모든 곡선이 직선이라고 가정한다면, 정부의 외

환사용으로 인한 총비용은 다음 [20-8]식에 의해 표현될 수 있다.

$$TC = \frac{1}{2}\Delta M(e_1 + e_2) + \frac{1}{2}\Delta X(e_1 + e_2)$$
$$= \frac{1}{2}(e_1 + e_2)(\Delta M + \Delta X) \qquad \cdots\cdots \ [20\text{-}8]$$

여기서 1단위 외환의 사회적 기회비용은 [20-8]식을 ΔQ, 즉 $(\Delta M + \Delta X)$로 나누면 된다. 따라서 정부의 외환사용의 단위당 사회적 기회비용은 e_1와 e_2의 산술평균이 된다.

이제 정부가 모든 수입품에 대해 관세를 부과한 경우 외환의 사회적 기회비용이 어떻게 달라지는지 알아보자. 관세부과는 외환시장에 영향을 주게 되는데 외환시장의 변동상황을 보기 앞서 일반 상품시장에서 소비세를 부과하였을 때 수요자 가격과 공급자 가격의 차이가 나타나는 상황을 살펴보자.

그림 20-5 소비세 부과의 경제적 효과

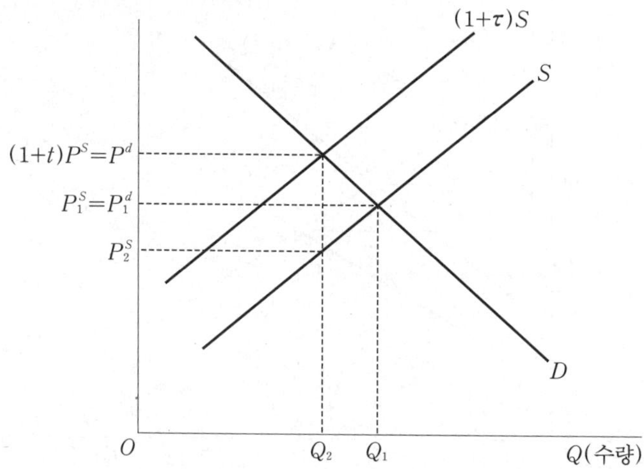

만일 정부가 술이나 담배 등의 기호상품에 소비세를 부과하면, 소비자의 부담이 커지게 됨으로써 소비량이 감소한다. 이를 도식화해 보면 〈그림 20-5〉와 같다. 여기에서 소비세율이 t라고 하면, 소비량은 Q_1에서 Q_2 수준으로 감량되며 수요자 가격과 공급자 가격 P^s간에 소비세액만큼 차이가 발생한다. 우리는 이 그림에서 소비세부과 후 소비자 가격은 상승하지만 공급자 가격은 하락한다는 사실을 확인할 수 있다. 여기서 공급자 가격이 하락하는 이유는 소비세부과 후 시장에 출하되는 상품공급량이 줄어들어 이것이 시장가격의 하락을 조장하기 때문이다.

똑같은 원리로 수입관세가 부과된 후 외환시장에서의 수요자 가격과 공급자 가격간에는 관세만큼의 차이가 발생한다. 그리고 외환거래규모도 감소한다. 〈그림 20-6〉에서 수입관세율이 τ일 때, 외환거래는 Q_0에서 Q_1 수준으로 감소하며 균형환율은 e_0에서 e_1으로 하락한다. 이때 적용환율에 더하여 관세부담이 증가하며, 그에

그림 20-6 수입관세부과 후 외환시장의 변동

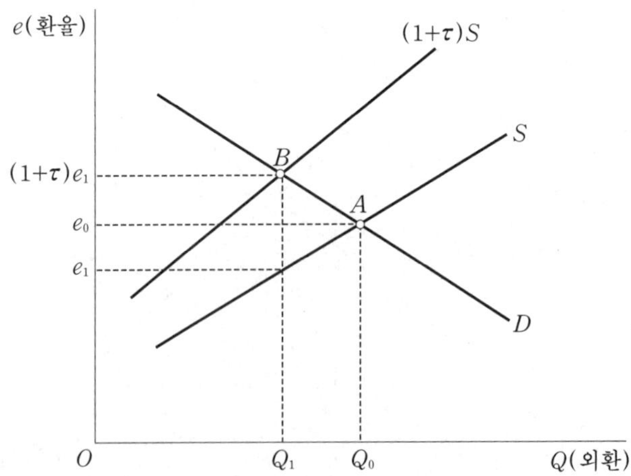

그림 20-7 관세부과의 경우 정부의 외환사용의 사회적 기회비용

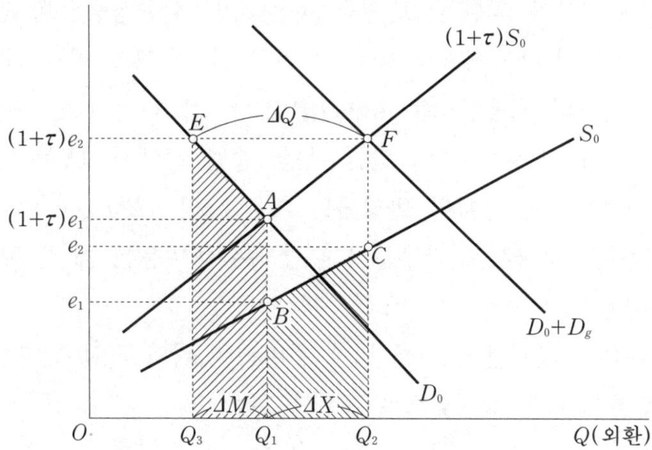

따라 국내소비자가 부담하게 되는 외환비용은 균형점이 A점에서 B점으로 옮겨가면서 관련 수입품에 대한 수요가 감량되는 것이다. 한편 외환을 공급하는 수출품 공급자들은 과세부과의 직접적인 영향을 받지 않는다. 따라서 관세부과 후 외환공급자에게 적용되는 환율이 e_1라면 수요자에게 적용되는 환율은 $(1+\tau)e_1$이 된다.

이제 이런 상황에서 정부가 외환을 사용할 때, 외환의 사회적 기회비용을 유도해 보자. 이를 〈그림 20-7〉을 통하여 보자. 여기서 정부가 외환을 사용하기 이전 외환거래량은 OQ_1이며 이때 수출업자 또는 수출품 생산자에 적용되는 환율이 e_1이다. 그리고 수입업자 또는 수입품 소비자에 적용되는 외환부담은 $(1+\tau)e_1$이다.

이런 상황에서 만일 정부가 EF만큼(또는 OQ_2-OQ_3) 외환을 사용하면, 외환수요곡선은 원래의 D_0곡선이 상향이동된 D_0+D_g곡선으로 대체된다. 이렇게 되면 외환시장에서의 총외환거래량은 Q_2 수준이 되며 그때 외환공급자에게 적용되는 환율은 e_2, 외환수요자에

게 적용되는 외환부담은 $(1+\tau)e_2$값이 된다.

이제 정부가 외환을 ΔQ만큼 사용하면, 환율상승으로 민간인 측의 수입량이 OQ_1-OQ_3 또는 ΔM만큼 감소하므로 이로 인한 수입품 소비자의 효용감소는 EQ_3Q_1A 면적으로 나타난다. 또한 정부의 외환사용으로 인하여 민간부문의 수출 중에서 ΔX는 정부를 위해 쓰여짐으로 인하여 발생되는 자원소모는 BQ_1Q_2C 면적으로 나타내진다. 따라서 민간부문이 부담하는 총비용은 이 두 면적의 합이 된다.

정부의 외환사용에 따른 민간 총비용은 위의 곡선이 직선이라는 가정하에 다음 방정식으로 표현할 수 있다.

$$TC=\frac{1}{2}\Delta M(e_1+e_2)(1+\tau)+\frac{1}{2}\Delta X(e_1+e_2) \quad \cdots\cdots \text{[20-9]}$$

[20−9]식을 ΔQ(또는 $\Delta M+\Delta X$)로 나누어 주면, [20−10]식과 같이 1단위 외환의 사회적 기회비용이 도출된다.

$$\frac{TC}{\Delta Q}=\frac{1}{2}(e_1+e_2)\left(\frac{\Delta M}{\Delta Q}(1+\tau)+\frac{\Delta X}{\Delta Q}\right) \quad \cdots\cdots \text{[20-10]}$$

만일 수입자유화로 관세가 없게 된다고 한다면, τ값은 제로가 될 것이며, 그렇게 되면 외환의 사회적 비용은 다시 e_1과 e_2의 산술평균이 될 것이다.

제 4 절 | 노동의 사회적 기회비용

〈그림 20−8〉에서 D와 S는 노동시장에서의 노동수요곡선과 노동공급곡선을 가리킨다. 노동의 수요와 임금은 역관계에 있기 때문에 노동수요곡선은 우하향한다. 노동수요곡선은 기업이 노동의 한

계생산물을 어떻게 평가하느냐에 달려 있다. 그래서 기업은 노동의 한계생산물이 지급하는 임금과 같아질 때까지 고용을 계속한다.

한편 노동공급곡선은 우상향한다. 왜냐하면 노동자의 입장에서 보면, 어느 수준까지는 임금이 높을수록 노동공급의 동기가 커지기 때문이다. 한계가치의 총합은 총가치가 된다는 수학적 특성 때문에 수요곡선, 즉 한계생산물곡선 아래의 면적은 총생산물을 나타내며, 노동공급곡선 아래의 면적은 노동으로 인하여 노동자가 느끼는 총비효용(negative utility)을 나타낸다.

이 분석에서 언급되는 임금은 실질임금을 가리킨다. 〈그림 20-8〉에서 보는 대로 정부의 공공투자사업이 시작되기 전 노동시장의 균형은 C점에서 이루어지며, W_1임금수준에 OL_1만큼 노동자가 고용이 되었다.

이제 정부가 공공투자를 결정하여 ΔL만큼 노동력을 필요한다고 하자. 그러면 노동의 총수요는 확대되어 수요곡선은 D에서 D_T

그림 20-8 정부투자관련 노동의 사회적 기회비용

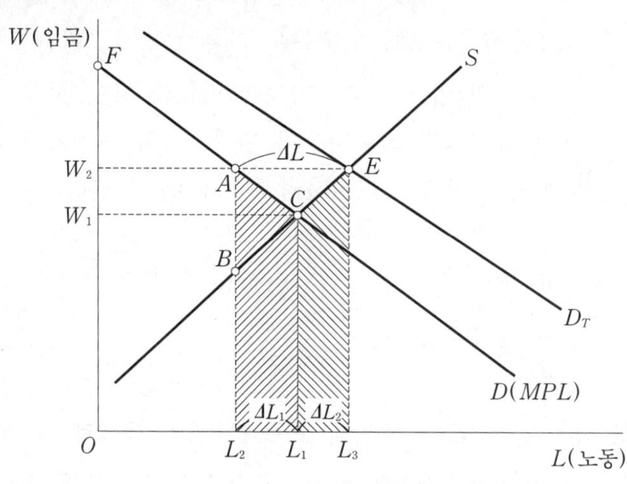

로 상향 이동하는데 D_T는 기존 민간의 노동수요와 정부의 노동수요를 합친 것을 나타낸다.

정부가 필요한 인력 ΔL을 동원함에 따라 임금은 W_1에서 W_2 수준으로 상승하고, 총고용은 L_1에서 L_3 수준으로 증가한다. 정부투자로 인하여 민간부문에서 일어난 총비용이 노동의 사회적 기회비용을 나타낸다.

정부투자가 있기 전에는 노동시장의 균형은 C점에서 이루어졌으며, 총생산물은 FOL_1C 영역으로 나타내진다. 그러나 정부의 인력동원으로 인하여 노동시장에서의 새로운 균형은 E점에 있게 되며, 임금은 그 전보다 높은 W_2가 된다. 이렇게 되면 민간부문에서의 노동투입과 총생산은 줄어들게 되는데 민간부문의 노동고용은 L_1에서 L_2 수준으로 떨어지며 그로 인한 민간 총생산의 손실은 AL_2L_1C면적이 된다.

한편 정부의 노동 고용은 ΔL이므로 〈그림 20-8〉에서와 같이 ΔL_2만큼의 새로운 노동력이 증가한다. 이로 인하여 노동자가 느끼는 비효율은 CL_1L_3E 면적으로 나타내진다.

이렇듯 정부가 ΔL 규모의 노동력을 사용한 결과, 민간총생산이 감소하고, 노동자의 비용이 증가하는데 이들을 합한 것이 정부의 노동력 사용의 총사회적 기회비용이 된다. 위의 곡선이 직선이라는 가정하에 방정식 형태를 표현하면 [20-11]식이 된다.

$$TC = \frac{1}{2}\Delta L_1(W_1 + W_2) + \frac{1}{2}\Delta L_2(W_1 + W_2)$$
$$= \frac{1}{2}(W_1 + W_2)(\Delta L_1 + \Delta L_2) \quad \cdots\cdots \text{[20-11]}$$

[20-11]식은 총기회비용이므로 노동 1단위의 사회적 기회비용을 구하기 위하여 [20-12]식에서처럼 [20-11]식을 ΔL로 나누어

준다.

$$\frac{TC}{\Delta L} = \frac{1}{2}(W_1 + W_2) \qquad \cdots\cdots [20\text{-}12]$$

따라서 정부의 공공투자 이전의 임금과 이후의 임금의 산술평균이 바로 노동 1단위당 사회적 기회비용이 된다.

그러나 실제에 있어 노동시장은 경직적이고 분산되어 있으며, 또 노동조합이 결성되어 있는 경우와 그렇지 않은 경우가 병존해 있다. 이런 상황에서는 여러 개의 임금이 존재하므로 이들을 종합적으로 감안하여 노동의 사회적 기회비용을 도출해 내야 한다.

〈그림 20-9〉는 노동시장이 노동조합과 같이 존재해 있음을 보여준다. 이 그림에서 S_T는 노동의 총공급곡선을 나타내며 $\overline{L}$는 총 노동력을 가리킨다. W_P는 노동조합원들이 받는 임금을 가리키며, 자유경쟁노동시장에서 결정되는 W_f보다 훨씬 높은 임금이다. 그

그림 **20-9** 정부가 비노동조합부문에 노동력을 투입하는 경우 노동의 사회적 기회비용

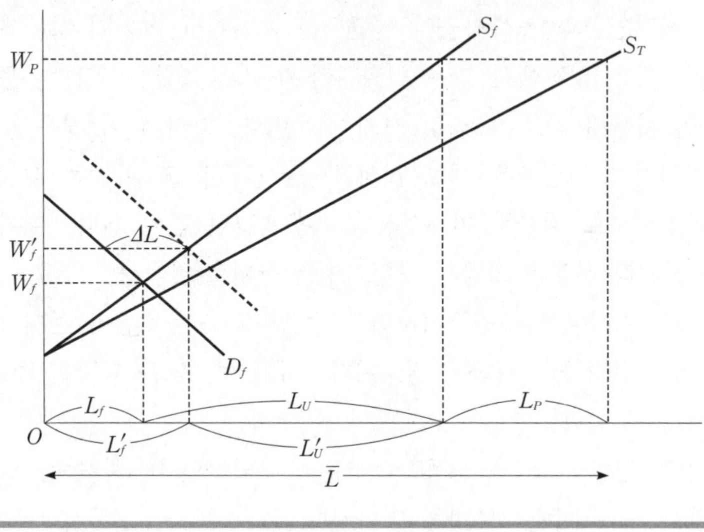

리고 L_f는 자유경쟁시장에서의 고용되어 있는 노동자 수, L_U는 실업자 수, L_P는 노동조합에 가입해 있는 노동자 수를 가리킨다.

이제 정부가 공공투자정책에 의해 인력사용을 ΔL만큼 추가로 필요한다고 하자. 만약 정부가 이들을 자유경쟁 노동시장을 통해 동원하고자 한다면 시장수요곡선을 상향이동시키며 이에 따라 시장임금은 W_f에서 W_f' 수준으로 상승한다. 그 결과 민간기업에 고용된 인원은 줄어들지만, 전체 고용은 크게 늘어나서 실업자수가 L_U에서 L_U' 수준으로 하락한다. 이때 실업자들은 자발적 실업자로서 이들이 원하고 기대하는 임금은 W_f'보다 높으며 W_P보다 작다.

이때 노동의 사회적 기회비용인 W_S은 다음과 같이 도출된다.

$$W_S = \frac{L_f'}{L_f' + L_U'} W_f' + \frac{1}{2} \frac{L_U'}{L_f' + L_U'} (W_f' + W_P) \qquad \cdots\cdots [20\text{-}13]$$

[20−13]식의 두 번째 항은 자발적 실업자가 기대하는 임금으로서 시장임금과 조합임금의 평균치를 가리킨다. 그 이유는 자발적 실업자는 시장에서 고용될 확률과 또 노동조합이 있는 부문에 고용될 확률이 각각 0.5라고 보기 때문이다. 따라서 이 경우 노동의 사회적 기회비용은 새로운 시장임금 W_f'과 또 자발적 실업자의 확률적으로 계산한 기대임금을 가중평균한 값이 된다. 여기서 가중치는 각 부문에 고용된 노동자수를 근거로 한다.

다음은 정부가 공공투자사업을 수행하되 노동조합이 존재하는 부문에 노동력을 투입하는 경우이다. 여기서는 높은 임금인 W_P가 보장되는 곳이다.

만일 정부가 ΔL을 노동조합부문에 투입하면 W_P의 높은 임금을 받는 노동자수는 ΔL만큼 많아진다. 그러나 자유노동시장을 통

그림 20-10 정부가 노동조합부문에 노동력을 투입하는 경우 노동의 사회적 기회비용

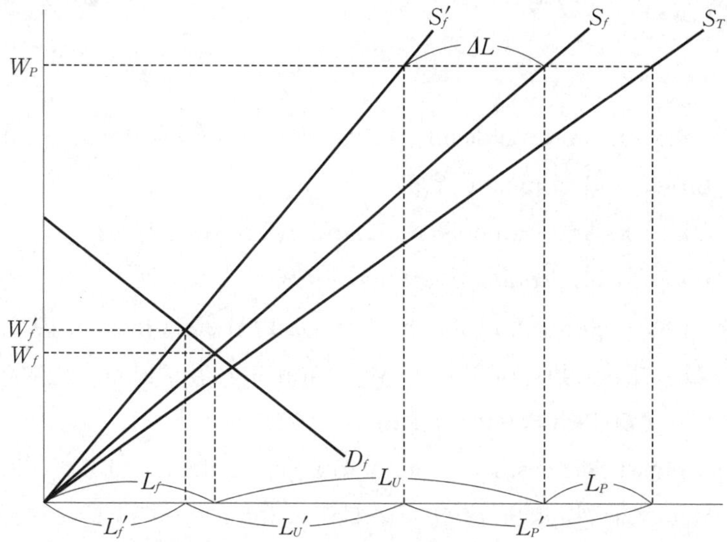

해 고용되는 인원수와 자발적 실업자수는 줄어든다. 이때 노동의 사회적 기회비용은 [20−14]식으로 표현된다. [20−14]식은 [20−13]식과 유사하게 형성되지만, L_f' L_U' 값이 달라지기 때문에 노동의 사회적 기회비용에 대한 실제값은 조금 다르게 나온다.

이를 도식화하면 〈그림 20−10〉과 같다.

$$W_S = \frac{L_f'}{L_f' + L_U'} W_f' + \frac{1}{2} \frac{L_U'}{L_f' + L_U'} (W_f' + W_P) \cdots\cdots \quad [20\text{-}14]$$

[20−14]식을 [20−13]식과 비교해 보면 두 개의 공식이 똑같음을 알 수 있다. 그러나 W_f', L_f', L_U'값은 서로 다름을 우리는 알 수 있다.

참고문헌

Boadway, R. and Wildasin, D., *Public Sector Economics*, Little Brown and Company, 1984.

Dorfman, R. and Samuelson, P. and Solow, R., *Linear Programming and Economic Analysis*, 1958.

Harberger, A., Project Evalution: Collected Papers, Chicago, 1972.

Lal, D., "Disutility of Effort, Migration and the Shadow Wage Rate," Oxford Economic Papers, 1973.

Little, I. and Mirrlees, J., "A Reply to Some Criticisms of the OECD Mannual," Bulletin of Oxford University Institute of Economics and Statistics, 1972.

PART

05 개도국 당면과제(Ⅰ)

미시경제편

CHAPTER 21

경 / 제 / 발 / 전 / 론

개도국 분배불균형

경제학에서 가장 많이 강조되는 것 중의 하나는 효율(efficiency)과 형평(equity)의 상충이다. 이것은 효율을 앞세우면 형평이 깨지고 형평을 앞세우면 효율이 저하된다는 사실을 가리킨다.

마찬가지로 성장과 소득재분배에는 상충관계가 성립한다는 주장이 있다. 이 주장은 아직은 경험적이고 확실하게 검증된 것은 아니지만 후진국에서 꽤 설득력이 높다. 효율을 바탕으로 한 성장정책은 소득재분배를 저해한다는 것이다. 그러나 이것은 어디까지나 가설에 불과하다. 소득불평등도가 일정 수준에 이르면 높은 성장이 지속될 수 없다. 그 이유는 빈부격차가 심화되면 동기부족으로 일에 능률이 오르지 않아 노동생산성이 전반적으로 떨어지기 때문이다.

제 1 절 | 소득분배의 의의

소득분배는 1次분배와 再분배로 구분되며 1次분배는 본원적

분배라고 불린다. 1차분배는 생산과정에서 이루어지는 분배를 가리키며 분배의 주체는 정부가 아닌 시장이 된다. 1차분배는 생산된 것이 노동이나 자본 등의 생산요소에 분배되는 과정을 가리킨다. 재분배는 부자의 소득을 가난한 자에게 이전시키는 것인데 정부가 분배의 주체가 되어 세금이나 사회보장조치 등을 통하여 소득재분배를 시도한다.

1차분배를 기능별 분배라고도 하는데 자본과 노동에 대한 분배를 가리킨다. 시장의 자유경쟁에 의하여 1차분배가 일어나는 이상 자본소득은 자본의 한계생산물과 직결되어 있으며 임금소득은 노동의 한계생산물과 직결되어 있다.

자본주의 경제체제에서 1차분배는 시장경쟁을 통해 이루어지기 때문에 기회균등원칙에 충실한 분배라 할 수 있다. 그러나 만일 재분배 문제를 해결하기 위해 정부가 나선다면 이것은 결과적으로 평등적인 사고방식에서 본 것이다.

만일 독점이 시장을 지배하는 것이라면 1차분배가 잘못되는 경우인데 공평분배를 위해서는 1차분배와 재분배가 모두 잘 되어야 한다.

일반적으로 재분배는 정부의 강제집행력이 따르기 때문에 그만큼 사회적 비용이 크기 마련이다. 예컨대 부유세 같은 것은 부자소득의 일부를 빈자에게 강제로 이전시키는 것인데 정부에 세금을 내는 자는 굉장히 많이 빼앗기는 것으로 느끼지만 받는 사람은 그것이 별로 많지 않다고 느끼기 쉽다. 그래서 재분배가 커질수록 사회불안은 커지게 되고 효율저하와 성장위축 등의 부작용이 유발될 수 있다.

1차분배가 공정하게 이루어지기 위해서는 몇 가지 조건이 충족되어야 한다. 교육기회의 균등이란 능력과 노력여하에 따라 교육을 받을 수 있게 되는 것을 말하는데, 위 조건 중 특히 교육의 기회가 균등하게 주어져야 소득재분배의 필요성이 적어진다.

제 2 절 | 기능별 소득분배

1차분배는 자본과 노동 등의 생산요소의 주체가 생산에 참여하여 소득을 취하는 과정을 가리키는데, 이것을 생산요소의 기능별 분배라고 한다.

생산요소의 기능별 분배는 신고전학파의 한계생산력설을 근거로 한다. 이 가설에 의하면 요소소득은 투입요소의 한계생산력에 의하여 결정된다. 즉 생산에 참여한 생산요소는 각기 한계생산물만큼 분배를 받게 되는데, 따라서 각 요소의 주체는 그 요소의 한계생산성에 생산요소의 공급량을 곱한 것이 된다.

만일 생산에 투입된 요소가 노동과 자본이라고 하면 〈그림

그림 21-1 한계생산성에 의한 요소소득의 분배

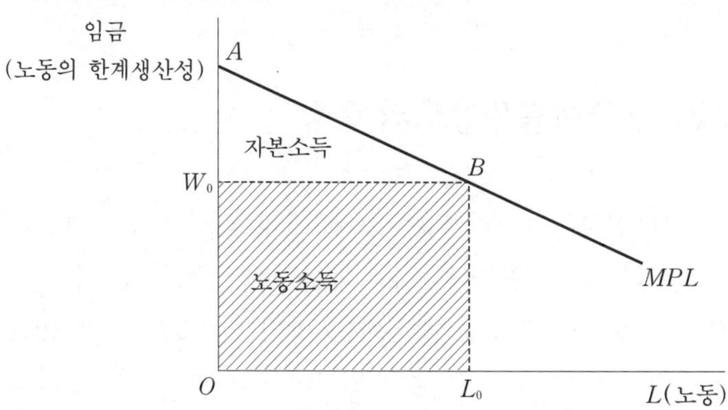

21-1〉에 나타난 바와 같이 OL_0만큼의 노동이 고용될 경우 한계생산물은 BL_0이며 임금도 이와 같이 OW_0가 된다. 그러면 노동자 전체는 노동의 한계생산물에 노동공급량을 곱하여 이루어지는 빗금친 사각형 BW_0OL_0만큼 노동소득을 얻게 된다.

이때 총생산은 $BAOL_0$면적으로 나타나는데, 총생산에서 노동소득을 제외한 BAW_0면적이 자본소득으로 남게 된다. 만일 토지와 같이 추가적으로 요소가 투입되어 생산요소가 2개 이상인 일반적인 경우에는 [21-1]식으로 표현될 수 있다.

$$Q= \frac{\partial Q}{\partial L}L + \frac{\partial Q}{\partial K}K + \frac{\partial Q}{\partial R}R \qquad \cdots\cdots [21\text{-}1]$$

여기서 L은 노동, K는 자본, R은 토지나 기타 요소를 나타내며 $\frac{\partial Q}{\partial L}$, $\frac{\partial Q}{\partial K}$, $\frac{\partial Q}{\partial R}$은 각 요소의 한계생산물을 나타낸다. [21-1]식은 생산함수가 규모에 대해 수확불변이 작용하는 경우에 성립한다. 만일 규모에 대해 수확체증이나 수확체감이 작용하는 경우에는 [21-1]식은 성립하지 않는다. 이것이 그 유명한 오일러 정리(Euler' s theorem)이다.

제 3 절 | 소득불평등도의 측정

후진국에서 심각하게 취급되는 문제 중의 하나는 소득재분배 문제이다. 빈부격차의 심화가 큰 사회적 문제로 등장한다.

소득분배의 불평등 정도를 측정하는 방법에는 5분위 및 10분위 분배율 지수, 지니(Gini)계수 등이 있다.

소득 5분위 배율은 상위 20%의 소득을 하위 20% 소득으로 나눈 값이다. 이 비율이 클수록 소득격차가 큼을 의미한다. 그러나 10분위 분배율 지수는 저소득 하위 40% 소득계층의 소득을 고소득 상위 20% 소득계층의 소득으로 나눈 비율이다. 그래서 이 비율이 높을수록 소득이 더 균등하게 분배되고 있음을 말해 준다.

지니계수는 미국의 로렌츠(M.C. Lorenz)가 고안해 낸 로렌츠곡선에 근거한 계수이다. 로렌츠곡선은 소득이 낮은 가계에서 높은 가계의 순서로 배열함으로써 가계를 누적 백분비로 구분한 다음 총가계 중 최하위 *X*%의 누적 가계가 전체 소득의 몇 %를 차지하는가를 알아내어 그 관계를 선으로 도출한 것이다.

지니계수는 인구와 소득간의 분배상태를 그림으로 나타내어 소득이 불평등한 부분이 전체에서 얼마나 차지하는가를 보여준다. 지니계수가 0에 가까울수록 소득이 평등하게 분배되고 있음을 나타내고 1에 가까울수록 소득분배가 불평등함을 나타낸다.

〈그림 21-2〉에는 A국과 B국의 소득불평등도를 나타내는 2개

그림 21-2 로렌츠곡선과 소득불평등도

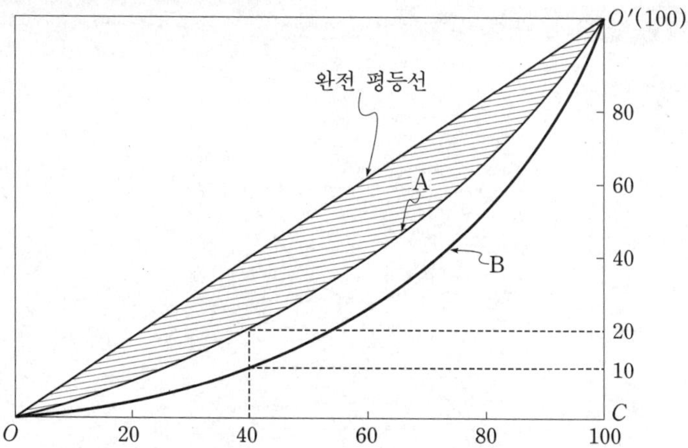

의 로렌츠곡선 OAO'와 OBO'이 그려져 있다.

여기서 A국은 B국보다 소득평등도가 더 높다. 왜냐하면 A국의 경우 소득이 가장 낮은 40%의 가계들이 전체소득의 20%를 차지하지만 B국의 경우 전체소득의 10%만 차지하기 때문이다.

만일 로렌츠곡선이 대각선 OO'와 겹치면 그 나라의 소득평등은 완전하다고 볼 수 있다. 반면에 만일 로렌츠곡선이 OCO'와 같이 직각 선으로 나타나면 소득분배는 완전히 불평등한 것으로 판단할 수 있다. 지니계수는 빗금친 영역을 삼각형 OCO' 영역으로 나눈 값이 된다. 지니계수는 0과 1 사이에서 값을 정하는데 0은 완전평등상태, 1은 완전불평등상태를 뜻한다. 흔히 0.4를 넘으면 소득분배가 불평등하게 이루어졌다고 본다.

소득분배와 불평등도를 높아지게 하는 원인은 인플레, 도시와 농촌간의 소득격차 증대, 기업집중, 부동산 가격급등 등이다. 특히 인플레가 진행되면 이에 따라 자산소득은 임금소득보다 빠르게 증가하게 되며 이것이 소득불평등도를 그만큼 심화시킨다.

그림 21-3 쿠즈네츠의 분배평등도

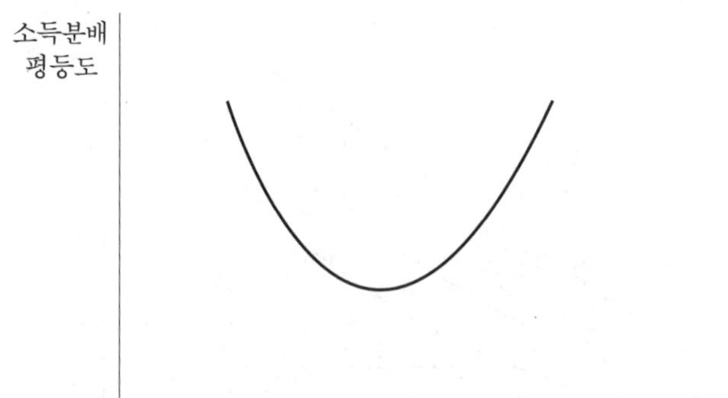

경제성장이 진행되면 소득분배가 어떻게 달라지는가를 美國노벨 경제학자인 쿠즈네츠(S. Kuznets) 교수가 연구하였는데 그는 경제성장과 소득분배의 관계는 〈그림 21-3〉과 같이 U字型이 된다고 하였다. 그의 이론적 주장은 이러하다.

〈그림 21-3〉에서 보듯이 후진국이 지속적인 경제성장을 경험하면서 초기에는 소득분배가 다소 평등하였다가 중진국으로 진입하면서 분배불평등이 심화된다. 그러나 소득이 어느 수준을 지나면 소득분배가 다시 평등하게 된다는 말이다.

우리나라의 지니계수와 소득 5분위 배율은 어떻게 될까? 정부자료에 의하면 2006년 지니계수는 0.351이고 2010년 지니계수는 0.374이다. 소득 5분위 배율은 2006년 4.83이었으나 2010년에는 4.81이었다. 연간 소득이 아니라 자산기준으로 지니계수를 작성해 볼 수도 있다. 1993년 자산기준의 지니계수 비율은 1.489였으나 2006년에는 0.568로서 분배가 급속도로 악화되어 왔다. 〈그림 21-4〉는 주택자산불평등을, 〈그림 21-5〉는 도시근로자의 소득불

그림 **21-4** 주택자산 지니계수

(단위: 지니계수)

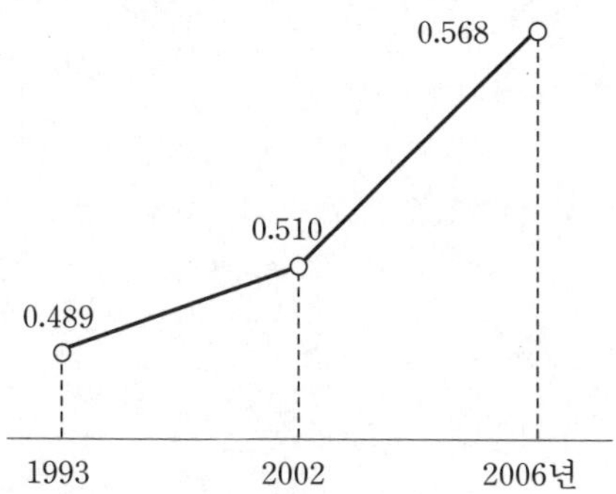

자료: 건설교통부(주택관련 지니계수 추이), 2007.

그림 21-5 도시근로자 가구 소득기준 지니계수

(단위: 지니계수)

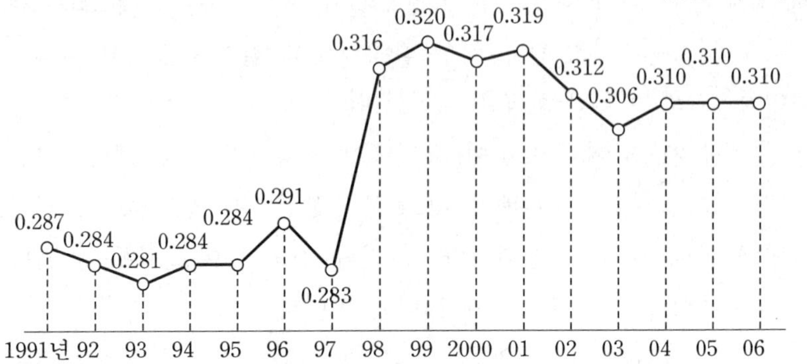

자료: 통계청(가계조사), 1991～2006.

평도를 보여준다.

참고문헌

Adelman, I. and Robinson, S., *Income Distribution Policy in Developing Countries, A Case Study of Korea*, Stanford University Press, 1978.

Atkinson, A. B., *The Economics of Inequality*, Oxford Clarendon Press, 1983.

Kuznets, S., "Economic Growth and Income Inequality," *American Economic Review*, Vol. 45, 1955.

Leipziqer, D. and Dollar, D., and Shorrocks, A. and Song, S., *The Distribution of Income and Wealth in Korea*, EDI Development Studies, World Bank, 1992.

Lucas, R. E., "Is There A Human Capital Approach to Income Inequality?," *Journal of Human Resources*, 1977.

Mincer, J., "Human Capital and Earnings," in Economic Dimensions of Education, ed. by Windham.

Okun, A., *Equality and Efficiency, too Big Trade off*, Brookings Institution, 1975.

Ranis, G., *The Gap Between Rich and Poor Nations*, Macmillan, 1972.

CHAPTER 22

경 / 제 / 발 / 전 / 론

두뇌유출과 공적원조

제 1 절 | 배 경

기술인력, 과학자, 의사 등의 고급인력이 개도국에서 선진국으로 빠져나가는 문제를 두뇌유출(brain drain) 문제라고 한다. 물론 개인의 입장에서 볼 때는 자신의 행복추구를 위하여 가능한 선진외국으로 나가려는 사람들을 반드시 나쁘다고 할 수 없다. 능력만 있으면 그렇게 하도록 권장하는 것이 오히려 장기적으로 개도국에 유리할 수 있다. 아무리 국적을 바꾼다 하더라도 민족성과 문화는 유지될 것이고 또한 직접, 간접으로 떠나온 고국을 도와줄 수 있기 때문이다.

그런데 문제는 고국에 남아 있는 사람들이 손해를 본다는 데에 있다. 고급인력이 떠나면서 자본 및 기술이 함께 빠져나가게 되면 남아 있는 노동자들의 생산성이 그만큼 하락할 수밖에 없다.

사실 60년대 후반부터 미국, 캐나다, 호주 등의 선진국에서 본격적으로 개도국의 고급인력을 받아들이기 시작했다. 그런 추세와 함께 두뇌유출 문제가 국제적으로 다시 큰 관심을 끌게 되었으며,

특히 UN에서 이런 문제를 다루기 시작했으며 개도국에 남는 사람들의 손해를 보상해 주기 위해 외국에 이주하는 이민자들에게 조세를 부과할 것이 제기되었다. 그리고 UN이 개입하여 개도국의 두뇌유출 문제를 적극적으로 해결해야 한다는 주장이 일기도 하였다.

선진국은 개도국으로부터의 고급인력을 수용하게 되는데 이 장에서는 구체적인 이유가 무엇인지 살펴볼 것이며 또 개도국은 고급인력이 떠나간 후 어떻게 손해를 보는지 그리고 그에 대해 어떤 정책을 국내외적으로 사용될 수 있는지 알아본다.

개도국의 두뇌유출과 함께 선진국으로부터 공적원조(Official Development Aid)도 매우 중요한 관심사가 된다. 인도주의적 차원에서 빈곤퇴치, 긴급식량, 의료서비스 등은 절대적으로 필요하다. 그러나 ODA지원에 있어서도 최빈국과 신흥개도국을 차별하여 지원할 필요가 있음을 지적하고 우리나라가 당면한 ODA상황을 살펴본다.

제 2 절 | 두뇌유출이 양국에 미치는 효과

여기서는 자본 등은 본국에 그대로 있고 몸만 개도국을 빠져나가는 경우를 분석해 보자. 개도국의 고급 인력이 선진국으로 이민을 갈 때 이것이 개도국과 선진국에 어떤 영향을 주는가를 좀더 자세하게 분석해 보자. 〈그림 22-1〉에서 $MPL(DC)$과 $MPL(LDC)$은 각각 선진국과 개도국의 한계노동생산물곡선을 나타낸다. 그리고 선진국의 임금은 W_{DC}이고 개도국 임금은 W_{LDC}이다. W_{DC}는 W_{LDC}보다 높다. 그래서 개도국 인력은 선진국의 높은 임금을 좇아 이민가기로 작정한다. 이렇게 되면 결국 AB만큼 인력이 개도국에서

그림 22-1 개도국 두뇌유출의 파급효과

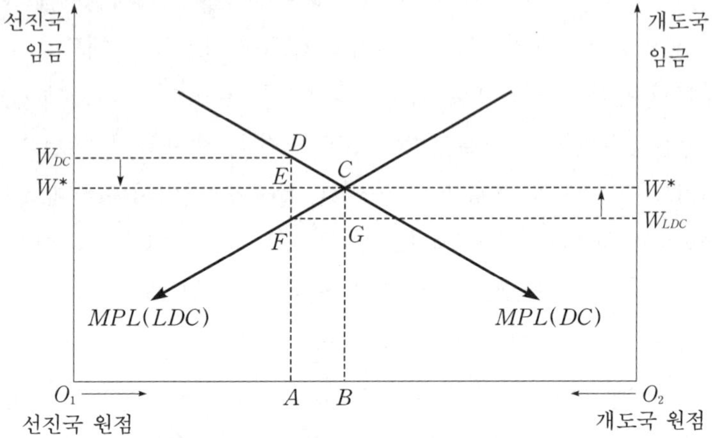

빠져나가며 두 나라의 임금수준은 W^*에서 같아진다.

〈그림 22-1〉에서 AB만큼 인력이 빠져나가면 개도국은 사다리꼴 $CFAB$만큼 총생산이 줄어들지만 그 대신 선진국은 사다리꼴 $CDAB$만큼 총생산이 늘어난다. 개도국의 경우 AB의 인력은 이민가기 전 W_{LDC}임금, 즉 AF의 임금을 받았기 때문에 AB노동자가 받았던 임금총액은 $GFAB$이었다. 그래서 만일 AB인력이 이민가고 없다면 남아 있는 사람들에겐 삼각형 CFG가 사라져 없어진다. 이것이 남아 있는 사람들이 부담하는 비용이 된다.

한편 선진국의 경우 AB의 새로운 인력이 선진국에 들어오면 선진국은 사다리꼴 $CDAB$만큼 총생산이 늘어나지만 그 중 $CFAB$는 새 이민자들에게 지불한다. 그러므로 선진국은 조그만 삼각형 CDE의 순이익을 거둔다.

이 분석을 통해서 우리는 다음 사실을 확인할 수 있다. 개도국에서 인력이 이민형태로 빠져나가면 선진국과 이민자는 이익을 보고 개도국은 손해를 본다.

〈그림 22-2〉는 자본유출과 두뇌유출이 동시에 일어날 때 내국인이 부담하는 손실을 보여준다. 이 그림에서 원래 고용은 OL_0 수준이었으며 임금은 W_0이었다. 그런데 만일 L_1L_0만큼 인원이 빠져나가면 국내 총생산은 AL_0L_1B면적만큼 감소한다. 이 중에서 AL_0L_1E는 떠나간 노동자에게 지불되었던 것이므로 내국인이 손실로 느끼지 않는다. 그러나 삼각형 ABE는 떠나간 노동자 이외의 국민에게 돌아갔던 것이라서 이것은 고급인력이 빠져나간 후 남아 있는 국민이 더 이상 얻을 수 없게 된다.

그런데 만일 고급인력이 빠져나가는 경우 그냥 몸만 빠져나가지 않고 자본, 기술 등이 같이 묻어나가면 국내에 남아 있는 사람은 더 큰 손실을 입는다. 즉, 고급인력의 유출과 함께 자본이 일정량 빠져나간 후 국내자본 스톡은 K_0에서 K_1수준으로 떨어질 수 있다. 그러면 노동의 한계생산물곡선은 아래로 이동하며 따라서 빗금친 $BCDF$만큼 국내 총생산은 줄어든다.

그림 22-2 개도국자본과 두뇌의 동시적 유출효과

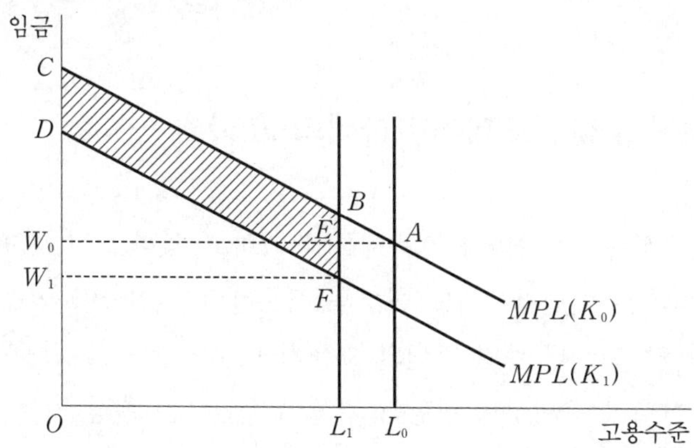

한편, 〈그림 22-2〉는 자본이동을 분석하는 도구로 사용할 수 있는데, 이번에는 후진국의 자본수익률이 선진국보다 높다고 전제하고 외국자본의 유입은 선진국과 개도국 모두에게 〈그림 22-1〉에서의 CDF만큼 이익을 배분할 수 있게 해 준다. 그러나 이는 이익을 본다는 사실과는 다른 결론이다. 그래서 개도국을 보호하는 차원에서 UN과 같은 국제기구에서는 이민자에게 세금을 부과하여 기술 인력을 빼앗기는 개도국에게 돌려주어야 한다는 주장이 제기되기도 하였다.

이민자의 이익이 〈그림 22-1〉에서 사각형 $CEFG$인데 이 중에서 1/2인 CFG를 떼어 개도국에 주면 개도국의 손실 없이 선진국은 CDE의 이익을, 이민자는 CEF의 이익을 각각 얻을 수 있어 그런대로 공평하다는 말이 성립한다.

그러나 인도주의적 입장에서 또 UN헌장에 있는 인권보호차원에서 UN이 그런 일을 한다는 것이 그리 쉬운 일이 아니다. 이민을 받아들이는 선진국이 국제기구에서 세금을 부과하여 이민활동을 저지하는 행위를 허용하기도 쉽지 않다. 실제로 미국의 헌법에는 그 같은 일이 용납되지 않는 것으로 알려져 있다.

제 3 절 | 국제이민과세의 효과

여기서는 두 나라가 소득세를 부과하고 있다고 전제하고 개도국을 떠나는 이민자에게도 이것을 적용하되 선진국이 이중으로 과세하지 않도록 해 주면 자원의 효율적 배분의 목적을 달성할 수 있을 뿐 아니라 공평성도 상당히 기할 수 있다는 주장을 분석한다.

우선 선진국과 개도국에서 소득세나 기타 어떤 조세든지 부과

그림 22-3 二重과세 방지협약의 移民효과

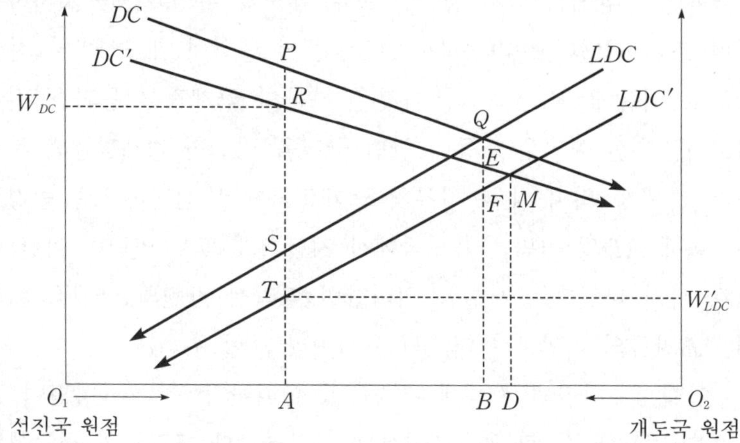

되지 않는다고 가정하고 두 나라가 특별히 이민행위를 저지하지 않는다면 〈그림 22-3〉에서처럼 AB만큼의 이민이 발생할 것이다. 두 나라의 한계노동생산물곡선이 Q점에서 만나고 있는데 이민 前의 선진국 임금은 PA이며 개도국 임금은 SA이기 때문에 높은 임금을 추구하여 개도국에서 AB만큼 고급인력이 빠져나갈 것이고 결국 두 나라에서의 임금수준은 같아질 것이다. 그래서 선진국과 개도국을 합한 세계는 삼각형 QPS만큼의 생산증대이익을 보게 될 것이고 파레토최적 상태에 이를 것이다.

그런데 이제는 양국에서 일정률의 소득세가 부과된다고 가정하자. 그러면 선진국의 세후 MPL곡선은 DC'곡선이 되고 개도국의 세후 MPL곡선은 LDC'곡선이 되며 두 곡선은 M에서 서로 만난다. 이제 애초에 선진국은 O_1A만큼의 인력이 고용되어 있으며 개도국에선 O_2A만큼 인력이 고용되어 있다고 하자. 그러면 선진국의 稅合 임금은 RA수준에 있으며 개도국의 세후 임금은 선진국보다 훨씬 낮은 TA 수준에 있다.

이런 상황에서 역시 양국이 모두 개도국 두뇌유출을 저지하는 어떤 조치도 없다고 가정하면 AD만큼의 인력이 개도국에서 선진국으로 이동해 갈 것이다. 이것은 자본의 국제적 이동과 성질이 다르다. 우선 이민은 노동이 한번 국경을 넘으면 경제활동의 본거지가 바뀌게 되며 세금 납부처도 개도국에서 선진국으로 변경된다. 이때 AD의 이민은 개도국에서 지나치게 많은 인력이 이런 형태로 빠져 나간다는 사실을 의미하며 따라서 자원의 국제적 배분이 AB만큼의 이민보다 더 비효율적이라고 할 수 있다.

이때 두 나라의 소득세 부과율이 어떠한가에 따라 상황이 조금 달라지는데 〈그림 22-3〉에서는 선진국보다 후진국의 소득세율이 더 높은 것으로 나타나 있다. 그러나 만일 선진국의 소득세율이 더 높은 것으로 나타나 있으면 규모는 AB보다 적을 것이며 역시 효율적이지 못할 것이다.

AD만큼의 이민이 발생하게 될 경우 만일 두 나라가 이민과 관련하여 소득세의 二重과세를 방지하는 협약을 맺으면 다시 AB만큼의 이민이 발생하여 양국간 효율적인 인력배분이 이루어진다. 즉, 개도국을 떠나는 사람에게 여전히 QF의 세금을 부과하되 EF는 개도국이 부과하고 QE는 선진국이 부과한다는 것이다. 개도국이 일단 QF만큼 걷어들인 후 QE만큼을 선진국 정부에 넘겨주는 방법도 같은 효과를 낸다.

이렇듯 양국간 이중과세 방지협약은 양국간 자유이민을 방해하지 않으면서 자원배분의 효율성과 개도국의 손실을 보상해 주는 공평성을 모두 꾀할 수 있게 해 준다. 그러나 이것은 어디까지나 이론적으로 가능한 일이지 실제로 이행되기까지는 긴 과정이 필요하다. 세계 각국에서 많은 논의가 있어야 하며 국제기구의 설립

헌장과 각국의 법제도가 대폭 수정되어야 여기서 제기된 이론적 주장이 관철될 수 있다.

이런 아이디어가 70년대 초에 나와서 지금까지 거의 30년이 흘렀어도 그 동안 크게 진전된 부분이 없다는 사실을 보면 국제적으로 이민활동에 있어 당사국간 협의를 이끌어내는 일이 얼마나 어려운가를 짐작할 수 있다.

제 4 절 | ODA 지원목적과 기본방식

경제적으로 부유한 OECD 회원국은 인도주의적 차원에서 최빈국의 출산모 건강, 영아사망률 감소, 문맹률 저하를 위하여 그리고 최빈국의 환경보호 및 환경산업발전을 위하여 공적원조를 제공한다. 그리고 긴급식량 및 의료서비스와 의약품을 지원한다.

ODA를 제공하는 방식에 있어, FDI 진출, 시장접근 용이 등의 “끼워팔기” 같은 조건부 ODA 지원은 적절하지 못하다. OECD 본부는 2002년 “끼워팔기” 없는 ODA를 강력히 권장한 바 있다.

최빈국의 경우, ODA지원은 물자지원과 기술 및 교육지원으로 제한하되 특수한 경우를 제외하고는 현금지원은 원칙적으로 금지한다. 왜냐하면 현금지원은 빈국의 정치불안과 관련하여 결국 관료부패와 독재정권의 연장을 지원할 수 있기 때문이다.

신흥개도국의 경우, 현금이나 물자를 직접 전해 주는 것보다, 이미 경제발전을 이룩한 국가들이 스스로 체험했던 경험을 바탕으로 경제개발정책 자문지원을 장기간 동안 지속적으로 시행하는 것이 훨씬 효과적이다. 그리고 현지 전문가의 역량을 키우며 이들을 통하여 자국의 경제협력사업을 지속적으로 펼쳐나가게 하는 것이 바람직하다.

제 5 절 | 한국의 ODA 지원

우리나라는 60년대까지 세계 최빈국이었으나 지금은 세계 10위 부국으로 발전하였다. 따라서 우리는 공적원조(ODA)를 받는 나라에서 원조를 주는 나라가 되었다. 그래서 지금은 전 세계, 특히 빈국으로부터 한국의 ODA 지원요청이 매년 늘어나고 있다. 한국은 2009년 OECD의 DAC(Development Assistance Commi-

그림 22-4 ODA 지원 결정과 집행 담당기구

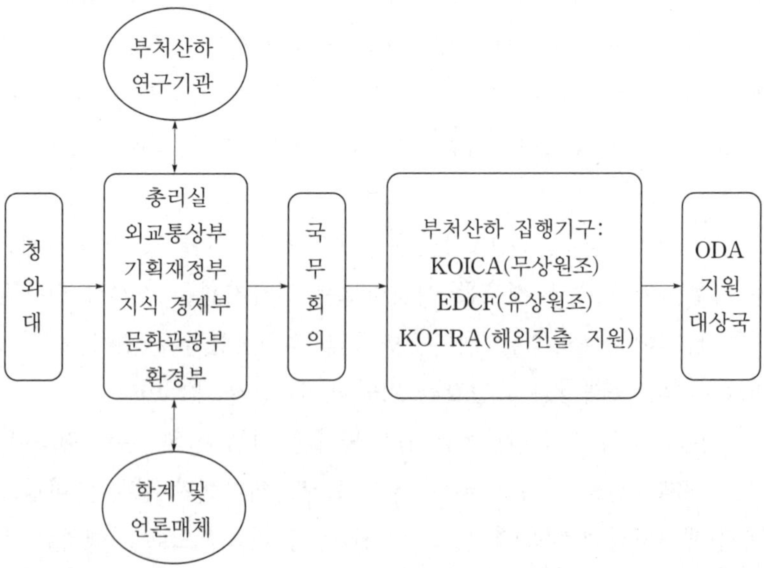

ttee)에 가입하여 2010년 1월부터 공식적으로 회원국이 되었다.

한국의 2010년 ODA/GNI 비율은 0.11%이었으며 2011년 ODA 총 규모는 1조 7,000억원이었다. 2015년에는 0.25%로 확대될 것으로 예상된다. 그러나 우리의 ODA 지원은 OECD국 기준에 비하여 매우 낮은 편이다. 2010년 현재 OECD DAC EU국의 평균 ODA/GNI 비율은 0.56%이며, 한국을 제외한 DAC 전체의 ODA/GNI 비율은 0.39%이다. DAC에 가입한지 2년밖에 안 되기 때문에 우리의 ODA 지원 체계는 완성단계에 이르지 못하였으며 ODA 지원에 대한 평가제도도 아직 확립되지 못하였다.

2015년까지 ODA/GNI 비율을 지금의 0.11%를 3년 기간 내에 2배 이상인 0.25%로 올려가기 위해서는 관련부처의 엄청난 규모의 재원마련과 집행기구의 노력이 필요할 것이다. ODA 지원의 효율성과 효력을 최대화하기 위하여 지원대상국 선정단계 이전부터 치밀한 계획과 연구가 필요하다. 대상국 선정의 정당성, 정치적 책임소재, 지원의 효과평가 등을 담당하는 부서를 처음부터 명확하게 지정해 두어야 한다. 우리나라 ODA 지원 결정과 집행을 담당하는 기구와 시스템은 앞의 〈그림 22-4〉에 나타나 있다.

참고문헌

Berry, R. and A. Gorden, "The Britain Drain and Income Taxation : A UK Case Study, World Development," 1975. 3.

Berry, R. and Soligo, R. "Some Welfare Aspects of International Migration," *Journal of Political Economy*, 1969.

Bhagwati, J. N. and W. Dellafar, "The British Drain and Income Taxation," World Development, 1973.

Bhagwati, J. N. and K. Hamada, "The British Drain, International Integration of Markets for Professionals and Unemployment : A Theoretical Analysis," *Jounal of Development Economics*, 1974.

Bhagwati, J. N., *The Brain Drain and Taxation : Theory and Empirical Analysis*, North Holland, Amsterdam.

Choi, Jin-Wook, ODA of Korea: Achievements and Challenges.

Ferrieri, Gaetano, "Measuring Official Development Assistance from Donor Countries, The Case of DAC Countries," Unpublished Paper, July 2009.

Grubel, H. and Scott, A., "The International Flow of Human Capital," *American Economic Review*, 1966. 5.

Hamada, K., "Stretegic Aspects of Taxation on Foreign Investment Income," *Quarterly Journal of Economics*, 1966.

Hamada, K., "Efficiency, Equity, Income Taxation and the British Drain:A Second Best Argument," *Journal of Development Economics*, 1975.

Johnson, H. G., "Labor Mobility and the Britain Drain," in Ranis, G. ed., The Gap between Rich and Poor Nations, Macmillan, London.

CHAPTER 23 개도국의 1차 상품문제

제 1 절 | 배　경

개도국 또는 제 3 세계가 안고 있는 문제 중 하나는 그들의 주요 수출품의 가격이 국제시장에서 지속적으로 하락하거나 가격이 수시로 변동하여 이들 수출국의 재정을 위협하는 경우가 많다. 그동안 이 문제를 해결하기 위한 국제적 노력이 많이 있었으며 특히 개도국의 무역과 발전을 위한 UN기구, 즉 UNCTAD는 이들 수출품목의 가격을 안정화시키는 방안 마련에 특별한 노력을 기울이기도 하였다.

이들 품목들은 차(茶), 코코아, 함석, 고무, 솜, 커피, 구리, 설탕 등인데 이들 가격이 폭락하면 이들 국가의 경제전체가 뿌리째 흔들리는 상황이 발생한다. 따라서 가격의 지속적인 안정이 이들에겐 매우 중요한 과제가 된다. 아프리카 남단에 있는 보츠와나, 남아연방공화국 등은 다이아몬드 판매수입이 재정의 대부분을 차지하기 때문에 비록 다이아몬드가 고가품이라 하더라도 가격이 조금만 하락해도 정부 재정에 심각한 영향을 준다.

그런데 막상 가격을 안정화하는 것이 반드시 이들 나라에 도움이 되는지는 논란의 여지가 있다. 그들이 원하는 것은 가격안정 그 자체가 아니고 수출소득의 극대화 또는 안정화이다.

본장에서는 가격안정화의 효과를 분석하되 우선 가격변동의 원인을 수요측 요인과 공급측 요인으로 나누어 분석하며 불확실성을 감안하여 최종적으로 생산자에게 가격안정화가 얼마나 큰 도움을 줄 수 있는지 알아보고자 한다.

제 2 절 | 수요변동과 가격안정화

시장에서의 가격은 수시로 변동한다. 수요와 공급조건이 바뀌면 가격은 변동한다. 〈그림 23-1〉에서처럼 공급곡선은 그대로 있는데 수요곡선이 예상 밖으로 이동하는 경우, 즉 D_1이 되었다가 D_2가 되면서 가격은 P_1이 되었다가 P_2로 높아지기도 하는 것이다.

그림 23-1 1차 상품시장에서의 수요곡선의 변동

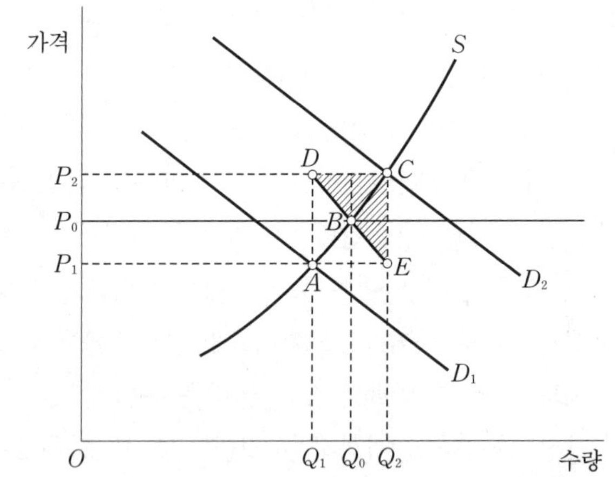

이런 경우 가격을 P_1과 P_2의 중간 수준인 P_0에 고정시키면 생산자들이 이를 반길 것이라는 가설이 성립한다. 그런데 실제 상황은 그렇게 확실하지 않다. 불확실성에 대한 생산자들의 태도 여하에 따라 결과는 다르게 나타난다.

이제 주어진 공급곡선 S에 대하여 수요곡선이 D_1 또는 D_2일 확률이 각각 0.5라고 하자. 만일 수요곡선이 D_2인 경우 판매수입은 사각형 P_2OQ_2C가 되며 수요곡선이 D_1인 경우 판매수입은 사각형 P_1OQ_1A가 된다. 그러나 각 상황이 발생할 확률이 0.5이므로 기대수입은 두 사각형을 합한 영역의 절반이 된다.

그러나 가격안정화를 위하여 가격을 P_0에 고정시키면 사각형 P_0OQ_0B의 확정수입을 얻을 수 있다. 왜냐하면 유효한 수요곡선은 P_0 수준의 가격선과 일치하기 때문이다. 이때 만일 위험에 대한 생산자들의 태도가 위험중립(risk-neutral)적이라면 오히려 가격이 변동하는 경우 기대수입은 확정수입보다 삼각형 CDE만큼 더 많게 된다.

실제에 있어서는 위험이나 불확실성에 대한 생산자의 태도에 따라 선호하는 바가 다르며 또 그들의 태도는 수입의 규모에도 달려 있다. 이에 대한 자세한 논의는 제 4 절에서 하기로 한다.

제 3 절 | 공급변동과 가격안정화

이미 앞에서 언급되었듯이 수요곡선은 그대로 있으나 공급곡선이 움직여도 가격이 변동한다. 〈그림 23-2〉에서 공급곡선이 S_1인 경우 판매수입은 사각형 P_1OQ_1B가 되며 공급곡선이 S_2인 경우 판매수입은 사각형 P_2OQ_2A가 된다.

그림 23-2 1차 상품시장에서의 공급곡선의 변동

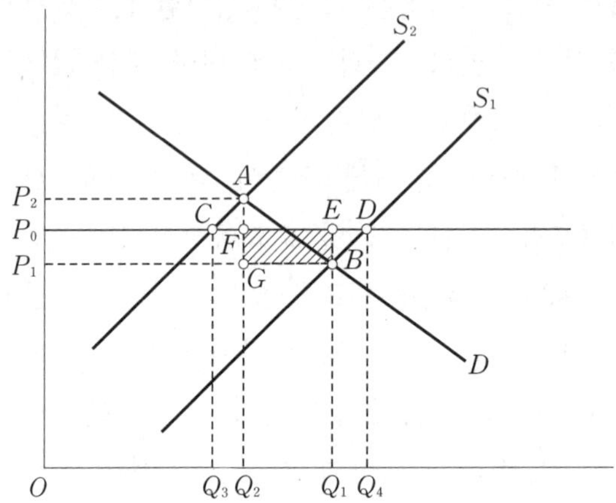

그런데 만일 가격을 역시 P_2와 P_1의 중간인 P_0에 고정시킨다고 하면 판매수입은 수요변동의 경우처럼 고정되지 않는다는 사실에 유의할 필요가 있다. 즉 가격고정 후 공급곡선이 S_1인 경우 판매수입은 사각형 P_0OQ_4D가 되며 공급곡선이 S_2인 경우 P_0OQ_3C가 된다.

이제 가격을 고정시키지 않은 경우와 가격을 고정시킨 경우를 비교해 보면 가격을 고정시킨 경우 가격변동을 허용한 경우보다 판매수입이 빗금친 사각형 $BEFG$만큼 더 많게 된다. 그러니까 비록 생산자들이 위험에 대해 중립적인 자세를 취한다 하더라도 가격변동이 수요변동에서 오는 경우에는 가격변동의 허용을 선호하지만 가격변동이 공급변동에서 오는 경우에는 가격안정화를 찬성하게 된다. 그러나 만일 생산자들이 불확실성에서 연유되는 위험을 싫어하고 회피한다면 결과는 크게 달라진다.

제 4 절 | 불확실성하의 정책선택

앞 절에서 본 바와 같이 수요곡선의 변동이 가격변동을 가져오는 경우 생산자의 기대수입은 관련 국가간의 협의나 UN기구의 가격안정화 정책에 의해 가격이 고정되어 있는 경우보다 오히려 높은 것으로 드러났다. 그러나 그렇다고 해서 반드시 가격변동이 생산자에게 유리할 것인가는 확실하지 않다. 왜냐하면 같은 금액이라도 확실한 소득과 확률적인 기대소득에는 차이를 느끼기 때문이다.

이 문제를 더욱 심층적으로 분석하기 위해 한계효용체감의 법칙의 의미를 재음미해 보자. 이제 A와 B의 두 가지 정책이 있을 때 어느 것을 국민이 택할 것인가의 문제를 생각해 보자. 만일 A 정책을 택하는 경우 10의 소득을 또는 40의 소득을 가져오며 각

그림 23-3 한계효용이 체감하는 총효용곡선

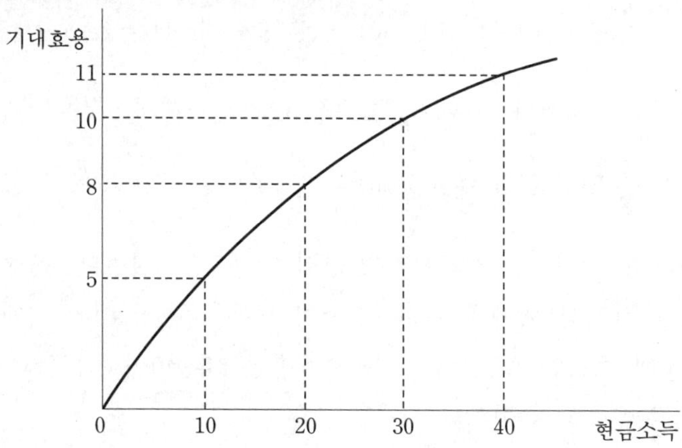

상황이 발생할 확률이 0.5라고 생각해 보자. 그러면 확률적인 기대소득은 [23-1]식에 의해 25가 된다.

$$10(0.5)+40(0.5)=25 \quad \cdots\cdots \text{[23-1]}$$

그러나 만일 B정책을 택하면 20의 소득을 가져오거나 또는 30의 소득을 가져오며 역시 각 상황이 발생할 확률은 0.5라고 한다면, 이때의 확률적인 기대소득은 [23-2]식에 의해 역시 25가 된다.

$$20(0.5)+30(0.5)=25 \quad \cdots\cdots \text{[23-2]}$$

그러나 소득에 대해 사람들의 한계비용이 체감하는 경우 A와 B정책 모두 동일한 기대소득을 제공한다 하더라도 두 정책에 대한 선호도는 달라질 수 있다.

위의 상황을 효용 기준으로 계산하면 다른 결과가 나온다. 〈그림 23-3〉의 총효용곡선은 사람들의 한계효용이 체감하고 있음을 보여준다. 따라서 A정책의 경우 기대효용은 [23-3]식에서와 같이 8이 된다.

$$\frac{1}{2}\text{EU}(10)+\frac{1}{2}\text{EU}(40)=\frac{1}{2}\cdot 5+\frac{1}{2}\cdot 11=8 \quad \cdots\cdots \text{[23-3]}$$

그러나 B정책의 경우 기대효용은 [23-4]식에서 9로 나타난다.

$$\frac{1}{2}\text{EU}(20)+\frac{1}{2}\text{EU}(30)=\frac{1}{2}\cdot 8+\frac{1}{2}\cdot 10=9 \quad \cdots\cdots \text{[23-4]}$$

따라서 국민은 A정책보다 B정책을 선호할 것이다. A정책과 B정책을 비교해 보면 비록 두 정책이 모두 같은 금액의 기대소득을 제공해 주지만 A정책의 소득 변동폭은 10~40이며 B정책의 소득 변동폭은 20~30이다.

이와 같이 한계효용체감법칙이 적용되는 한 사람들은 B정책을

그림 23-4 한계효용이 체증하는 총효용곡선

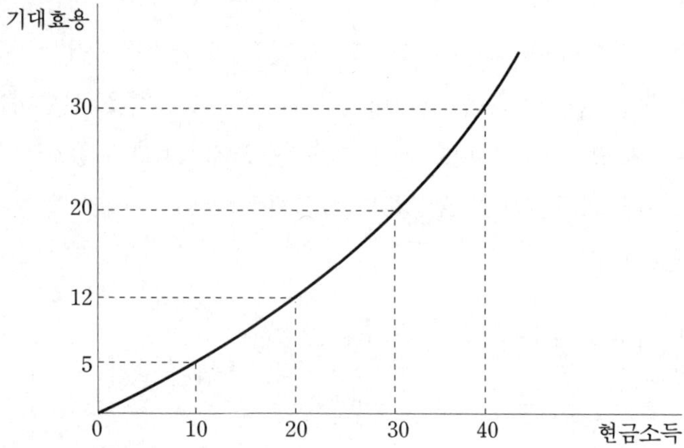

선호한다는 사실인데, 이것은 같은 불확실성의 조건이라도 소득의 변동폭이 적은 것을 선호한다는 사실을 의미한다. 숲속에 있는 2마리의 새보다 내 손에 있는 1마리의 새가 더 좋다라는 서양 속담도 이러한 사실과 부합된다.

이제는 한계효용이 체증하는 경우를 살펴보자. 이것은 국민이 불확실성을 선호하는 경우에 해당한다. 역시 A와 B의 두 정책이 있다고 가정하자. 〈그림 23-4〉에서와 같이 A정책을 택하는 경우 10의 현금소득 또는 40의 현금소득을 가져오며 각 상황이 발생할 확률은 각각 $\frac{1}{2}$ 이라고 가정한다. 이때 기대효용은 다음과 같다.

$$\frac{1}{2}\text{EU}(10)+\frac{1}{2}\text{EU}(40)=\frac{1}{2}(5)+\frac{1}{2}(30)=17.5 \quad \cdots\cdots \quad [23\text{–}5]$$

그러나 B정책의 경우 20 또는 30의 현금소득을 가져오므로 기대효용은 다음과 같다.

$$\frac{1}{2}EU(20)+\frac{1}{2}EU(30)=\frac{1}{2}(12)+\frac{1}{2}(20)=16 \quad \cdots\cdots [23\text{-}6]$$

이런 상황에서 국민은 확실하게 낮은 현금소득보다는 불확실하지만 높은 현금소득을 가져다 줄 수 있는 B정책을 선호하게 된다. 여기서도 만일 기대효용의 개념을 쓰지 않고 단순한 확률적 예상소득에 의존한다면 A정책과 B정책은 서로 차이가 없는 것으로 느낄 것이다.

$$\underbrace{\frac{1}{2}(10)+\frac{1}{2}(40)}_{\text{A정책}}=\underbrace{\frac{1}{2}(20)+\frac{1}{2}(30)}_{\text{B정책}} \quad \cdots\cdots [23\text{-}7]$$

참고문헌

Coppock, J.D., *International Economic Instability*, McGraw-Hill Co., 1962.

Kenen, P. and Voivadis, C., "Export Instability and Economic Growth," Kyklos 25, 1972.

Massel, B., "Export Concentration and Eluctuations in Export Earnings: A Cross-section Analysis," *American Economic Review*, 1964. 3.

Murray, D., "Export Earnings Instability: Price, Quantity, Suprly Demand?," *Economic Development and Cultural Change*, 1978. 10.

PART

06 개도국 당면과제(Ⅱ)

거시경제편

CHAPTER 24

경 / 제 / 발 / 전 / 론

개도국 거시경제운용

제 1 절 | 거시경제목표

어느 나라든 완전고용, 물가안정, 국제수지균형이 3大 거시경제목표가 된다. 이 3가지 목표를 한번에 모두 달성하는 것이 매우 바람직스러운 일이지만 그게 쉽지 않다. 왜냐하면 세 개의 목표간에 상충관계가 존재하기 때문이다. 성장을 통해 고용증대를 꾀하고자 하면 물가가 상승하는 경향이 있기 때문이다. 또 성장에 의한 소득증대는 수입증가를 초래하여 무역수지를 악화시킬 수 있기 때문이다.

그럼에도 불구하고 모든 나라는 가능한 정책수단을 동원하고 적절히 배합하여 소기의 목표를 달성하고자 한다. 만일 정책수단을 잘 구사하면 비록 최대로 만족스럽지는 않지만 그런대로 만족스러운 결과를 얻을 수 있다.

물가상승률과 실업률간의 역관계는 이미 50년대에 세계 경제학계에 잘 알려졌다. 필립스(Phillips)가 영국의 경험을 통해 임금상승률과 실업률간에는 역관계가 성립한다는 사실을 발표한 이후 미국을 위시하여 많은 나라에서도 필립스의 이론적 주장의 타당성을 인정하였다. 단순한 검증에 그치지 않고 여러 나라에서 정책적으로 응용하기도 하였다. 즉 일단 필립스곡선이 주어진 상태에서 만일 물가상승률 목표가 정해지면 실업률 목표가 저절로 정해지는 것이었다.

구체적으로 물가상승률 목표와 실업률 목표를 결정짓는 요인은 나라마다 다르다. 즉 사회전체의 효용체계에 따라 달라질 수밖에 없다. 〈그림 24-1〉에서 U_A와 U_B는 A국과 B국의 사회무차별곡선을 나타낸다.

비록 A국과 B국이 동일한 필립스곡선의 영향하에 있다고 하더라도 A국은 B국에 비하여 낮은 실업률을 선호한다. 그 대신 A국의 물가는 B국보다 더 높다. 바꿔 말하면 A국은 B국에 비하여 물가문제보다는 실업문제를 더욱 심각하게 생각한다고 결론 내릴 수 있다.

그림 24-1 물가상승률 목표와 실업률 목표의 선택

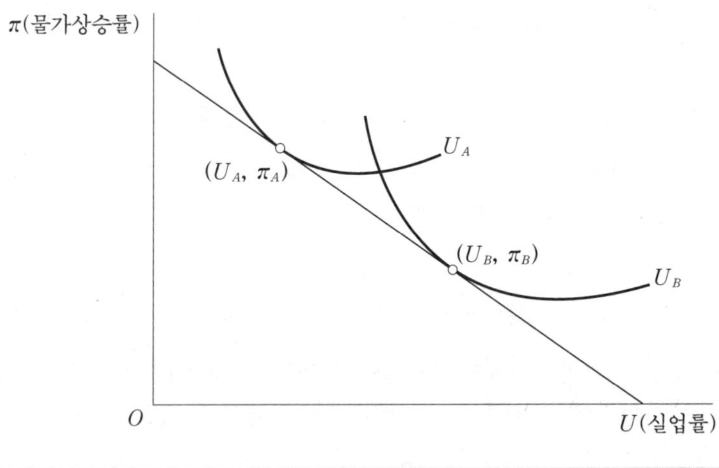

제 2 절 | 경제목표와 현실과의 괴리

대개 이상과 현실 사이에는 언제나 거리가 있듯이 거시경제의 목표수준과 현재수준에는 차이가 있게 마련인데 그 차이가 점점 벌어지는 경우 심각한 사회문제가 발생할 수 있다.

그래서 정책 당국의 입장에서는 항상 적정 수준에 목표를 정할 것이 필요하며 동시에 현 위치를 파악해야 한다. 그리고 현 위치에서 목표수준으로 향해 갈 때 치러야 할 사회적 비용이 어느 정도인가를 추정할 수 있어야 한다.

이 절에서는 물가와 실업간의 상충관계를 근거로 하여 현 위치에서 필요한 조치를 취함으로써 물가안정과 고용증대의 2大 목표를 어떻게 동시에 성취할 수 있는가를 보여주고자 한다.

우선 논의의 편의를 위해 다음과 같은 방정식 체계를 설정한다.

$$\pi = a_0 + a_1 G \qquad \cdots\cdots \text{[24-1]}$$

$$U = b_0 - b_1 G \qquad \cdots\cdots \text{[24-2]}$$

[24-1]식은 인플레율 방정식으로서 정부지출(G)의 직접적인 영향을 받는다. [24-2]식은 실업률 방정식으로서 역시 정부지출의 영향을 받는데 정부지출의 증대는 실업감소를 가져온다.

[24-1]식과 [24-2]식에서 우리는 정부지출의 증감이라는 1개의 정책수단이 존재한다는 사실을 알 수 있다. 물론 실제로는 1개 이상의 정책수단이 있지만 우선 간단한 모형을 먼저 다룸으로써 정책 당국의 선택문제를 분명하게 알고자 한다. 물론 그 후 복수의 정책수단을 동원하여 복수의 거시경제목표를 다룰 것이다.

[24-1], [24-2]식을 이용하면 [22-3]식과 같이 필립스곡선이

도출된다.

$$\pi = \frac{a_0b_1+a_1b_0}{b_1} - \frac{a_1}{b_1}U \qquad \cdots\cdots \text{[24-3]}$$

〈그림 24-2〉에서 A점은 π값이 영일 때 U의 최대값을 나타내며 D점은 U값이 영일 때 π값의 최대값을 나타낸다. B점은 경제의 현 위치를 기리키며 E점은 목표물가상승률 π^*와 목표실업률 U^*를 각각 가리킨다.

본 모형에 의하면 정부지출인 G가 어떤 값을 취하는 이 나라의 π와 U는 필립스곡선상 위에 있게 마련이다. 현재 이 나라 경제의 위치는 B점에 있는 반면에 목표 π와 목표 U는 E점에 있다. 이것은 현재 물가는 목표 수준보다 조금 아래에 있으나 실업률은 목표 수준을 크게 앞지르고 있다는 사실을 반영해 준다. 그래서

그림 24-2 필립스곡선과 정책목표

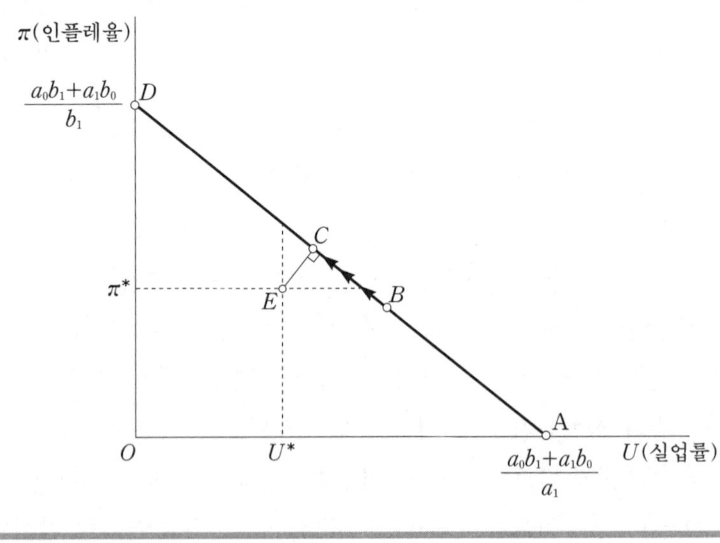

주어진 상황에서 최선을 다하기 위해서는, 즉 현실과 목표간의 괴리를 최소화하기 위해서는 B점에서 C점으로 옮겨갈 것이 요구된다. C점은 AD선상에 있으며 E점에서 수직선을 내린 점이 된다. 그리고 C점에 해당하는 물가상승률과 실업률은 계산해 낼 수 있다. 이때 유의해야 할 것은 실업과 인플레율에서 오는 비효용은 같은 척도로 측정된다는 사실이다. 만일 그렇지 않다면 결론은 달라진다.

제 3 절 | 복수의 경제목표와 복수의 정책수단

앞 절에서는 물가안정과 고용증대를 위해서 정부지출이라는 1개의 정책수단을 동원하였으나 여기서는 물가안정, 고용증대, 국

그림 24-3 복수의 경제목표와 복수의 정책수단

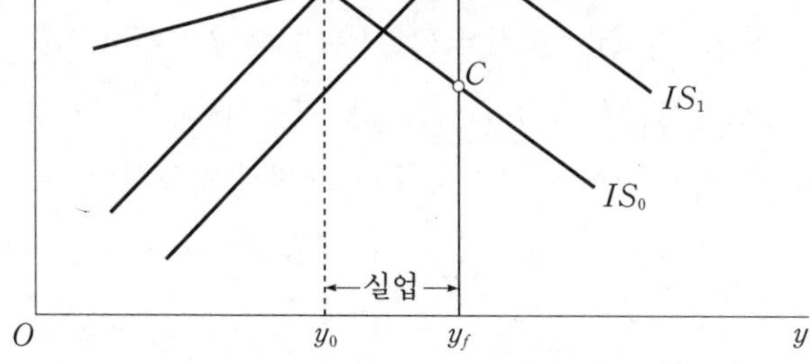

제수지개선의 3개 목표를 달성하기 위해 금융, 재정, 관세정책 등의 복수의 정책수단을 동원한다.

〈그림 24-3〉은 거시경제학에서 널리 다루는 *IS*-*LM*곡선을 보여준다. 그리고 *BP*곡선은 국제수지균형곡선인데 경제가 *BP*곡선 위에 위치하면 국제수지 흑자를 경험하게 되며 아래에 위치하면 국제수지 적자를 경험한다. 만일 자본의 국제적 이동이 완전하다면 *BP*곡선은 수평선이 된다.

경제의 현재 위치는 *A*점에 있어서 소득은 y_0수준에 있다. 그러나 완전고용과 부합되는 소득은 y_f이므로 국내에서는 실업이 존재한다.

만일 정부가 재정확대정책을 통하여 실업문제를 해소하고자 한다면 *IS*곡선은 우상향하되 *B*점을 통과한다. 그래서 새로운 *IS*곡선은 기존의 *LM*곡선과 *B*점에서 만난다. 그러나 *B*점에서는 국내금리가 해외금리보다 높아서 자본유입을 초래하며 이것은 다시 화폐공급량을 증대시켜 *LM*곡선을 우하향하게 만든다. 그래서 최종 균형점이 어디가 될지 불투명하다.

만일 금융확대정책을 통하여 실업문제에 대처하고자 한다면 *LM*곡선이 우하향하며 *C*점을 통과하게 된다. 그러나 *C*점에서는 국제수지적자를 맞게 되므로 화폐량 공급이 감소하며 *LM*곡선은 다시 좌상향이동한다. 그래서 정책 당국은 재정확대와 금융확대를 적절히 혼합한 정책을 씀으로써 *IS*곡선은 IS_0에서 IS_1으로 이동하고 *LM*곡선은 LM_0에서 LM_1으로 이동하여 최종균형은 *D*점에 이르게 된다. 이때에는 완전고용과 국제수지균형이 동시에 이루어진다.

제 4 절 | 물가안정, 완전고용, 국제수지균형의 동시 달성

앞 절에서는 금융 · 재정의 2개 정책수단을 사용하여 완전고용과 국제수지균형의 2개 목표를 달성하였는데, 이 절에서는 물가안정이라는 1개의 목표를 추가하는 경우 3개의 목표를 달성하기 위해 적어도 3개의 정책수단을 동원하고 있음을 보여준다.

〈그림 24-4〉는 물가, 소득 평면에 총수요곡선인 AD곡선과 총공급곡선인 AS곡선을 보여준다. 또한 추가적으로 국제수지균형곡선을 보여준다. 국제수지 방정식은 [24-4]식과 같다.

$$BP=X(P)-M(P,\ y)+K(P) \qquad \cdots\cdots \ [24\text{-}4]$$

[24-4]식은 무역수지와 자본수지를 종합한 것인데 X는 수출,

그림 24-4 3大 거시경제목표의 달성

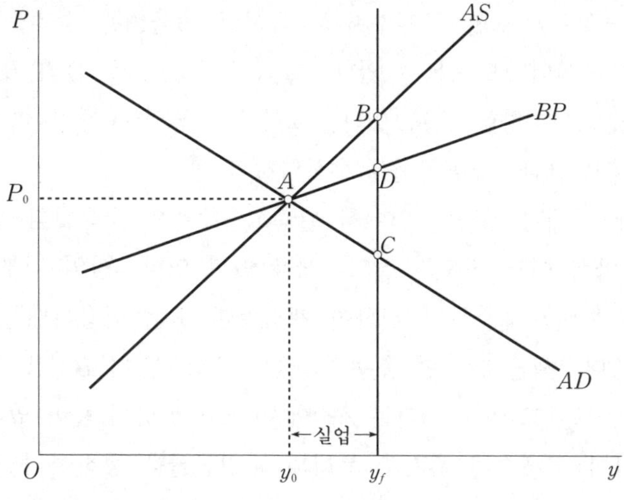

M은 수입, K는 자본수지를 각각 가리키며 X는 물가(P)의 함수이며 M은 물가와 소득, 그리고 K는 역시 물가의 함수로 취급하고 있다.

[24-4]식을 이용하여 국제수지곡선을 다음과 같이 도출할 수 있다. 우선 [24-4]식을 제로 값에 맞추고 전체 미분하여 (P, y)평면에서 곡선의 기울기를 구하면 된다. 그 결과가 [22-5]식에 나타나 있다.

$$BP\text{의 기울기} = \left.\frac{dP}{dy}\right|_{BP} = \frac{M_y}{X_p - M_p + K_p} \lesseqgtr 0 \qquad \cdots\cdots \text{[24-5]}$$

여기서 M_y는 한계수입성향, X_p는 물가의 수출효과, M_p는 물가의 수입효과, K_p는 물가의 국제수지효과를 나타낸다. 물가상승은 수출을 억제하고 수입을 촉진시킨다. 한편 물가상승은 화폐시장에서의 실질 통화량을 감소시켜 이자율을 상승시키며 이것은 다시 외국자본의 유입을 초래한다.

[24-5]식을 보면 국제수지균형곡선의 기울기는 플러스도 될 수 있고 마이너스도 될 수 있다. 그래서 〈그림 24-4〉의 BP곡선은 실제로 우하향할 수도 있다. 그러나 자본의 국제적 이동성이 완벽하다고 한다면 BP곡선은 우상향하기 쉽다.

이제 경제가 A점에 있어서 완전고용수준의 소득보다 현재소득이 낮아서 어느 정도의 실업문제를 안고 있다. 만일 정부 당국이 실업문제를 해소하기 위하여 재정확대 또는 금융확대를 통한 총수요증대정책을 쓴다면 총수요곡선은 우상향하며 B점을 통과할 수 있다. 그리고 이때 물가는 A점에서 보다 상당히 높아 있다.

따라서 국제수지 흑자도 통화의 과잉공급을 통하여 물가압력을 초래하므로, 피하는 것이 바람직하다. 이때는 공급정책을 추가로 시행하여 총공급곡선인 *AS*곡선이 우하향할 수 있어야 한다.

만일 정부 당국이 무책이 상수다 하여 아무 조치도 취하지 않고 내버려 두면 어떻게 될까? 그때는 실업의 존재로 요소시장에서 초과공급현상이 일어나고 이것은 요소가격 인하와 생산비 절감으로 이어진다. 그렇게 되면 *AS*곡선은 우하향하게 되고 결국 *C*점을 통과하게 된다. 그러나 실제로 이런 과정이 일어나기까지는 오랜 세월이 걸린다는 것이 문제다.

제 5 절 | 안정화 정책의 손익계산

정부가 안정화정책(stabilization policy)을 실시함에 있어 인플레는 낮을수록 좋다는 주장이 자주 제기된다. 얼핏 들으면 맞는

그림 24-5 反인플레정책의 비용편익분석

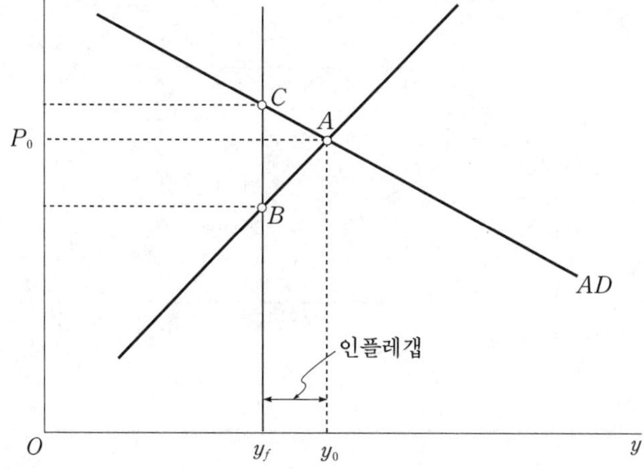

말이다. 인플레가 되면 재산가치가 잠식되고 구매력이 떨어지기 때문에 국민에게 좋을 수가 없다. 그러나 문제는 反인플레정책을 하기 위해 치러야 할 사회적 비용 및 희생이 얼마나 될지도 함께 생각해 보아야 한다. 마찬가지로 실업률은 낮을수록 좋겠지만 실제로 실업률을 낮추기 위해서는 어느 정도의 인플레를 감수할 수 있어야 한다. 즉 어떤 정책이라도 집행하기 앞서 그로 인한 손익계산을 분명하게 해 두어야 한다.

〈그림 24-5〉에서 자국 경제는 A점에 있는데 이때 소득수준은 y_0이다 이 수준은 완전고용수준 y_f를 초과하고 있어 요소시장에서 요소가격의 상승압력이 크게 작용하고 있다.

이제 금융 당국이 재정 및 금융긴축을 통하여 총수요곡선이 안쪽으로 수축하여 B점을 통과한다고 가정하자. 그러는 동안 물가가 점차로 하락하여 실업률은 점차 상승한다. 〈그림 24-6〉에서

그림 24-6 反인플레정책 후 물가상승률 변동

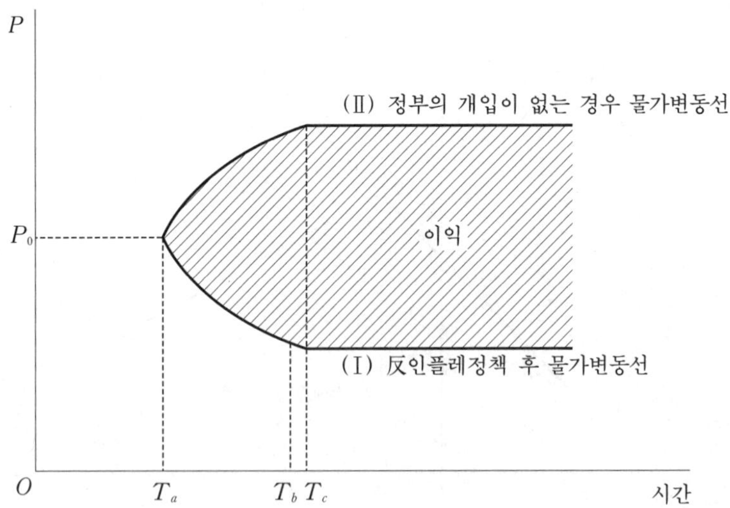

그림 **24-7** 反인플레정책 후 실업률 변동

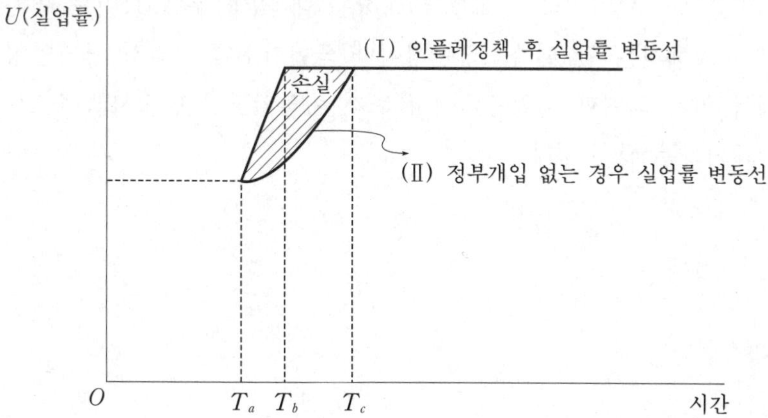

(Ⅰ)곡선은 反인플레정책 후 물가의 변동을 나타내며 (Ⅱ)곡선은 정부가 대신 아무런 조치도 하지 않았을 경우 물가가 변동하는 과정을 보여준다.

〈그림 24-5〉에서 정부의 개입이 없으면 요소시장에서의 가격상승으로 생산비가 급등하고 따라서 AS곡선은 좌상향으로 이동하는데 결국 C점을 통과하게 된다. 이때 시간이 꽤 오래 걸릴 것이다.

〈그림 24-7〉은 反인플레정책을 실시한 후 실업률이 변동하는 과정을 보여준다. (Ⅰ)곡선은 정부의 긴축재정이 즉각적으로 실업률을 증대시키는 상황을 나타낸다. 그러나 만일 정부가 아무런 조치를 취하지 않으면 역시 요소시장의 자동조절작용을 통하여 생산비상승에 이어 AS곡선이 좌상향한다. 이런 과정은 오래 시간을 두고 이루어진다.

이와 같이 인플레를 줄이는 것이 그 나라에 물가하락이라는 이익을 가져다 주지만 그러나 실업증대라는 또 다른 사회악을 가져오므로 정책선택에 앞서 손익계산을 철저하게 해 보아야 할 것이다. 그리고 이익과 손실을 비교하는 데 있어 눈에 보이는 면적만 비교해서는 안 된다. 국민성이나 국민기호에 따라서 물가안정에서 얻는 혜택과 실업증대에서 느끼는 불안감이 반드시 1대 1로 상쇄되라는 법은 없다.

참고문헌

Fry, Maxwell, *Money, Interest, and Banking in Economic Development*, The Johns Hopkins University Press, 1988.

McKinnon, R., "Financial Liberalization in Retrospect: Interest Rate Policies in LCDs," Stanford Center for Economic Policy Research Publication, No. 74, 1986. 7.

Mundell, R., "The Appropriate Use of Monetary Policy and Fiscal Policy for Internal and External Stability," International Monetary Fund Staff Paper, 1962.

Pindyck, R. S., *Optimal Plannjing for Economic Stabilization: The Application of Control Theory to Stabilization Policy*, North-Holland, 1978.

Tinbergen, J., *On the Theory of Economic Policy*, North-Holland, 1952.

CHAPTER 25 개도국 외채문제

제 1 절 | 외채문제의 심각성

1997년 여름 아시아의 외환위기, 같은 해 11월 한국의 금융위기의 도래는 개도국 외채문제의 심각성을 전 세계에 다시 한번 환기시켰다. 개도국 외채문제는 80년대 초 멕시코의 외채상환불능선언으로 한때 세계 금융시장을 마비시킨 바 있었는데 90년대 중반에 들어 개도국 외채가 다시 불거져 나온 것이다.

외채가 세계적인 문제거리로 등장하기 시작한 것은 1981년 3월 폴란드가 이자상환불능을 선언하면서부터이다. 곧이어 1982년 8월에는 멕시코, 그리고 브라질, 아르헨티나 등이 원리금상환을 제때에 이행하지 못하는 사태가 속출하였다. 남미의 주채무국인 멕시코, 브라질, 아르헨티나 등의 채무상환불이행으로 국제금융시장이 한때 혼란을 겪었으나 IMF측과 미국은행들의 주선으로 위기는 넘겼었다. 그리고 아시아지역의 필리핀도 1983년 당시 반정부 인사인 아퀴노(Aquino)의 죽음을 계기로 국내정치혼란과 경제파탄으로 외채위기를 겪었다. 1983년 필리핀의 외채규모는 남미제국의 채무국가보다 훨씬 작은 규모이지만 필리핀 정부의 위기와 수출저조, 자본도피가 한꺼번에 가세되어 수십 년 이래 최악의 경제위기를 맞았다. 그러나 다행히 1983년부터 세계경제가 회복기에 접어들면서 국제금융기구의 채무조정, 당사국 정부와 국제민간상업은행간의 공동노력으로 일단 위기국면을 벗어났다.

우리나라도 80년대 초 멕시코 외채문제의 파급으로 온 국민이 외채문제를 우려한 적이 있었다. 그 당시 우리나라의 외채규모를 보면 순채무(총외채－보유외화자산)가 1985년에 355억 달러에 달하였다가 1986년에 무역흑자에 접어들면서 일단 외채망국의 걱정에서 벗어났다. 그러나 90년 초반부터 경상적자는 계속되었고, 96년 이후부터 대기업 부도, 노사관계 불안고조, 그리고 97년에 들어 한보그룹의 도산과 동남아 외환위기, 또 1997년 12월 18일 대통령 선거를 앞두고 우리나라는 1997년 12월 외환위기에 당면하였다. 1개월 사이 주가는 절반값으로 떨어지고 환율은 2배로 뛰었다. 〈표 25-1〉은 90년대 우리나라의 외채추이를 보여준다.

오늘의 세계경제는 선·후진국을 막론하고 상호의존관계에 있으므로 개도국의 외채문제는 비단 채무국가에만 한정된 것이 아니다. 즉 개도국의 채무불이행사태가 계속될 것으로 예상되면, 자금공급자들은 세계금융시장에서 자금인출을 시작할 것이며 이것이 단시일 내에 파급되면 세계금융시장은 커다란 혼란상태로 들어갈 수 있다.

표 25-1 우리나라의 외채추이

(단위: 백만 달러)

	1994	1995	1996	1997	1998	1999
총외채	97.437	127.491	163.489	159.237	148.705	137.069

일국의 외채문제는 크게 둘로 나누어 외채누증의 심각성과 외채상환불능으로 볼 수 있다. 급속히 늘어나는 외채는 곧 국민부담의 증가를 의미하기 때문에 외자사용에 있어 효율성 점검에 관심이 귀착되고 있다. 또한 채무상환불능은 대외신용을 추락시키고 이것은 국가적으로 상당한 손실을 가져오게 되므로 수출진작을 통한 외화자산보유의 제고나 국제시장에서의 신용도를 유지하여 채무상환에 필요한 재차입의 자금공급원을 확보하는 것이 현외채문제 해결의 관심사가 되고 있다.

이런 상황에서 볼 때 외채의 효율적 관리, 즉 외자의 효율적 도입 및 운용은 외채문제에 대한 채무국의 기본과제가 된다. 이러한 기본과제를 수행함에 앞서 외채의 기본성격과 관련된 주요 문제들을 충분히 이해하는 것은 필수적이다.

제 2 절 | 일국경제의 외화차입모형

일반적으로 외채문헌에서 취급하고 있는 일국경제의 해외차입모형에는 두 가지 접근법이 있다. 하나는 간단한 Harrod · Dormar의 성장모형을 이용하여 한계자본계수와 국민저축률 등이 주어질 때 외자소요로서 해외차입량이 결정됨을 보여주며, 또 하나는 시점간(intertemporal)분석모형으로 국민전체의 후생을 극대화하는 요건으로서 유도되는 최적해외차입(optimum foreign borrowing)모형이 있다.

본절에서는 투자 및 성장이론에 널리 쓰이고 있는 2기모형(twoperiod model)을 응용하여 해외차입의 결정을 도출해 보기로 한다. 이 모형은 한 대표적인 경제주체가 전 기간을 통한 총가용

자원을 가지고 현재소비와 미래소비간에 최적분배하는 문제를 보여 준다.

시점간 효용극대화를 통하여 최적해외차입이 결정되는 과정은 〈그림 25-1〉을 통해서 설명이 된다. 우선 개방 이전의 경제가 지극히 원시적이어서 투자를 통한 생산활동이 전혀 없는 경제라고 가정했을 때 이 경제전체의 2기간의 소비분배는 바로 각기의 소득수준과 일치하여 소비는 A점에서 결정됨으로써 이 경제의 사회적 효용수준은 U_1에 있게 된다. 그러나 1기에 투자, 저축을 통해서 생산이 이루어져서 소위 시간생산성곡선 AB가 도출된다면 1기의 생산은 A점에서 C점으로 옮아가며 효용수준도 U_1에서 U_2로 상승하게 된다. 그러나 경제가 자유개방되어 세계자본시장에서의 이자율 r^*가 실제 이자율이 된다면 자금조달이 더욱 용이해짐으로써 효용무차별곡선의 기울기가 세계할인율인 국제금리 r^*와 시간생산성곡선의 기울기와 모두 일치되는 점에서 각기의 최적생산소비가

그림 25-1 최적해외차입의 결정

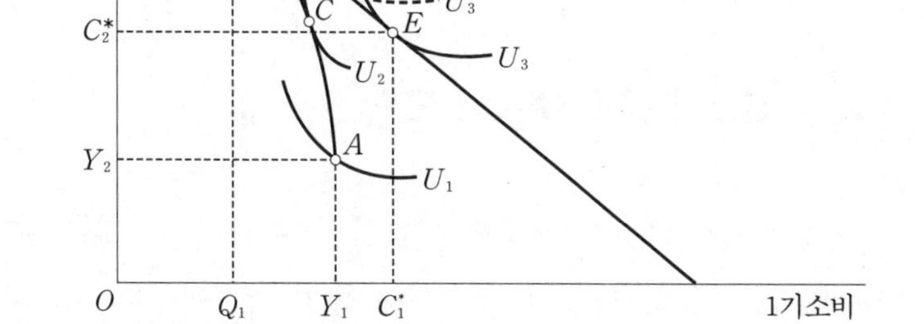

결정되어 소비점은 E에서, 생산점은 D에서 각각 결정된다. 따라서 사회전체의 효용수준도 U_2에서 U_3로 증가된다. 이때 OC_1^*은 1기의 최적소비를 가리키는데, 1기 소득인 OY_1에서 Q_1Y_1은 투자되어 다음 기의 생산인 Y_2Q_2를 가능케 하며 OY_1에서 OQ_1만이 1기 소비의 일부를 충당한다. 따라서 $Q_1C_1^*$이 1기의 차입규모가 되고 $C_2^*Q_2$는 원리금상환규모를 나타낸다.

이러한 시각적 분석을 통해서 알 수 있는 것은 최적해외차입의 결정요인으로 다음 세 가지를 고려해 볼 수 있다.

첫째, 국내투자와 저축간의 갭(gap)의 크기이다. 주어진 국내저축의 크기에 비하여 성장을 위한 투자가 크면 클수록 해외차입은 늘어나게 된다.

둘째, 시간선호(time preference)가 어떠한가에 달려 있다. 즉 현재를 장래보다 중요하게 여기는 정도를 나타내는 시간선호가 적을수록 해외차입은 줄어들 수 있을 것이다. 예컨대 사회무차별곡선을 U_3에서 U_3'로 옮길 수 있다면, 해외차입은 그만큼 줄어들 것이다.

셋째, 국제금융시장에서의 이자율 r^*가 높을수록 해외차입이 줄어들게 된다. 즉 국내생산성이 일정한데 해외차입의 이자부담이 높아지면 그만큼 해외차입은 줄어들기 마련이다.

제 3 절 | 공공차관의 모형

제 1 절에서 다룬 최적채무의 결정은 경제의 성장능력, 국민의 미래에 대한 선호, 현재의 소득수준 등의 경제여건하에서 국민의 후생을 극대화시키는 요건으로 도출되었다. 이런 관점에서 볼 때

지나치게 의욕적인 성장목표와 무리한 국내저축의 제고는 국민복지를 오히려 감소시킬 소지가 있다.

그러나 일국경제의 최적규모를 실제적으로 계산해 내기란 거의 불가능하다. 우선 사회전체의 후생방식을 도출하기가 힘든 것은 잘 알려져 있다. 그러므로 실제적 의미의 최적채무수준은 외채를 총량적으로 다루기보다는 적어도 차관의 도입형태별로 구분하여 미시적으로 접근하여 도출함이 더 용이할 것이다.

실제적 의미의 최적채무에 관한 저자의 생각은 현시점부터 도입해 오는 각종 차관의 도입을 최대한 유리한 조건으로 도입하여 국내에서 외자사용을 최대한 효율적으로 운용하는 것이 외채관리의 최상책으로 본다. 이런 의미에서 정부가 차주인 공공차관과 민간기업인이 차주인 상업차관에 관한 경제적 분석을 본절과 다음절에 나누어 살펴보기로 한다.

여기서 소개되는 모형에서는 정부의 투자확대가 해외차입에 어떤영향을 미치는지 잘 보여준다.

예컨대 〈그림 25-2〉에서 보는 바와 같이 폐쇄경제하에서의 국내투자는 오직 국내저축에 의해서만 조달되기 때문에 국내실질금리도 외국에 비하여 높을 것이다. 국내저축곡선 S는 국내이자율과 정의 관계에 있어 우상향하며, 곧 설명하겠지만 정부사업투자와 같은 재정정책에 어느 정도 영향을 받아서 그에 따른 국내저축곡선이 이동하게 되어 있다.

한편 국내투자곡선은 민간투자 I_p와 정부투자 I_g를 합한 국내총투자 I_{p+g}를 나타내는 것이며, 자금의 투자곡선은 한계자본이익이 감소한다는 전제하에 우하향하게 된다. 그러므로 최대 혹은 균형차입액 B_1은 차입된 자금의 한계생산성이 실질지불금리 r^*와 같아질 때 결정된다. 원래 정부투자의 정당성은 외부경제(exter-

그림 25-2 정부투자와 해외차입

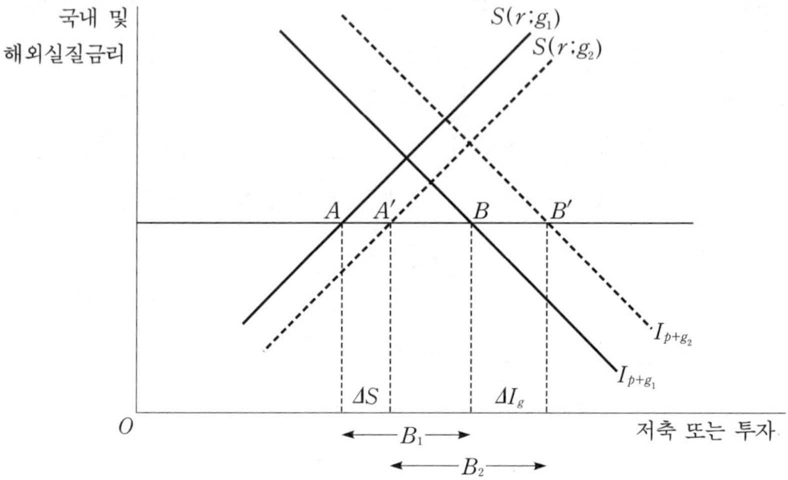

nality)현상을 내부경제화(internalize)하는 데 있다. 즉 사회전체적 측면에서 본 경제비용이나 혜택이 민간 측면에서 본 경제비용 및 혜택과 괴리가 생길 때 이를 각각 일치시키기 위하여 조세나 정부투자의 형태로 정부개입의 역할이 강조된다고 할 수 있다. 전형적인 예로 고속도로, 항만, 댐 등과 같은 사회간접자본에의 투자는 그 사회적인 혜택이 큼에도 불구하고 민간차원에서의 대형투자가 이루어지기 힘들기 때문에 정부투자의 필요성이 대두된다.

정부투자가 g_1에서 g_2로 확대되었다면 I_{p+g}곡선은 오른쪽으로 이동하게 되어 그에 따라 해외차입은 늘어나게 된다. 그러나 실제로 얼마나 더 늘어날 것인지는 무엇보다도 민간이 정부투자사업을 어떻게 평가하느냐에 달려 있다. 예컨대 만일 정부투자가 민간기업인도 할 수 있는 투자의 성격을 띠는 경우에는 민간투자가들이 그만큼 투자기회를 상실하기 때문에 정부투자가 늘어날 때 민간투자는 오히려 어느 정도 줄어들어 I_p곡선은 왼쪽으로 이동하게 된다. 그 결과 민간투자와 정부투자를 합한 곡선 I_{p+g_2}는 현재 위치보다 조금 왼쪽에 있게 될 것이다.

또 정부투자사업이 그 외부경제적 혜택으로 사회전체의 부의 축적에 직접 기여한다면 부의 효과로 저축곡선이 오른쪽으로 이동될 수 있을 것이다.[1] 이러한 점들을 감안할 때 〈그림 25-2〉에서 볼 수 있듯이 해외차입순증 $\Delta B = B_2 - B_1$은 총투자의 증가분 ΔI_g에서 국내저축증가분 ΔS를 감한 것이 될 것이다.

그림 25-3 민간차입시장에서의 외부경제

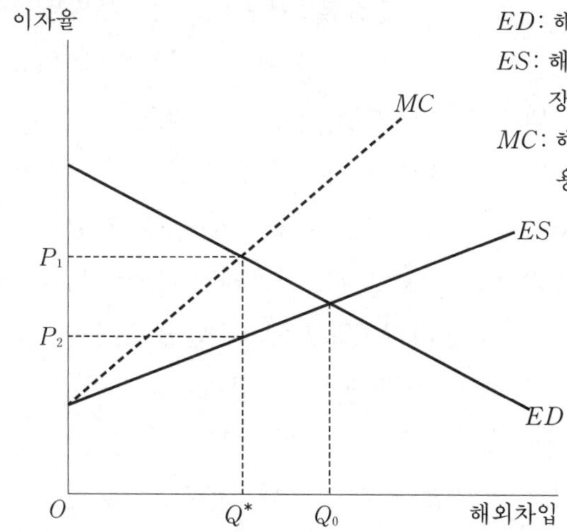

ED: 해외차입수요곡선
ES: 해당국가가 당면한 세계시장에서의 차입공급곡선
MC: 해당국가의 한계차입비용곡선

1) 로버트 배로(Robert Barro, 1974)는 정부가 발행한 채권이 정부의 미래조세까지 염두에 두는 사람들에게는 부(富)의 증가로 여기지 않으므로 그에 대비하여 강제저축을 하게 될 수도 있다고 주장하였다.

제 4 절 | 상업차관의 모형

상업차관의 경우 국제금융시장에서의 차입금리는 일정한 것이 아니고 차입규모에 따라 상승하는 경향이 있으며, 특히 본절에서는 국제금융시장에서 민간차입자간의 경쟁으로 차입비용에 있어 외부경제가 발생될 수도 있음을 거론하고자 한다.[2] 〈그림 25-3〉에서 ED는 국제 총투자에서 국내 총저축을 감한 민간차관수요곡선(공공차관 제외)을 나타내며 한계저축성체감의 법칙에 의하여 우하향한다. ES는 차입당사국에게 제공되는 세계공급곡선을 나타내는 공급자가 생각하는 채무지급불위험도에 따라 위험부담비용이라고 할 수 있는 가산금리(spread)는 점증한다고 간주하여 우상향하고 있다. 그러므로 외부경제가 없는 경우 균형차입규모는 OQ_0가 된다. 그러나 해외금융시장에서 차입자간의 경쟁으로 한계차입에 적용되는 한계금리는 기채무자의 채무부담마저 올리게 된다. 이때 상업차관의 공급곡선을 ① $r = r^* + aB$로 표시할 수 있다. 즉 국내금리 r는 국제금리 r^*, 예컨대 $LIBOR$에 aB만큼 가산금리가 추가되며 이 가산금리는 해외차입규모 B에 따라 a비율만큼 증가된다고 가정할 수 있다. 이때에 국내차입자 전체가 부담하는 총이자 지급액은 ② $rB = (r^* + aB)B$가 된다. 여기에서 한계차입비용은 ③ $MC = \partial rB / \partial B = r^* + 2aB$로 도출하며, 이 곡선은 차관공급곡선보다 위에 위치하고 있음을 알 수 있다. 그러므로 국가전체적 차원에서 보았을 때 MC곡선과 ED곡선의 교차점에서 민간균형차관

---

2) Arnold C. Harberger, *On Country Risk and the Social of Foreign Borrowing by Developing Countries*, 1976 및 *On the Determinants of Country Risk*, 1976 참조.

도입이 결정될 수 있다. 물론 외국대주에게 적용되는 지급금리는 OP_1이 아니라 OP_2에 해당한다. 그리고 적정민간차입은 OQ_0가 아니라 OQ^*가 되며, 이를 위하여 정부의 개입은 세금부과 등을 포함한 다각적이고 다양한 형태를 취할 수 있을 것이다.

여기에서 지적되어야 할 사실로서 첫째, 차관도입의 형태에 관계없이 외채규모를 무조건적으로 줄이는 것은 현명하지 못하다고 하겠다. 양허의 성격이 다분히 있는 공공차관의 경우에는 될 수 있는 대로 많이 도입하되 그 자금의 국내사용에 있어 자금의 효율성을 최대한 높이도록 하는 것이 바람직하다. 둘째, 국제자본시장에서 국내차입자간의 과당경쟁이 있을 때에는 정부차원에서의 조정이 필요하며 이론적으로도 이것이 타당하다고 하겠다. 셋째, 차입국의 대외신용도 또는 차입국의 신용위험(country risk)이 가산금리의 중요한 결정요인이 되기 때문에 차입국의 대외신용도를 높이기 위해서 정부는 경제전반에 걸친 경제운용을 효율적으로 하는 것은 물론 정치·사회적인 불안요소를 가능한 한 줄이도록 노력해야 할 것이다.

제 5 절 | 국제금융시장에서의 개도국 차입모형

이상의 해외차입에 대한 논의는 분석편의상 외채수요 측면에 치중한 것이었다. 그러나 본절에서는 개도국의 차입조건 및 차입규모가 국제금융시장에서 어떻게 결정되고 또 무엇에 의하여 영향을 받게 되는지 간단한 모형을 이용하여 이를 분석하고자 한다.

본모형은 개도국 해외차입의 규모와 차입조건의 변화를 좀더 현실적으로 다루기 위하여 부분균형접근법을 썼으며 세계금융시장

그림 25-4 세계금융시장과 외채시장의 상호작용

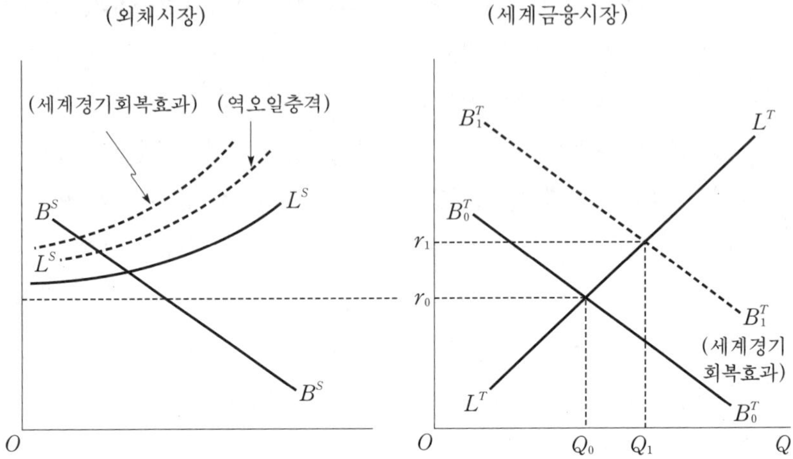

과 외채시장의 상호작용을 분석한 것이 특징이다.[3)]

〈그림 25-4〉에 의하여 세계금융시장에서 자금의 총수요곡선 B^T와 총공급곡선 L^T가 일치하는 점에서 국제금리 r_0와 세계차입 대출량 Q_0가 결정된다. 이때 개도국의 외채수요를 충족시켜 주는 국지적 외채시장의 균형을 살펴보면 상환불이행의 위험수요 때문에 이들 외채개도국이 당면하는 공급곡선은 분석편의상 $r = r_0 + a_0 + aB$로 표시할 수 있다. a_0는 칸트리리스크(country risk)의 기본 위험부담을 나타내며 외채도입량 규모 B가 클수록 가산금리는 커지게 된다.

1973~74년 제 1 차 석유파동 때부터 1970년대 말까지는 석유

3) Ralph C. Bryant, *Notes on the Analysis of Capital Flows to Developing Nations and the Recycling Problem*, World Bank Staff Working Paper, 1981 참조.

수출국의 한계저축성향이 높아서 외채시장에서 자금공급자로서의 역할이 컸으나 2차 석유파동을 전후하여 많은 석유수출국들이 자국의 기간산업이나 사회간접부문에서의 투자에 치중함으로써 1981년 하반기 이후부터는 자본을 수요하게 되었고, 따라서 외채시장에서의 공급원이 대폭 줄었다. 1982년 말부터 시작된 유류가격인 하추세는 공급곡선 L^S를 좌상향으로 이동시켜 외채시장에서의 자금경색을 유발시키게 됨을 이 모형을 통해서 알 수 있다.

과거 침체되어 온 세계경기가 회복기에 접어들면서 선진공업국가 자체 내에서의 자금수요가 늘어난다는 사실은 전체 수요곡선이 B^T_0에서 B^T_1로 우상향 이동하게 됨을 의미하며, 그 결과 세계금융시장에서의 금리 인상압력이 시작되었고 이것은 다시 외채공급곡선 L^S를 좌상향으로 이동시켜 외채개도국의 자금조달을 더욱 어렵게 함을 뜻한다. 그러므로 이 모형을 통해서, 물론 선진공업국의 경기회복은 개도국의 수출에 어느 정도 도움이 되어 외채수요가 그만큼 줄어들 수도 있겠지만 그때까지는 외채시장에서의 자금경색증이 계속될 것으로 예측된다.

만일 이때 국제통화선진국이 긴축금융정책을 쓰면 L^T곡선은 좌상향으로 이동하여 외채시장에서의 자금경색은 더욱 악화될 것이나, 반대로 팽창금융정책을 쓰면 L^T곡선이 우하향으로 이동하여 외채시장에서의 경색증을 크게 완화시킬 수 있다는 사실도 유추할 수 있다. 그러나 각 선진국가에서의 금융정책은 각국의 특별한 경제목표와 여건 때문에 개도국의 외채문제가 국제금융제도의 사활에까지 영향을 줄 심각한 국제문제이지만 인플레 등을 염려한 미국 등의 선진국은 쉽게 팽창금융정책을 쓰는 것을 주저하고 있고, 또한 IMF에서 창출할 수 있는 유동성도 한계가 있다. 그러므로 당면한 개도국 외채위기를 극복하기 위하여 선진공업국가들도

양자간의 긴밀한 이해와 경제정책의 조화를 통하여 일시적인 유동성문제를 해결해야 할 것이다.

국제금융시장에서의 자금경색증은 외채상환을 위하여 막대한 외채가 소요되는 개도국의 재차입을 힘들게 할 뿐만 아니라 높은 가산금리로 인한 고금리는 채무국가의 상환부담을 더욱 가중시키고 있다.

제 6 절 | 개도국의 외채상환

일국의 외채문제는 크게 둘로 나누어 외채누증의 심각성과 채무상환불능으로 볼 수 있다. 급속히 늘어나는 외채는 곧 국민부담의 증가를 의미하는데, 이에 대한 1차적 대응책으로서 국내에서의 효율적 외자사용의 점검이 요구된다. 한편 채무상환불능은 국가적 대외신용을 추락시키기 때문에 꾸준한 수출진작노력과 함께 국제금융시장에서의 신용도를 유지하여 채무상환을 위한 재차입자금공급원을 확보하는 것이 문제해결의 관건이 된다.

90년대에 들어와도 개도국의 외채문제는 여전히 존재한다. 특히 우리나라의 외채문제는 단기외채비중이 60% 이상이 되어 국내 실물경제가 나쁘고 정치상황이 악화되면 언제든지 외화유동성 확보의 어려움 때문에 외환위기가 발생할 수 있다. 어쨌든 여기서는 80년대의 외채상환을 새삼 상기할 필요가 있다.

〈표 25-2〉는 80년대 개도국의 외채규모의 추이를 나타내고 있으며 아울러 외채부담의 정도를 보여주는 몇 가지 지표의 추이도 함께 기록하고 있다. 여러 지표 중에서 외채상환비율(Debt Service Ratio)은 상환원리금을 총수출규모로 나누어 준 것을 가리

표 25-2 외채부담현황의 추이

(단위: 억 달러)

구 분	'85	'86	'87	'88	'89
개도국전체 외채잔고(A)	10,166	10,990	11,948	12,289	12,627
단기채무	1,599	1,619	1,818	1,838	1,880
원리금상환액	1,384	1,435	1,458	1,628	2,603
이자지급액	811	761	709	861	849
A/총수출(%)	148.8	167.8	156.6	145.6	136.8
A/GDP(%)	36.6	38.1	37.7	34.2	32.6
DSR(%)	20.3	21.9	19.1	19.2	17.4
아시아	12.5	13.5	12.6	11.3	9.9
중남미	40.3	45.1	37.8	42.0	37.9

자료: 한은, 「주간내외경제」 1,366호, 1988. 4. 9. 주: 89년 숫자는 전망치임.

표 25-3 80년대 17대 채무국의 외채현황

(단위: 10억 달러)

구 분	외채규모 ('87년 말)	외채상환 예상액 ('87-'89)	외채/ GNP (%, '86)	이자상환액/ 수출액 (%, '87)	GDP성장률 (%, '80-'87평균)
아르헨티나	49.4	23.7	65.8	33.1	0.0
볼리비아[1]	4.6	1.6	118.8	33.5	−3.5
브라질	114.5	61.4	41.0	30.2	3.4
칠레	2.5	9.8	138.8	29.5	0.9
콜롬비아	15.1	8.5	46.8	16.6	2.8
코스타리카	4.6	2.4	118.7	18.9	1.5
아이보리코스트	9.1	4.0	122.7	17.1	−0.6
에콰도르	9.0	4.3	83.5	24.4	1.4
자메이카	3.8	1.6	197.3	17.4	0.2
멕시코	105.0	44.9	83.8	32.7	0.3
모로코	17.3	8.1	126.7	25.4	3.4
나이지리아	27.0	12.2	45.5	11.6	−3.4
페루	16.7	7.9	62.4	29.0	0.7
필리핀	29.0	12.0	93.6	19.0	−0.5
우루과이	3.8	1.3	63.4	15.3	−1.4
베네수엘라	33.9	15.9	70.8	22.5	−0.7
유고슬라비아	21.8	10.2	33.0	7.7	1.1
총 계	485.0	229.8	평균: 60.8	평균: 23.8	평균: 1.0

자료: 〈표 19-1〉과 동일. 주: 1) '86년 말.

키는데, 엄격한 기준은 못 되지만 많은 대주들이 예의주시하는 지표이며 이것이 20% 수준을 상회하면 일단 위험신호로 받아들이고 있다. 〈표 25-3〉에서 보듯이 87년부터 전체개도국의 DSR은 20% 수준 이하에 머물러 왔고 89년에는 17% 수준으로 감소되는 추이를 보이고 있으며 〈표 25-3〉은 80년대의 17대 채무국의 기본외채 현황을 보여주고 있다.

제 7 절 | 90년대 개도국 외채현황

개도국 외채문제는 90년대 말 현재에 있어도 세계적 관심을 모으기에 충분하다. 세계각국의 해외의존도는 점차 늘어 가는 추세인데 외국으로부터 차입해 온 돈이 많은 나라는 이자지급이 큰 부담이 된다. 특히 개도국의 사정은 더욱 그러하다. 만약에 수출이 예상 외로 부진하고 수입이 급증하면 언제든지 외채상환불능문제가 발생하고 이것은 곧 세계금융시장을 마비시킬 만한 외환 및 금융위기를 초래할 수 있다.

〈표 25-4〉에서 보듯이 개도국 특히 남미국가들의 외채문제는

표 25-4 개도국의 대 GNP 총외채비율

	90	93	94	95	96
멕 시 코	43.8	36.9	38.4	69.9	–
브 라 질	28.1	33.9	27.8	24.0	–
아르헨티나	46.0	27.7	27.9	33.1	–
개도국평균	34.8	40.5	40.8	39.6	37.0
한 국	12.6	13.3	15.1	17.3	21.8

자료: World Bank, *Global Development Finance*, 1997, 한국은행.

간과할 수 없다. 외채의 절대규모는 경제가 성장함에 따라 늘어나는 법이다. 그러나 GNP보다 외채가 빨리 늘어나는 것은 우려되는 일이다. 멕시코의 경우 90년에 비하여 93년에 대 GNP 총외채 비율이 크게 낮아졌으나 94년부터 동 비율은 다시 증가하기 시작했으며 95년에는 대폭 증가하였다. 아르헨티나도 멕시코와 비슷한 추세로 따르고 있다. 90년에 비하여 93년 외채증가 속도는 떨어졌으나 93년 이후부터 외채는 다시 GNP보다 빠르게 증가하고 있다. 한편 브라질은 이들 두 나라와는 정반대의 추세를 취하고 있는 것이 흥미롭다.

개도국 전체 평균을 보면 90년대 비하여 93년에 대 GNP 총외채비율이 크게 늘어났으나 2년 후부터는 안정된 수준을 유지하고 있다고 볼수 있다. 한편 한국의 경우 90년 동 비율은 개도국 평균의 약 3분의 1에 불과하였으나 93년 이후부터 빠른 속도로 상승하기 시작하였다. 특히 95년에서 96년 사이 동 비율이 17.3에서 21.8로 껑충 뛰었다는 사실이 주목된다.

경상외환수입액에 대한 외채원리금 상환비율을 가지고 각국의 상환부담 정도를 비교할 수 있다. 〈표 25-5〉에 나타나 있듯이 남미의 외채상환부담률은 브라질의 경우 지난 90년 이후부터 계속

표 25-5 외채원리금 상환부담률

	90	93	94	95	96
멕 시 코	20.7	35.9	28.0	24.4	—
브 라 질	22.2	24.4	30.6	37.9	—
아르헨티나	37.0	36.9	31.2	34.7	—
개도국평균	18.3	17.9	17.5	17.0	16.4
한 국	9.7	9.1	6.2	5.4	6.7

자료: World Bank, *Global Development Finance*, 1997, 한국은행통계.

상승하여 브라질 국민의 외채부담이 가중되고 있다. 멕시코의 외채부담은 90년과 93년 사이 엄청나게 늘어났으나 93년 이후부터는 현격하게 줄어들고 있다. 이것은 멕시코가 캐나다, 미국과 맺은 북미자유무역협정(North America Free Trade Agreement)의 장점에 기인한 것으로 풀이할 수 있다.

아르헨티나의 경우 90년 이후부터 94년까지 외채부담률이 점차 감소하여 왔으나 94년 이후부터 다시 늘어나는 추세를 보이고 있다. 개도국 전체의 평균 외환상환비율은 개도국 전체평균의 절반 이하에 머무르고 있다. 그러나 한국도 95년 이후 외채원리금이 늘고 있다.

다음은 원금을 제외한 이자지급이 경상수지상의 외화수입액에서 차지하는 비율을 가지고 개도국의 외채이자부담 정도를 비교해 보자. 〈표 25-6〉을 보면 브라질의 외채이자부담은 90년 이후부터 점점 커지고 있음을 알 수 있다. 아르헨티나의 경우 90년 이후 계속 이자부담이 늘어났으나 94년에 와서 둔화되었다. 이와는 달리 멕시코는 외채이자부담이 90년 이후 지속적으로 감소되어 왔다. 대체적으로 이들 남미국가의 외채이자 지급부담률은 개도국 전체 평균의 2배 이상이 되고 있어 남미의 외채위기 가능성은 상존하고

표 25-6 외채이자 지급부담률

	90	93	94	95	96
멕시코	13.4	12.0	11.8	11.4	—
브라질	6.1	9.6	12.5	18.9	—
아르헨티나	16.3	18.6	19.2	19.2	—
개도국평균	8.2	7.1	6.9	7.0	6.8
한국	3.4	2.9	2.1	2.5	2.7

있다고 볼 수 있다.

한편 한국은 90년 이후 외채이자 지급비율이 다소 감소하다가 95년 이후부터 다시 상승하고 있어 한국정부는 외채의 효율적 관리를 위해 각별한 주의를 기울여야 할 때가 되었다.

이렇듯 〈표 25-4〉, 〈표 25-5〉, 〈표 25-6〉을 통하여 개도국의 최근 외채현황을 살펴본 결과 남미 외채국가의 외채상환문제와 원리금이자부담문제가 앞으로도 크게 대두될 수 있음을 인지할 수 있다.

물론 우리나라도 예외는 아니다. 비록 외채비율이나 외채지표상으로는 우리나라가 남미보다 괜찮은 것으로 보이고 있으나 외채의 절대 규모에 있어 우리나라 외채규모도 상당히 높은 수준에 와 있으므로 긴장을 놓을 수 없다. 96년 말 현재 한국의 총외채가 1,045억 달러이며 단기외채는 650억 달러 이상이 되고 있어 외채관리에 큰 어려움을 주고 있다. 단기외채는 1년 미만 외화부채로서 상환연장이 안 되면 원금을 상환해야 하므로 당장 외환보유액이 고갈되는 위험이 발생한다. 97년 우리나라 대기업부도와 금융기관부실대출로 외국인 자본이 철수되고 단기대외채무의 회수로 인하여 한국은 외환위기와 금융위기를 맞으면서 금융시장은 마비상태에 빠졌다. 결국 97년 12월 4일 IMF로부터 구제금융을 받았고 우리 국민은 엄청난 시련을 겪었다.

2008년 9월에 들어 우리나라는 글로벌 금융위기의 여파로 또 한 차례 어려움을 겪었다. 그러나 다행히 우리나라 외채구조는 다소 개선되었다. 우리나라 외채는 2008년 리먼사태 직후 3,000억 달러 수준에서 글로벌 과잉유동성의 영향으로 빠르게 증가하여 2011년 12월 4,000억 달러 수준에 육박하였다. 그러나 금융위기와 외환위기를 가져올 수 있는 단기 외채비중은 크게 감소하였다.

참고문헌

Aliber, Robert Z., "A Conceptual Approach to the Analysis of External Debt of the Developing Countries," World Bank Staff Working Paper, No. 421, October 1980.

Avramovic, Dragoslav and Others, *Economic Growth and External Debt*, Baltimore: Johns Hopkins Press, 1964.

Bryant, Ralph C., *Notes on the Analysis of Capital Flows to Developing Nations and the Recycling Problem*, World Bank Staff Working Paper, 1981.

Dornbusch, Rudiger, "Real Interest Rates, Home Goods and Optimal External Borrowing," *Journal of Political Economy*, 1983.

_______, "The Debt Problems of Less Developed Countries," *Dollars, Debts, and Deficits*, The MIT Press, 1986.

Kettell, Brian and Magnus, George A., *The International Debt Game*, London: Graham and Trotman Limited, 1986.

Takagi, Yasuoki, "Aid and Debt Problems in Less Developed Countries," Oxford Economic Papers, Vol. 33, July 1981.

Williams, Cline, *International Debt and the Stability of the World Economy*, Institute for International Economics, September 1983.

CHAPTER 26

외채의 부담과 상환

제 1 절 | 외채문제의 성격

일반적으로 외채문제는 두 가지로 볼 수 있다. 하나는 외채부담의 문제이고 또 하나는 외채상환의 문제이다. 채무국의 외채부담이 문제가 되는 것은 수용능력 이상으로 외채가 누적되어 중간재를 포함한 국내소비의 많은 부분이 수입에 의존하고 있는 반면, 부진한 수출실적으로 인하여 구조적으로 만성적인 무역수지 적자를 기록함으로써 높은 외채수요를 지속하게 되어 총외채규모가 매년 증가추세에 있는 경우이다. 이것은 곧 국민부담이 매년 늘어난다는 것을 의미하며 이러한 이유로 외채부담의 지속적인 상승이 국민의 정치적 · 경제적 · 사회적인 주요 관심사가 되고 있는 것이다.

외채상환을 약정된 시기에 이행할 수 있느냐 없느냐의 문제는 대내적인 문제이기도 하려니와 바로 대외적인 문제가 된다. 특히 개도국의 경우 신규투자의 목적뿐만 아니라 경상수지 적자를 충당하기 위한 목적, 그리고 외환보유고의 재고를 목적으로 매년 막대한 외자가 소요되는데 약정시기에 원리금상환을 이행하지 못하면 대외신용도가 떨어지므로 추가적인 대외차입이 어렵게 되어 당해 채무국의 경제는 상당한 곤란을 겪게 된다.

이상과 같은 이유로 문헌에 소개되고 있는 외채에 관한 각종 지표를 살펴보면, 첫째로 채무국의 외채부담 정도를 측정하려는 것과, 둘째로 채무국의 상환능력을 알아보고자 고안된 것 등이 있다.

외채부담의 지표로는 총외채의 절대액 수준과 대 GNP 혹은 대 GDP의 비율이 사용된다. 외채상환지표로는 수출액 대 경상수입 또는 외환보유고의 원리금상환비율 등이 주로 사용되고 있으며 동시에 국제 금융시장에서 채무국의 차입능력이 중요한 평가대상이 되고 있다. 외채부담이나 상환능력을 나타내는 지표가 작성되었다고 한다면 과연 지표의 어느 수준 이상일 때 그 채무당사국의 외채문제가 심각하다고 할 수 있는가에 대한 기준점을 찾는 것이 급선무라고 하겠다. 이러한 목적에 부응하기 쉽게 생각해 볼 수 있는 것은 과거 채무상환의 어려움을 겪었거나 상환조정을 한 국가와 그렇지 않은 국가로 분류하며 개별 지표분석과 주요 성분분석을 통해 어느 특별지표가 통계적으로 중요한 지표가 되는지를 알 수 있을 것이고 또 그들의 평균지표를 기준치로 정할 수도 있을 것이다. 예를 들면 프랭크 클라인(Frank Cline, 1971)은 차별분석(discriminant analysis)을 통해 1차 석유파동 이전인 1960~68년의 기간을 13차례에 걸쳐 상환조정된 8개국을 포함한 26개국의 자료를 분석하여 한 국가가 외채상환의 어려움을 겪게 될 가능성을 나타내는 지표를 찾으려고 노력했다. 수출에 대한 외채상환비율, 총외채에 대한 상환비율, 외환보유고에 대한 수입비율 등과 함께 수출성장률, 1인당 국민소득, 외채상환에 대한 자본유입비율 등을 사용했다.[1] 이보다 한 단계 더 발전시켜 미 수출입은행이 개발한

1) Charies R. Frank, Jr., and William R. Cline, “Measurement of Debt

것으로 로짓(Logit)분석법을 응용하여 향후 3~5년의 연체위험도를 확률적으로 나타낼 수 있도록 공식을 만들어 냈다. 이 공식에 넣어 본 결과치가 0.251 이상이 되면 지급불능상태 또는 상환조정의 가능성이 높은 것으로 평가하고 있다.

그러나 이러한 분석법에는 두 가지의 결정적인 약점이 있다. 채무국이 실제로 외채상환문제에 당면하게 되는 것은 해당국의 특수한 배경이나 이유 때문에 연유되는 것인데, 이것을 국가적 · 경제적 여건이 각기 다른 나라를 그대로 집계하여 모집단으로 취급하는 것도 문제려니와 통계적으로 유의한 결론을 이끌어 내기에는 상환재조정국가의 관측수도 충분치 못한 것이 큰 문제로 남아 있다. 또 한 가지는 이러한 지표접근기법이 1·2차 석유파동 이전에 개발된 것이기 때문에 70년대 초반부터 시작된 세계 경기불황과 이에 따른 세계적인 수출부진, 그리고 양차에 걸친 석유파동으로 인한 석유가격의 급상승으로 석유수입국의 수입부담이 크게 늘어남으로써 개도국 외채가 심각해진 이때에, 물론 자금공급자의 관점에서 볼 때 외채개도국에 있어서 상대적인 랭킹(ranking)을 정할 때 어느 정도 참작은 될 수 있겠지만 구태의연한 공식에서 나온 결과에 의존할 수는 없는 것이다.

다음에는 외채의 국민부담 및 외채상환능력을 나타내는 주요 지표들을 살펴본 후 이를 한국의 경우에 응용하여 외채지표를 작성하고 이를 분석해 보기로 하겠다. 그리고 주요 기관에서 쓰고 있는 대외신용도 평가기준에 관해서도 간단히 언급하기로 한다.

Servicing Capacity: An Application of Discriminant Analysis," *Journal of International Economics*, Vol. 1. August 1971, pp. 327~344.

제 2 절 | 외채부담에 관한 지표

1. 총외채규모

한 나라의 외채부담은 그 나라의 총외채규모에 달려 있다. 우리나라는 1982년 말 당시만 하더라도 외채잔액이 373억 달러로서 세계에서 브라질(863억 달러), 멕시코(846억 달러), 아르헨티나(388억 달러) 다음으로 4번째로 외채규모가 큰 국가였다. 그런데 이 지표만으로는 그 나라 외채부담의 정도를 정확하게 알 수 없고, 오히려 외환보유고나 기타 수익자산 등의 해외자산이 얼마인가를 감안한 순외채가 그 나라의 외채부담을 보다 더 정확하게 나타내는 개념이라고 할 수 있다.

2. 1인당 외채부담액

국가전체로서의 부담도 유용한 지표가 되겠지만 1인당 외채규모가 얼마인지를 아는 것도 중요하며, 특히 인구밀도가 다른 국가별 비교에서 적절한 지표가 된다. 1인당 외채부담액 계산에 있어서도 대외채권을 감안하여 1인당 순채무도 계산될 수 있다.

3. 대 GNP 총외채비율

국가채무나 1인당채무의 절대적 수준과 아울러 널리 쓰이고 있는 것으로 당해연도 총외채액이 국민총생산에 비하여 얼마나 상대적으로 큰가를 보여주는 것으로 대 GNP외채비율이 있다. 이

비율의 흐름이 어떻게 움직이는지를 주시함으로써 외채부담증가의 상대적인 속도를 알 수 있다.

그러면 對 GNP외채비율이 무한정 커질 것인지 아니면 어떤 상한선이 있는지의 여부는 매우 흥미 있는 문제라 하겠다. 가령 매기간의 해외차입은 매기간의 투자와 국내저축의 부족분을 메우기 위하여 도입된 것이라면 어느 시점에서의 총외채규모나 대 GNP외채비율이 얼마나 되며 또 과연 궁극에 가서는 어느 수준에 수렴하게 될 것인지 수학적 접근에 의하여 알 수 있다. 즉, 국내투자 I_t는 한계자본계수 $\frac{\Delta K}{\Delta Y}=k$와 성장률 $\frac{\Delta Y}{Y}=g$에 의하여 결정된다고 가정하면

① $I_t = kgY_0e^{gt}$가 성립하고, 국내저축 S_t가 한계저축상향 s와 국민소득 Y의 함수가 된다면

② $S_t = sY_0e^{gt}$이 성립한다. 그러므로 매기간의 플로우(flow)해외차입방정식은

③ $d_t = I_t - S_t = (kg-s)Y_0e^{gt}$이 되며, 따라서 일정 시점인 T기의 스톡외채규모는

④ $D_T = \sum_{t=0}^{T} d_t = \frac{kg-s}{g-i} Y_0(e^{gt} - e^{it})$이며, 대 GNP외채비율의 상한선은

⑤ $\lim_{t\to\infty} \frac{D(t)}{Y(t)} = \frac{kg-s}{g-i}$로 된다. 여기서 k, g, s, i, D, Y는 한계자본계수, 실질성장률, 한계저축성향, 실질외채금리, 실제외채규모, 실질국민총생산을 각각 표시한다. 이를 그림으로 나타낸 것이 〈그림 26-1〉이다.

여기에서 유의해야 할 점은 이 모델에서는 투자함수와 저축함수가 매우 단순하게 가정되어 있으며 여기서의 외채비율 상한선은 국민의 외채부담이 최대한도로 견디어낼 수 있는지의 여부를 가리는 것이 아니고 단지 기본계수(parameter)인 안정된 한계자본계수

그림 26-1 대 GNP 총외채비율의 상한선

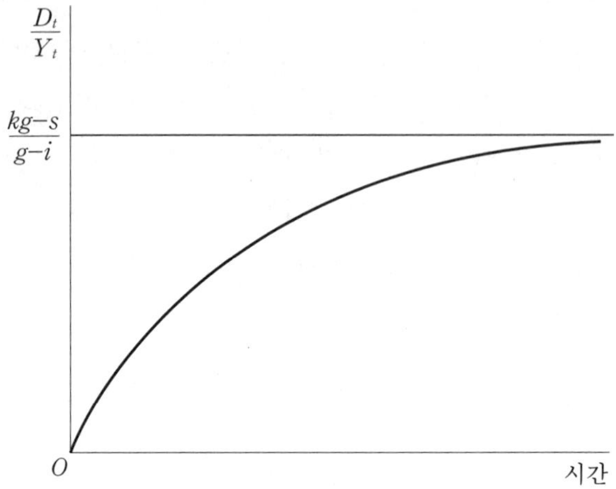

와 한계저축성향, 그리고 성장률 등이 주어졌을 때 외채비율의 상한선은 얼마인가를 알려줄 뿐이다.

일국의 외채부담이 타국에 비하여 얼마나 경중한가는 중요한 지표가 되며, 특히 이러한 상대적 부담지표는 고객의 우선순위에 지대한 관심을 두는 국제금융시장에서의 자금공급자들에게 귀중한 정보를 줄 수 있다.

제 3 절 | 외채상환에 관한 지표

1. 원리금상환부담률(debt service ratio)

이는 수출액 또는 해외건설용역수입 등을 포함한 경상수입에 대한 외채원리금상환액이 차지하는 비율을 뜻한다. 과거의 상환실적과 함께 이 비율의 증가율을 점검함으로써 앞으로의 상환능력을 판단하는 데 도움이 될 것이다.

이제까지 통상 인식되어 온 기준에 의하면 DSR이 10% 미만이면 크게 염려할 정도는 아니나 20% 이상이면 문제가 심각하다고 간주되어 왔다. 그러나 이에 대한 이론적 · 실증적 근거가 아주 희박하다고 하겠다. DSR이 기준지표로 널리 사용되었을 때 개도국의 외채 중 거의 모두가 공공차관이었으므로 상업성 단기채무의 비중이 늘어난 이때 이를 고려하지 않은 지표는 별로 설득력 있는 지표라고 볼 수 없다. 특히 상환능력을 판단하는 데에는 과거의 실적에만 의존하기보다는 앞으로 경제운용방향, 수출전망 및 국제금융시장에서의 차입능력을 보는 등 포괄적인 경제능력을 보기 때문에 단순히 DSR이 20% 미만이라고 하여 안심할 수는 없다.

또 한 가지 지적해야 할 사실은 개도국의 경우 거의 모두 무역수지 적자를 기록하고 있기 때문에 상환능력을 평가하는 데는 외환보유고에 대한 외채원리금상환비율이 더 적절하다고 하겠다. 이런 관점에서 일국의 외환보유고의 수준은 중요한 상환능력지표로서 순자산개념의 외환보유액이어야 할 것이다. 즉 외환보유고의 제고가 수출증가를 통하지 않고 해외차입을 통해서 이루어짐으로써 외화표시자산과 외화표시부채가 동시에 발생한다면 외채상환능력제고에 크게 도움이 된다고 볼 수 없다.

2. 연체위험도(probability of rescheduling)

이것은 향후 5년까지의 외채상환능력면에서의 리스크, 즉 연체위험도를 예측하기 위한 것인데, 여기서는 미국수출입은행에서 융자대상국의 외채상환능력을 예측하는 기법을 소개하고자 한다.

이것을 외채상환문제의 조기경고체제(early warning model of liquidity problems)라고 부르는데, 로짓(logit)분석법에 의거하여 다음과 같이 연체위험도 공식을 만들어 냈다.

이 분석법의 기본절차는 우선 외채개도국을 채무연체 또는 채무재조정 국가와 그 이외의 국가로 나누고 각국의 여섯 가지 주요 경제변수를 비교해 보는 것이다.

① 수출에 대한 외채잔액비율

수출에 비하여 외채규모가 증가하면 할수록 채무재조정(rescheduling) 가능성이 높아진다는 점에서 동 비율에 대하여는 정의 부호를 부여한다.

② 수입에 대한 대외지급준비자산의 비율

대외지급준비자산이 증가하면 외채상환능력이 제고된다는 점에서 채무재조정예측에는 부의 부호를 부여한다.

③ GDP 혹은 GNP에 대한 수입비율

④ 수입에 대한 IMF 준비자산비율

⑤ GDP에 대한 고정자본형성

자원을 장기적인 고정투자에 투입하면 생산능력이 제고되어 외채상환능력이 제고될 것이라는 점에서 부의 부호를 부여한다.

⑥ 국내소비자물가 상승률

국내물가가 상승하면 외채부담이 가중된다는 점에서 정의 부호를 부여한다.

이와 같이 일단 사용할 경제지표가 확정되면 채무불이행의 확률 방정식을 다음과 같이 세울수 있다.

$$Pr(X) = \frac{exp(\beta' X)}{1+exp(\beta' X)} \quad \cdots\cdots \text{[26-1]}$$

여기서 X는 상기의 6가지 경제변수를 뜻하며, β'는 고정계수를 가리킨다. 그리고 확률변수 $Pr(X)$를 y로 정의하여 채무문제가 발생하면 $Y=1$, 그리고 채무문제가 발생하지 않으면 $Y=0$으로 놓으면

$$Pr(Y=1|X=X_i) = \frac{exp(\beta' X_i)}{1+exp(\beta' X_i)}$$

$$Pr(Y=0|X=X_i)=[1+exp(\beta' X_i)]^{-1} \qquad \cdots\cdots [26\text{-}2]$$

가 성립한다. [26-1], [26-2]식을 이용하여 다음과 같이 우도함수(likelihood function)를 세운 후

$$L= \frac{\prod_{i=1}^{n} exp(\beta' X_i Y_i)}{\prod_{i=1}^{n} [1 + exp(\beta' X_i)]} \qquad \cdots\cdots [26\text{-}3]$$

L을 극대화시키는 β'값은 비선형프로그램(non-liner programming)에 의하여 추정해 낸다.

제 4 절 | 대외신용도 혹은 칸트리리스크평가

앞에서 살펴본 채무부담지표와 경제상환지표는 순수경제지표로서 차주나 대주에게 중요한 정보를 제공해 준다고 한다면 대외신용도 혹은 칸트리리스크(country risk)평가는 대주가 취하는 것으로 채무국의 경제적인 지표뿐만 아니라 비경제적인 요소도 함께 참작하는 종합적인 평가를 가리킨다. 이미 공여된 외채에 대한 상환여부에 관심을 가지는 것은 물론 새로운 대출여부나 규모를 정하는 데 있어서 해당국의 대외신용도를 측정하는 것은 대출자측으

로서는 지극히 중요한 일이라 하겠다.

대출자측에서 정의하는 칸트리리스크(country risk)는 외국에 대한 차관공여나 대출시 해당국 정부의 관리범주 내에 속하는 어떤 사태들이 해당국 내에서 발생함으로써 야기되는 손실에 노출(exposed to loss)되어 있는 상태로 정의된다. 그러므로 차입국 내의 국가신인도리스크(sovereign risk), 정치적 리스크(political risk), 기업경영리스크(commercial risk) 등은 리스크의 형태는 다르지만 대출자에게는 모두 칸트리리스크로 간주된다.

다음은 칸트리리스크(country risk) 범주에 속하는 것으로 차입자가 취하는 자세와 형태에 따라 분류되는 용어를 설명하고자 한다. 우선 차입자에게 상환할 의지가 없는 경우에는 미래차입까지 포기하는 것으로 간주되기 때문에 국가간의 전쟁시에나 있을 수 있는 일이다. 약정된 시기에 채무상환을 불이행하든가(default) 또는 앞으로의 채무잔액지불을 전면 거절하는 것(repudiation) 등이 있다. 반면에 상환의지가 있어도 상환능력이 없는 경우 융자조건의 변경(renegotiation), 채무상환시기 재조정(rescheduling), 원금상환의 일시적 유예(moratorium), 차입국가측의 일시적 행정절차상의 문제로 인한 채무지불지연(technical default), 미결의 차관을 취소하고 새로운 이자와 만기조건을 가진 새로운 차관공여계약으로 전환하는 상환정리(consolidation) 등이 있다.

앞서 지적한 대로 신용도평가대상국의 정치, 사회 등 계량화할 수 없는 비경제적 요인과 미래변수의 불확실성 때문에 신용공여기관이 그 대상국의 신용도를 정확히 평가하기는 매우 어렵다. 현재 신용도평가에 있어서도 평가기관의 성격, 경험 등에 따라 다양한 경제지표를 선정하고 있는데, 평가대상국의 경제순환구조와 경제활동의 변화를 파악하기 위해 거시경제지표는 거의 모두 이용되고 있는 실정이다. 이를 열거해 보면 1인당 GNP 또는 GDP수준, 경제성장률, 저축률, 투자율, 물가지수, 정부재정적자의 대 GNP비율과 이 비율의 변화율, 실업률, 공업화 정도, 무역수지, 수출규모, 수출구조의 다양성과 안전성, 수출의 시장집중도, 수입규모 및 구성, 교역조건, 수출입의존도, 무역외수지, 이전수지(balance of transfer payments), 경상수지, 자본수지, 종합수지, 금융계정, 대외지급준비자산, IMF로부터의 차입상황, 통화, 환율, 외환관리 및 통제 등과 같이 이미 언급된 각종 지표를 포함한다.

이와 같이 일국의 대외신용도 또는 칸트리리스크(country risk)를 측정하는 데는 정치, 경제 및 사회의 다각적인 측면에서 접근을 시도하고 있음을 알 수 있으며, 구체적인 방법도 평가기관에 따라서 다양하다.

IBRD, ADB 등 국제금융기관 및 미국을 비롯한 선진공업국의 대규모 상업은행들이 신용공여대상국의 신용도를 평가하는 데 이용하고 있는 이론적 방법은 일반적으로 다음과 같이 유형화된다. 자유서술법(fully qualitative system), 정형적 서술법(structured qualitative system), 지수가중평균법(check list system) 및 계량경제학적 방법(highly quantitative system)으로 대별할 수 있으나 평가기관에서는 어느 한 가지만을 택하여 평가하기보다는 상기의 방법을 상호보완적으로 사용한다.[2] 상기의 방법 중 계량경제학적인 방법은 제26장 3절의 클라인의 로짓분석법(logit analysis)과 미수출입은행의 연체위험도를 들 수 있겠다. 그러나 모든 것을 계량화할 수는 없다. 따라서 계량화할 수 없는 비경제적인 요인까지 포함하여 종합적으로 평가할 수 있는 것이 필요한데, 그러한 것

2) 한국수출입은행, 칸트리리스크평가, 1982. 1 및 어윤대, 전게서 참조.

중의 하나가 칸트리리스크(country risk)평가이다.

칸트리리스크를 평가하는 대표적인 것이 두 가지 있는데, 하나는 유로머니(*Euromoney*)지에서 발표하는 것이고 다른 하나는 인스티튜셔날 인베스터(*Institutional Investor*)지에 발표하는 것이 있다. 둘 다 모두 지수가중평균법(check list system)의 형태를 사용하고 있다.

제 5 절 | 외채전망의 모형

일국의 외채누증을 전망하는 것은 자연발생적인 나무의 성장속도와 벌목시기를 예측하는 것과는 성질이 다르기 때문에 무척 어려운 일이다. 특히 외채증가의 속도는 일정하게 주어진 것이 아니고 외채절감을 위한 정책수립가의 의도와 국민의 노력여하에 따라 변하는 것이기 때문에 더욱 어렵다고 할 수 있다. 현재 우리나라의 경우 무역수지 적자의 보전과 이자지급을 위하여 들여 오는 외자는 대외채무를 직접 발생시킴으로써 채무순증의 요인이라 할 수 있으며, 이 밖에 외환보유고의 증액, 연불수출, 외은지점자산, 기타 금융자산증액을 위한 외자도입은 대외채무와 대외채권 등을 동시에 발생시키기 때문에 채무의 순증에는 기여하지 않으나 외채잔고의 총규모를 예측하기 힘든 요인으로 작용하고 있다.

이러한 상황하에서 외채누증의 여러 결정요인을 하나하나 예측하고 또 이를 종합하여 외채추이를 전망하는 것은 극히 어려운 일이다. 그러나 소위 투갭이론(two-gap theory)의 케인지언(Keynesian)적 거시경제접근방법을 택하여 외채전망을 해 볼 수는 있다.

투갭(two gap)이란 수입초과현상인 무역수지갭과 국내투자가 국내저축을 초과하는 저축갭(savings gap), 즉 해외저축을 가리킨다. 이 이론에 의하면 투갭이 일치할 때 경제는 균형 있게 되므로 무역수지나 경상수지가 균형을 이루는 시기와 국내투자와 국내저축이 일치하게 되는 시기를 서로 비교해 보면 외채의 상한선도 어느 정도 윤곽이 드러나게 된다.

투갭모형의 전개는 다음과 같다.

총수요(aggregate demand)가 총공급을 창출한다는 케인즈(J.M. Keynes)의 대명제에 따라 총공급 Y와 총수요 AD의 관계식은 다음과 같이 성립한다.

$$Y = C + I + G + X - M = AD \qquad \cdots\cdots \text{[26-4]}$$

여기에서 C는 국민소비, I는 기업투자, G는 정부지출, X는 재화와 용역의 수출, M은 용역의 수입을 나타낸다. [26-4]식은 지출면에서 본 국민생산의 결정인 반면, 소득면에서 본 국민생산의 결정이 [24-5]식에서 나타난다.

$$Y = Y^d + T \qquad \cdots\cdots \text{[26-5]}$$

여기에서 Y^d는 국민의 세금을 제외한 가처분소득이며, T는 정부의 조세수입을 가리킨다.

거시경제에서의 국내저축 S는 통상적으로 크게 둘로 나누어 국민저축 S_p와 정부저축 S_g가 있으며 다음과 같은 일련의 항등식이 성립한다.

$$S_p \equiv Y^d - C \qquad \cdots\cdots \text{[26-6]}$$

$$S_g \equiv T - G \qquad \cdots\cdots \text{[26-7]}$$

$$S \equiv S_p + S_g \equiv Y^d - C + T - G \qquad \cdots\cdots \text{[26-8]}$$

이제 [26-8]식을 재정리하면

$$Y = S + C + G \qquad \cdots\cdots \ [26\text{-}8]'$$

가 되며 이를 다시 [26-4]식과 비교하면

$$I - S = M - X \qquad \cdots\cdots \ [26\text{-}9]$$

이렇게 하여 투갭방정식이 도출된다. 여기서 $I-S$는 저축갭, 그리고 $M-X$는 무역갭을 가리킨다.

실제에 있어서 저축갭과 무역갭을 따로따로 떼어서 예측한 후 이 둘을 서로 비교하면서 외채추이를 대략적으로 가늠해 볼 수 있다. 즉 국내외적으로 심각한 경제적·비경제적 충격이 없다는 가정하에서 단순한 추산에서 나온 수출입탄력성, 한계자본계수(incremental capital output ratio)와 각 경제주체의 저축함수의 안정성 등을 전제로 하여 외채상황을 미리 그려볼 수 있겠으나, 만일 이러한 전제조건의 어느 하나라도 성립되지 않을 때는 그 결과는 크게 달라질 것이다.

제6절 | 외채상환의 진행과정

외채상환진행과정은 이중 갭(dual gap)분석을 통한 간략한 그림을 이용하여 설명할 수 있다. 시간이 지남에 따라 순자본 흐름, 순차입과 순부채에 대한 투자-저축갭 혹은 수입-수출갭이 어떻게 변하는가로 설명할 수 있다. 외자도입이 효율적으로 사용된다면 언젠가는 외채에 의존하지 않고 경제성장을 이끌어 갈 수 있을 것이다. 따라서 여기서는 성공적인 외자도입의 경우 외채가 어떻게 누

그림 26-2 외채상환과정

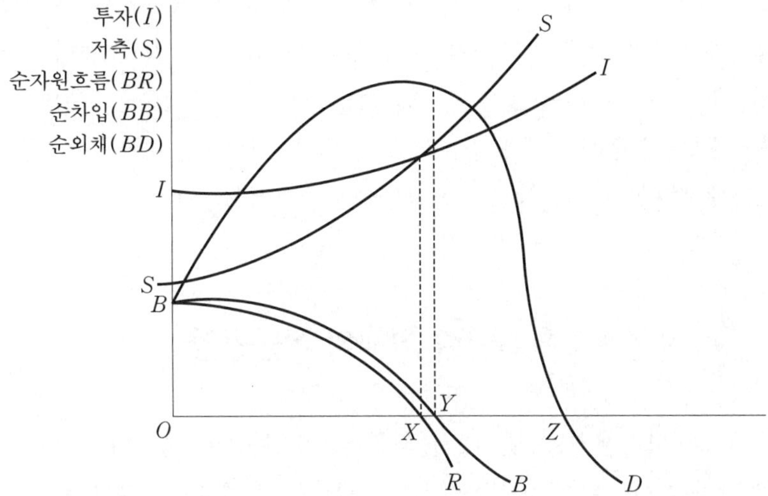

적되고 상환되어 가는지를 다음 〈그림 26-2〉를 통하여 살펴보자.

그림에서 $I-S$갭은 $B-X$갭과 동일하다. 투자-저축갭은 그림에서 II와 SS의 차와 같다. 목표성장률을 유지하기 위한 투자-저축갭을 메우기 위해 필요한 순자원흐름(*BR*)은 시간이 지남에 따라 점차로 감소하여 OX 이후에 순자원이 오히려 유출된다. 그리고 순차입(net borrowing)은 축적된 외채이자를 상환하기 위해 좀더 시간을 가진다. 순차입은 외자도입에서 원금상환액을 뺀 것으로, 순자원흐름(해외저축)은 당해연도의 외자도입액에서 원금상환액뿐만 아니라 지불이자를 뺀 것으로, 이 두 선 사이에는 외자에 대한 지불이자에 해당하는 격차가 존재한다. 순차입(*BB*)은 OY 이후에 零이 되고 이 점에서 순외채(*BD*)는 감소하기 시작한다. 외채상환은 Z시점에서 모든 부채가 상환되기까지는 계속해서 일어나는데 이때 투자를 초과하는 저축은 국제수지표에서 잉여로 된다. Z점을 지나면 그 국가는 순공여국이 된다.

이 모델은 지금의 대부분 선진국을 설명하기는 하지만 대부분의 개도국의 경우에 그들의 과거의 외채를 완전히 갚을 능력이 있고 또 순자원수입을 줄일 수 있다는 증거는 거의 없다. 자원에 대한 수요는 전보다 더 민감해졌으며 투자-저축갭을 수입-수출갭으로 대체하였기 때문에 그들의 외채는 증가하고 있다.

제7절 | 우리나라 외채의 최근동향

우리나라는 1997년 11월 외환위기로 환율이 폭등하고 주가가 하락하였으며 단기 이자율이 급등하는 등 외화부도 직전까지 가는 위기를 맞았었다. 외환의 부족으로 IMF 구제금융을 받은 것과 관련하여 한국의 외환위기 전개과정을 살펴보면 외채관리의 심각성을 알 수 있다. 이렇게 되면 우리나라도 남미 개도국과 같이 언제든지 외채위기를 맞게 될 어려운 상황에 놓일 수 있다.

우리나라 최근 외채추이는 〈표 26-1〉에서 보듯이 총외채가 97년까지 꾸준히 증가하고 있음을 알 수 있다. 우리나라는 외채규모가 증가하지만 동시에 외화자산보유도 증가하므로 순외채가 총외채보다 적다. 역사상 우리나라 외채가 크게 줄어든 것은 1986~98

표 26-1 우리나라 최근 외채 추이

(단위: 백만 달러)

	1994	1995	1996	1997	1998	1999
총 외 채	97,437	127,491	163,489	159,237	148,705	137,069
대외자산	72,895	91,944	109,720	105,179	128,525	145,399
순 외 채	24,542	35,547	53,769	54,058	20,180	−8,330

년 4년 동안이었다. 이 기간중에 우리나라의 경상흑자가 연평균 80억 달러에 이르렀다. 그러나 노태우 대통령과 김영삼 대통령이 집권하는 기간 동안 경상수지가 크게 악화되었으며 이로 인하여 80년대 중반 이후 외채는 계속하여 증가하였으며 〈표 26-1〉에서와 같이 90년대에 와서도 외채는 빠른 속도로 증가했다. 특히 김영삼 대통령 정권말기에 기업의 경쟁력 약화와 국가신인도 추락으로 외환위기를 맞게 됨으로써 외채가 불과 몇 달 사이에 엄청나게 늘어났다.

어쨌든 그래도 96년까지 우리나라 외채문제는 그리 심각한 상태에 있지 않았다. 여러 외채지표상으로는 적어도 우리나라 외채 상황은 남미와 여타 개도국보다는 양호한 편이었다.

그러나 90년대 중반 이후부터 계속된 경상적자, 96년 이후부터 대기업의 부도, 노사관계의 불안, 97년 초 한보그룹의 도산, 기아그룹의 도산, 같은 해 여름 태국과 인도네시아의 환율폭등, 그리고 대통령 선거를 앞두고 97년 12월 우리나라는 외환금융에 당면하였다.

당시 우리나라에서는 기업의 경쟁력 약화, 외국인 투자환경의

표 26-2 외채관련 비율

(단위: %)

	1994	1995	1996	1997	1998	1999	98년 개도국평균
총외채/경상 GDP	24.2	26.1	31.4	33.4	46.8	33.7	
총외채/경상외환수입액	0.85	0.84	1.04	0.94	0.92		
외채원리금/경상외환수입액	6.2	5.4	5.9	6.4	12.8		17.6
외채원리금/경상외환수입액	2.2	2.5	2.6	3.0	4.4		7.4
경상 GDP(억달러)	4,024	4,894	5,200	4,766	3,177	4,067	
경상외환수입액(억달러)	1,146.0	1,509.4	1,570.5	1,688.0	1,599.7		

표 26-3 우리나라 외채구조의 최근 추이

(단위: 백만 달러)

	1994	1995	1996	1997	1998	1999
Ⅰ 장기외채	43,504	55,597	70,170	95,678	118,008	97,847
국내금융기관	20,444	30,981	43,523	47,536	52,041	38,499
민간부문	15,855	17,962	20,540	25,878	29,419	29,860
공공부문	7,205	6,654	6,107	22,264	36,548	29,489
Ⅱ 단기외채	53,933	71,894	93,319	63,559	30,697	39,222
국내금융기관	44,641	58,661	73,009	42,367	18,938	22,481
민간부문	9,292	13,233	20,310	21,192	11,759	16,741
총외채(Ⅰ+Ⅱ)	97,437	127,491	163,489	159,237	148,705	137,069
총이자지불액	2,470	3,800	4,130	5,070	6,980	

악화, 주식시장의 불황 등이 겹쳤다. 따라서 외국인 투자가들은 앞다투어 국내시장으로부터 자본을 회수하였으며 외국금융기관들은 우리나라의 단기외채를 연장해 주지 않고 이자는 물론이고 원금까지 회수하는 최악의 조치를 단행하였다. 이로써 거의 1개월 사이 주가는 절반으로 떨어지고 환율은 2배 이상 폭등하였다. 이로써 우리나라의 외채이자부담과 수입비용부담은 갑자기 엄청나게 늘어났다.

〈표 26-3〉은 1994~1999년 기간 동안 우리나라의 장기외채와 단기외채의 추이 및 외채의 주체별 현황을 나타내고 있다. 특히 장기외채에 비해 단기외채의 규모가 더 크다는 것을 알 수 있으며 외채를 상환하는 주체로 주로 국내금융기관, 민간부문, 공공부문이며 이 중에서 국내금융기관의 비중이 가장 크다.

〈표 26-4〉는 우리나라 외채부담을 나타내는 여러 가지 지표를 보여준다. DSR(Debt Service Ratio; 외채상환비율)은 국제금융시장

표 26-4 우리나라의 외채현황

	1994	1995	1996	1997	1998	1999
총외채(백만달러)	97,437	127,491	163,489	159,237	148,705	137,069
총인구(명)	44,643,254	45,098,401	45,544,815	45,988,163	46,425,393	46,858,340
1인당총외채(달러)	2,182	2,826	3,589	3,462	3,203	2,925
대외자산(백만달러)	72,895	91,944	109,720	105,179	128,525	145,399
순외채(백만달러)	24,542	35,547	53,769	54,058	20,180	−8,330
1인당순외채(달러)	549	788	1,180	1,175	435	−177
총외채/GDP(%)	24.2	26.1	31.4	33.4	46.8	33.7
순외채/GDP(%)	5.8	7.2	10.3	11.3	6.4	2
원리금상환비율(%)	6.2	5.4	5.9	6.4	12.8	

에서 널리 쓰이는 지표인데 20% 이하이면 외채상환문제는 없는 것으로 판단되고 있다. 우리나라는 과거 1985년 21.7%를 정점으로 1990년에는 9.4%였고 〈표 26-4〉에 의하면 94년 6.2%를 기록하였으나 95년 5.4%로 하락하다가 96년 이후 계속 증가하고 있다. 또한 1인당 총외채도 1998년까지 계속 증가추세에 있다가 1999년에 다소 감소하였다.

세계은행은 DSR의 측정에 있어 장기외채의 원리금에 단기외채이자 지급액과 IMF신용공여를 합한 것을 수출규모와 비교한다. 그래서 단기외채의 원금상환은 제외하고 있음을 유의할 필요가 있다. 주요 개도국의 DSR을 비교해 보면 94년 현재 한국이 6.8%일 때 말레이시아 7.7%, 멕시코 2.2%, 태국 15.6%, 그리고 인도네시아는 30%이었다.

2008년 9월 리먼브러더스 투자은행의 파산으로 미국발 글로벌 금융위기가 발생하였다. 이 때문에 우리의 국내 금융시장과 외환시장은 불안하게 출렁거렸다. 그러나 곧 중심을 잡고 어려움을 극복하였다. 97년 외환위기 때와는 달리 우리 정부는 침착하게 대응

표 26-5 글로벌 금융위기 이후 한국의 외채구조

(단위: 억 달러, %)

	2008.9	2008.12	2009.12	2010.12	2011.12	2012.3
총외채	3,651	3,174	3,457	3,594	3,984	4,114
단기외채	1,896	1,499	1,492	1,398	1,361	1,363
장기외채	1,775	1,675	1,965	2,197	2,623	2,751
단기외채/총외채(%)	51.9	47.2	43.2	38.9	34.2	33.1

자료: 기획재정부.

조치를 잘 함으로써 우리 국민은 위기를 크게 못 느끼고 지나갔다. 이 와중에 우리나라의 외채구조는 훨씬 많이 개선되었다. 〈표 26-5〉에서 보듯이 2008년 9월 총외채에서 만기 1년 미만인 단기외채가 차지하는 비중은 51.9%였다. 그러나 이 단기외채비중은 계속해서 감소하여 2012년 3월에는 33.1% 수준으로 급감하였다.

기획재정부의 발표에 의하면 2012년 3월 현재 우리나라 총외채가 4,114억 달러이나 우리가 외국으로부터 받아야 되는 대외채권 규모는 5,019억 달러이기 때문에 우리나라는 995억 달러 순채권국이다.

우리나라의 GDP 대비 총외채비율을 선진국과 신흥국에 비교해보면 외채부담에 대해 우리의 위치를 어느 정도 알 수 있다. 한국(35.7%)은 영국(410.7%), 프랑스(179.7%), 독일(148.9%) 미국(99.7%), 일본(53.5%) 등 주요 선진국보다 낮으며 인도네시아(26.6%), 멕시코(24.7%), 브라질(16.2%) 등 주요 신흥국들보다는 상대적으로 높은 수준이다.

참고문헌

Feder, Gershon, "Economic Growth, Foreign Loans and Debt Servicing Capacity of Developing Countries," World Bank Staff Working Paper, No. 274, February 1978.

Mayo, Alice and Barrett, Anthony G., "An Early-Warning Medel for Assessing Developing-Country Risk," *Financing and Risk in Developing Countries*, ed. Stephen H. Goodman, New York, 1978.

McDonald, Donogh C., "Debt Capacity and Developing Country Borrowing: A Survey of the Literature," *IMF Staff Papers*, December 1982.

Sargen, Nicholas, "Economic Indicators and Country Risk Appraisal," *Economic Review*, Federal Reserve Bank of San Francisco, Fall 1970, pp. 479~501.

한국은행, 금융안정보고서, 2012. 4.

PART

07 2007~2008년 금융위기의 충격과 확산

CHAPTER 27

경 / 제 / 발 / 전 / 론

미국발 금융위기의 글로벌 충격

제 1 절 | 2007~2008 글로벌 금융위기 발생

1930년대 초에 발생한 세계대공황 이후 처음으로 세계적 규모의 금융위기가 2007~2008년에 일어났다. 이 위기의 파장이 미국의 금융센터인 Wall Street에서부터 시작해서 급기야 전 세계를 강타했다. 경제위기는 몰라도 금융위기의 진원지는 선진국이 아니라 후진국 아니면 적어도 신흥국이 될 것이라는 개념이 일반적이었다. 이것은 1997~1998년 아시아 외환 및 금융위기 때 태국, 말레시아, 인도네시아, 한국이 차례대로 엄청난 피해를 본 후에 사람들이 얻은 결론이었다.

그러나 미국에서 발생하여 유럽을 강타하고 이어 전 세계를 경제위기로 몰아넣은 금융위기가 발생하자 내려진 결론은 금융위기는 선진국도 예외가 아니라는 것이다. 세계 굴지의 대형 투자은행이 파산하고 보험회사를 포함하여 다른 금융기관들이 줄줄이 파산지경에 이르게 되자 각국의 정부가 나서서 힘들게 겨우 살려내는 상황이 전개되었다. 세계 각국의 주식시장이 내려앉았으며 주

그림 27-1 미국 경상적자 추이(기준: 달러, % GDP)

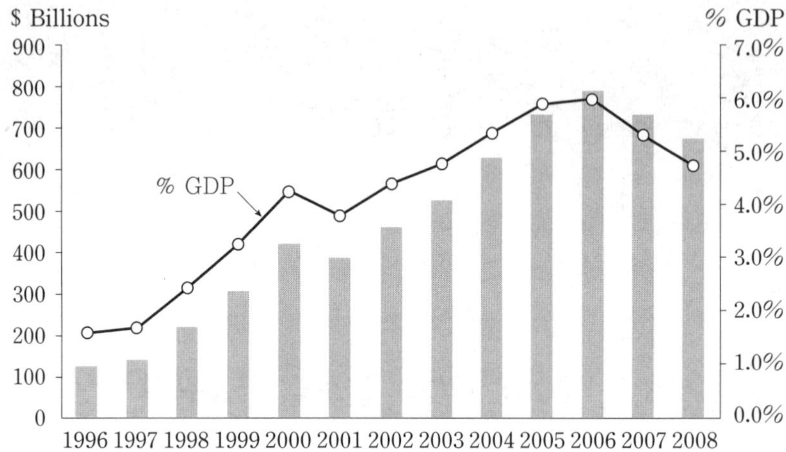

Source Data: U.S. Bureau of Economic Analysis(BEA).

그림 27-2 신규주택의 평균거래가격(1963~2011) 연간자료

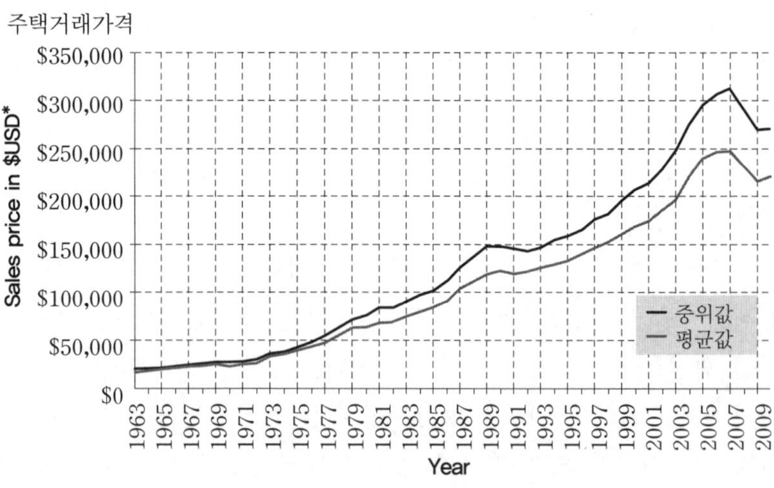

*Sales price includes land, not inflation adjusted.
Source Data: U.S. Census Bureau New Sales Residential Index.

택시장이 얼어붙었다. 주요 다국적 기업이 빈사상태에 이르렀으며 수조 달러의 소비자 자산이 증발하였다. 이렇게 해서 글로벌 금융위기는 2008~2012년의 글로벌 경기불황을 초래하기도 하였다.

미국의 주택시장에서 가격버블이 생겨난 것과 관련하여, 만성적으로 오르기만 하던 미국의 무역적자비율 추이가 2006년에 들어 갑자기 하향세로 돌아섰다는 사실을 상기할 필요가 있다. 〈그림 27-1〉은 1996~2008년 기간 미국의 무역적자와 대 GDP 적자비율을 보여준다. 2006년 미국 무역적자는 8,000억 달러 수준에 육박하였으며 적자비율은 6% 수준을 넘어섰다. 그러나 2007년 무역적자는 7,000억 달러 수준으로 내려옴으로써 적자비율이 6% 훨씬 아래로 떨어졌다. 이런 추세가 2008년까지 이어졌다. 이 같은 추세를 타고 2003~2007년 기간에 주택가격이 급등하였으며 이 기간 동안 주택가격버블이 시장을 메웠다.

제 **2** 절 | 미국의 부동산 버블의 붕괴

미국발 금융위기는 미국의 주택시장에서의 버블이 꺼지면서 시작되었다. 주택시장 붐을 타고 주택가격이 고공행진하다가 2006년에 절정에 이른 후 버블이 터지면서 주택가격이 급강하하기 시작했다. 주택버블이 꺼지게 된 데는 여러 가지 복합적 원인들이 있었다. 그러나 가장 주요한 이유는 미 연방정부의 무리한 주택소유정책 때문이었다. 원래 미국의 서민에게는 주거방식이 아파트 월세로 살든지, 자가 소유를 하든지 부담에 있어서는 거의 같았다. 그러나 중국을 비롯하여 신흥국으로부터 엄청난 규모의 달러가 유입되고 주택가격의 급등을 우려하여 미국 정부는 주택건설경기를 활성화하였으며 소득수준이 조금 모자라더라도 주택매입을 권장하는 주택소유정책을 폈다. 예전 같으면 대출서류를 마련하는 절차가 매우 까다로웠으나 재직증명서나 급여명세서를 철저하게 조회하거나 확인하지 않았으며 10~20%의 계약금 지불 의무에도 관대하게 하였으며 심지어는 연소득이 부족한데도 주택가격이 계속 오를 것을 전제로 하여 집을 2채씩 사도록 권장하는 촌극도 있었다.

특히 신용등급이 낮은 저소득층이 이용하는 비우량 주택저당은행(Subprime mortgage bank)의 금리도 낮춰주면서 주택매입을 용이하게 하였다. 결국 이것이 화근이 되었다. 이들은 신용도가 낮아 정규은행보다 높은 금리를 내야 하는데 갑자기 높아진 금리 때문에 자신의 소득으로 이자부담을 견디지 못하고 연체와 지불불능 상태

그림 27-3 미국 서브프라임 대출 추이(2004~2006)

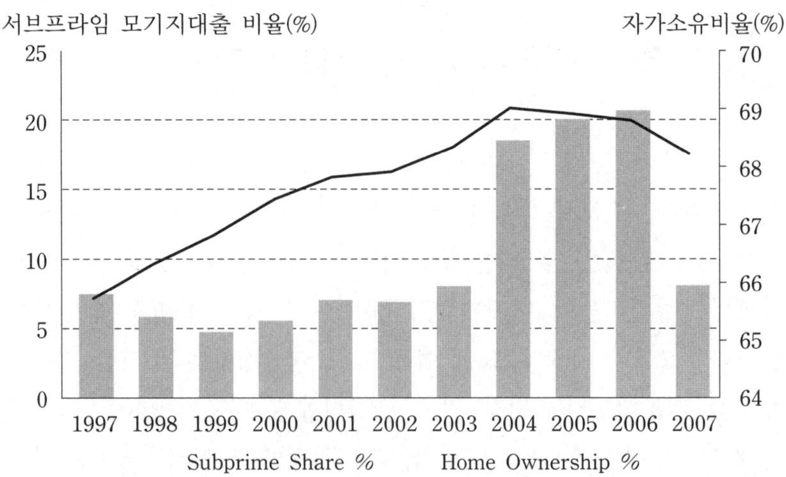

Sources: U.S. Census Bureau; Harvard University-State of the Nation's Housing Report 2008.

에 이르면서 이들 은행들은 도산하는 상황을 맞게 되었다. 갑자기 금리가 높아진 이유는 미국 정부가 하와이, 캘리포니아, 메릴랜드에서 집값이 급등하기 시작하자 이것이 전국으로 퍼질 것을 두려워하여 금리를 전격적으로 인상하였다. 그러니까 갑자기 저금리에서 고금리정책으로 급선회했기 때문에 비우량 모기지 은행에 먼저 불똥이 튀겼으며, 이 은행들에 큰 돈을 투자했던 리먼 브라더스(Lehman Brothers) 대형 투자은행이 제일 먼저 직격탄을 맞고 쓰러졌다. 그 후 대형 투자은행이 위기를 맞아 비실거렸고 넘어지기 직전 정부의 도움을 받아 기사회생한 금융기관들이 많았다.

〈그림 27-3〉은 서브 프라임 은행의 대출이 전체 대출시장에서 차지하는 비율과 미국인의 주택소유비율을 보여준다. 막대그림은 서브 프라임 대출비율인데 이 비율은 2004~2006년 기간 급격하게 상승하였다. 이와 반면에 주택소유비율은 1997년부터 꾸준히 상승해 오다가 2004년부터 꺾이면서 그 후부터 하향세를 유지해 왔다. 주택소유의욕은 2003~2004년 저금리 시기에 잠깐 있었다.

제 3 절 | 금융위기의 확산

미국의 금융위기는 유럽의 금융시스템에 즉각적인 영향을 미쳤다. 다수의 유럽 은행들이 도산하는 비운을 맞았고 주식시장이 곤두박질 쳤다. 주가가 폭락하고 실물경제가 심하게 위축되었다. 미국의 대형 금융사들은 유럽은행으로부터 사들였던 금융자산들이 줄줄이 가격폭락을 겼었다. 금융회사 등은 차입자로부터 차입자의 대출위험을 대비하여 보험회사로부터 파생금융상품을 사들이기도 했는데 금융위기가 발생함으로써 AIG와 같은 글로벌 보험회사들

마저 파산위험에 직면하기도 했다. 이로써 미국발 금융위기가 유럽과 전 세계로 전이되고 확산되었다.

UK도 예외가 아니었다. 영국에선 기업이 국유화되기 시작했다. 2008년 말 Bradford & Bingley 건물 조합을 정부가 실질적으로 국유화한 후 일부 지분은 스페인 국적 Santander Bank에 팔아 넘겼다. 또한 2008년 말경 Royal Bank of Scotland Group의 국유화 비율을 높였다. 처음에는 58% 지분을 가지고 있었으나 2009년 말에는 84%까지 높여갔다. 벨기에, 프랑스, 독일, 아일랜드, 스페인, 스위스는 영국과 비슷한 정책을 택했다. 어쨌든 2008년 총 25개 은행이 파산했다.

미국발 금융위기가 세계경제의 판도를 바꾸는 데에 기여하였다. 금융위기 전에는 주로 선진국들이 글로벌 경제성장을 주도해 나갔다. 그러나 그 후에는 오히려 신흥국과 개도국이 중심이 되어 세계경제를 이끌어가게 되었다. 예전에는 선진국이 글로벌 명목 GDP 증가분의 29%를 차지하였으며 신흥 개도국은 71%를 차지하였다.

참고문헌

Hull, John C., "Securitization and the Credit Crisis of 2007," Chapter 8, *Fundamentals of Futures and Options Markets*, Global Edition, Seventh Edition, Pearson, 2011.

Mishikin, Frederic S., "Financial Crises and the Subprime Meltdown," Chapter 9, *The Economics of Money, Banking and Financial Markets*, Nineth Edition, Pearson, 2009.

Zimmerman, T., "The Great Subprime Meltdown," *Journal of Structured Finance*, Fall 2007.

CHAPTER 28

경 / 제 / 발 / 전 / 론

유로 존의 국가부채위기

제 1 절 | 유로 존의 출범

EU 회원국 수는 2012년 12월 현재 27개국이나 유로 단일통화를 쓰고 있는 유로 존 회원국은 모두 17개국이다. 유로화는 1999년에 통용되기 시작했으며 이것은 1991년 효력을 본 마스트리히트 조약(Maastricht Treaty)의 일부 조건에 해당한다. 유로 존 국가는 1999년에 가입한 오스트리아, 벨기에, 핀란드, 프랑스, 독일, 이탤리, 아일랜드, 룩셈부르크, 네델란드, 포르투갈, 스페인 등 11개국이 포함되며 그 후 그리스(2001), 슬로베니아(2007), 사이프러스(2008), 말타(2008), 슬로바키아(2009), 에스토니아(2011) 등 6개국을 추가로 포함한다.

회원국간에 단일통화를 사용하면 환전이 필요 없기 때문에 외환거래비용이 절감된다. 그리고 환율변동이 없으므로 환율 불확실성이 없게 되며 무역거래가 그만큼 활성화된다.

이러한 장점이 있지만 회원국 단위로 금융통화정책을 필요할 때에 쓸 수 없다는 단점도 있다. 그러나 막상 통화통합을 이루고 유로 단일통화를 채택하고 나니, 회원국간에 수출경쟁력에 차이가 나면서 회원국간 국제유동성 배분에 심각한 문제가 생겨났다. 즉 통화통합 이후 제품의 품질과 성능이 상대적으로 높은 독일이 유로 존 내에서 시장을 석권하게 되었고 그 때문에 유로화가 독일에 집중되는 상황이 발생하였다. 이 결과 독일의 실업률은 낮게 나타났으나 다른 유로 존 국가들은 실업률이 높은 것으로 나타날 수 밖에 없다.

특히 GSPII(그리스, 스페인, 포르투갈, 이탈리아, 아일랜드) 5개국은 유로 존에서 사정이 가장 어려운 나라이다. 이들 국가는 그 동안 제조업 산업보다는 조상이 물려준 관광자원개발과 서비스 산업에 주력해 왔다. 그러나 글로벌 경제 불황 때문에 국가재정이 급속도로 악화되었다. 이들 5개국이 정부채권발행에 더 이상 의존할 수 없기 때문에 유로 존을 떠날 수밖에 없다는 추측이 많다. 그러나 유럽연합(EU)의 현 체제와 실정법에 따르면 이들의 유로 존 탈퇴는 불가능하다는 견해가 지배적이다. 왜냐하면 현재로서는 EU를 탈퇴하지 않고서 통화연합(European Monetary Union)을 떠날 수 없기 때문이다. 어떤 회원국이든지 EU를 탈퇴하려면 26개 EU 국가와 개별적으로 협상을 해야 가능하다.

제 2 절 | 유로 존 5개국의 재정위기

GSPII 5개국의 상황을 간단히 살펴보자. 우선 그리스의 경우 그리스의 정부 부채는 2008년부터 급상승하는데 2011년에는 17개 유로 존의 평균부채 수준의 2배 이상이 되어 버린다. 〈그림 28-1〉은 17개 유로 존 국가 전체의 평균부채비율과 그리스의 국가부

그림 28-1 Greek debt compared to Eurozone average

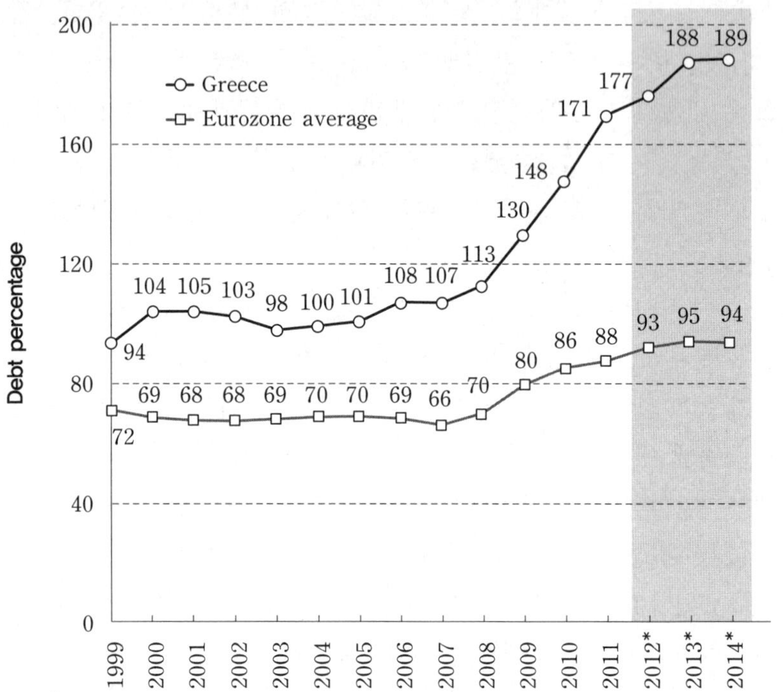

Source: Eurostat.
*estimates.

채비율을 보여준다. 그리스의 부채비율은 유로 존 평균부채비율을 항상 능가했다. 그러나 2007년에 와서 그리스의 부채비율은 급상승하면서 그 차이는 계속 벌어져 왔다. 2012~2014년 기간의 그리스 부채비율 전망치는 177%, 188%, 189%로 나타났다.

스페인의 국가부채상황은 그리스의 경우와 다르다. 〈그림 28-2〉에서 보듯이 스페인의 부채비율은 언제나 유로 존 평균비율보다 낮았다. 그러나 2007년부터 상황이 급속하게 악화되어 2013년에는 상황이 역전되는 것으로 전망되었다. 포르투갈의 경우 부채상

그림 28-2 Spanish debt compared to Eurozone average

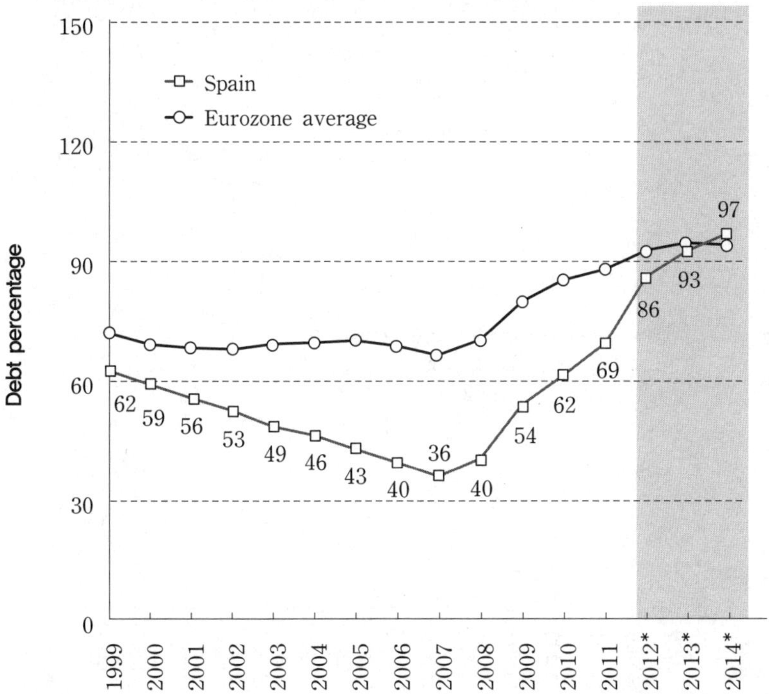

Source: Eurostat.
*estimates.

황은 스페인보다 열악하다. 〈그림 28-3〉에서 보듯이, 2007년 전까지는 포르투갈의 부채비율은 유로 존 평균비율 밑에 있었으나 2007년부터 유로 존 평균비율을 앞질렀다. 끝으로 아일랜드의 국가부채비율은 기복이 심하다. 아일랜드 부채비율은 1996년부터 하향추세를 이어옴으로써 유로 존의 평균비율을 크게 하회하였다. 그러나 2007년에 급상승하기 시작하여 2010년에 유로 존 평균비율을 상회하였다.

그림 28-3 Portuguese debt compared to Eurozone average

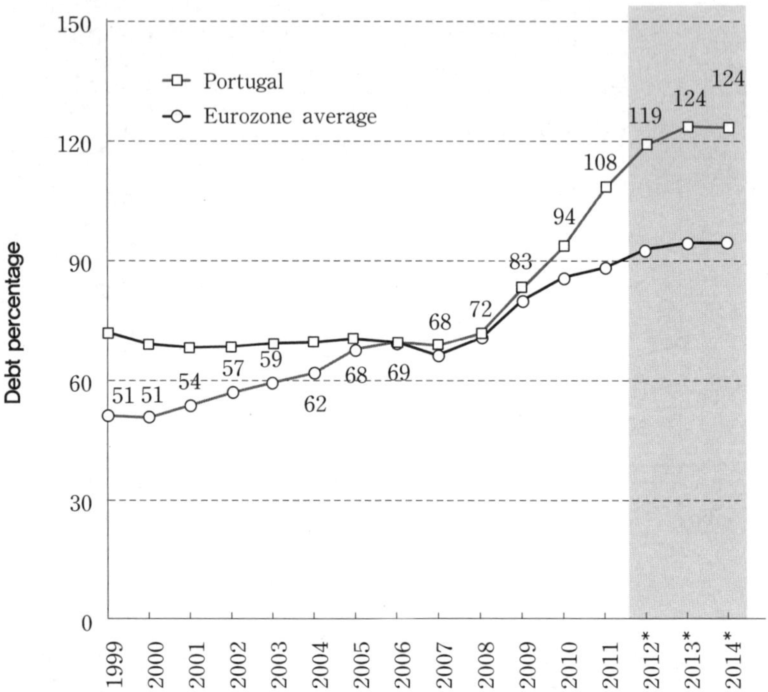

Source: Eurostat.
*estimates.

그림 **28-4** Irish debt compared to Eurozone average

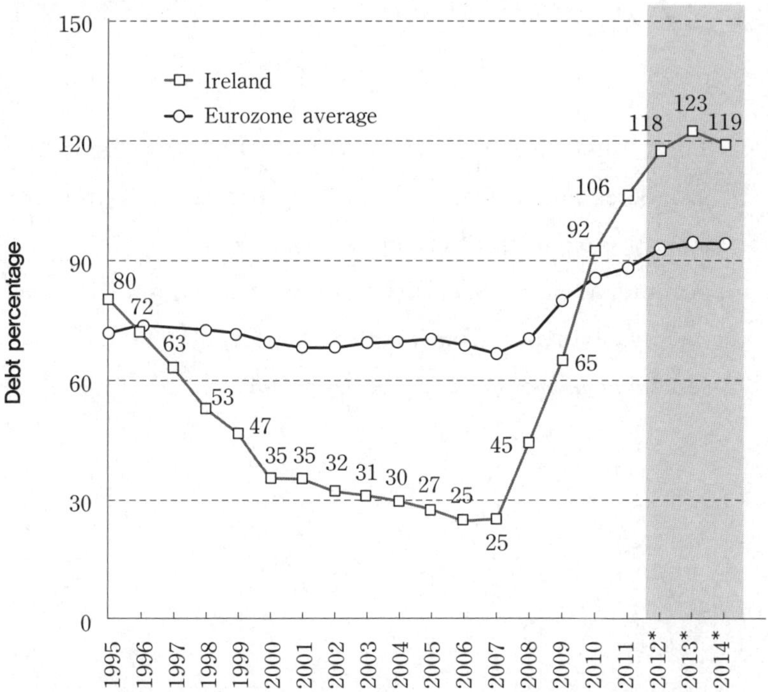

Source: Eurostat.
*estimates.

참고문헌

Keys, B.J., T. Mukherjee, A. Seru, and V. Vig, "Did Securitization lead to Lax Screening? Evidence from Subprime Loans," *Quarterly Journal of Economics*, 125(1), pp 307-362.

Mian, A., and A. Sufi, "Securitization, Mortgages, and the Real Economy: Evidence from the U.S. Mortgage Default Crisis," *American Economic Review*, 100(2), pp 51-56.

인명색인

INDEX

사항색인

INDEX

[ㅋ]

[ㅌ]

[ㅍ]

[ㅎ]

[저자약력]
성균관대학교 경제학사
미국 켄트(Kent)주립대학교 경제학 석사
미국 시카고대학교(Univ. of Chicago) 경제학 박사
미국 콜로라도대학교(Univ. of Colorado) 경제학 조교수
한국개발연구원(KDI) 연구위원
재무부장관 자문관
한국경제학회 청람상 수상
인천발전연구원 원장
한국국제경제학회장
한국경제학회장
(현) 성균관대학교 교수

주요저서

국제무역경제학, 박영사, 1992, 1997
국제금융경제학, 박영사, 1990, 1998
김인철의 생활경제, 양영각, 1992
개도국 외채문제와 한국의 외채관리, KDI, 1983
개도국 환율문제와 한국의 환율운용, KDI, 1984

주요논문

"A Partial Adjustment Approach to the Balance of Payment," *Journal of International Money and Finance*, 1983.

"Exchange Market Pressure in Korea: An Application of the Girton-Roper Monetary Model," *Journal of Money, Credit and Banking*, May 1985.

"Korea's Foreign Debt Management," *Asian Economic Journal*, December 1988.

제 2 판
경제발전론

초판발행 1998년 3월 5일
제 2 판인쇄 2013년 3월 5일
제 2 판발행 2013년 3월 10일

지은이 김인철
펴낸이 안종만

편 집 우석진 · 김양형
기 획 조성호
마케팅 김중용
표지디자인 최은정
제 작 우인도 · 고철민

펴낸곳 (주) 박영사
서울특별시 종로구 평동 13-31번지
등록 1959. 3. 11. 제300-1959-1호(倫)
전 화 02)733-6771
f a x 02)736-4818
e-mail pys@pybook.co.kr
homepage www.pybook.co.kr
ISBN 978-89-6454-393-1 93320

정 가 25,000원